CYCLE 3
CM1 • CM2

# 1, 2, 3... PARCOURS

# RÉSOLUTION DE PROBLÈMES

*Une pédagogie différenciée pour progresser en confiance !*

**Anthony Nadreau**
Professeur des écoles
Académie d'Orléans-Tours



éditions mdi

# Sommaire



Il est conseillé de présenter les activités de référence avant de commencer l'entrainement. Les pastilles colorées à côté des semaines d'entrainement indiquent quelles activités de référence sont abordées.



Une proposition de programmation est disponible (à télécharger sur BiblioManuels).

# Le fonctionnement du fichier en un coup d'œil !

## Pour découvrir

### Les activités de référence

13 activités de référence sont proposées pour présenter les différentes typologies de problèmes que les élèves peuvent rencontrer (typologie de Vergnaud).

**Pour chaque activité en classe entière :**

- **1 fiche enseignant** par type de problèmes avec le déroulé de la séance de découverte

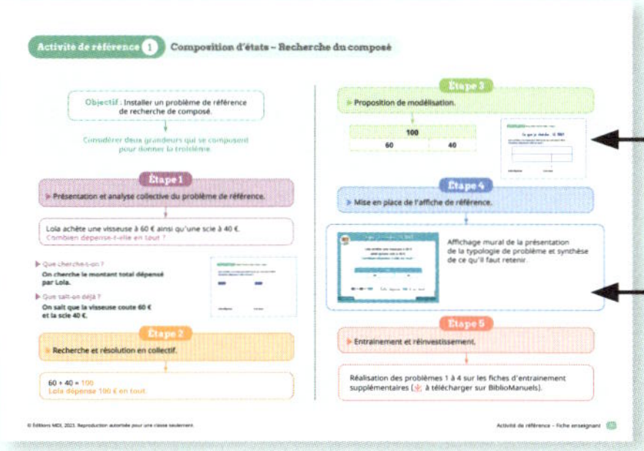

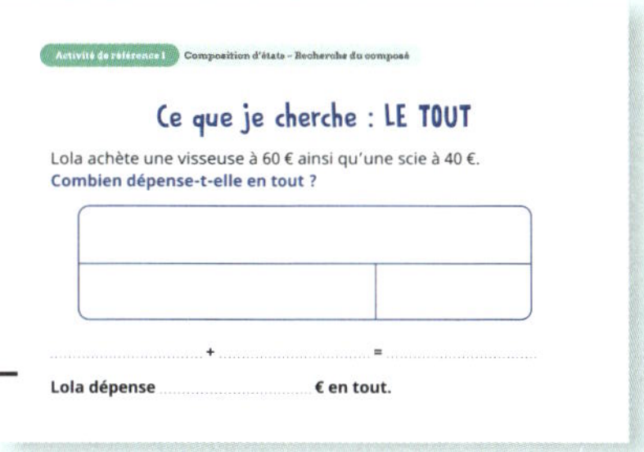

- **un support numérique** à projeter avec un exemple de problème à résoudre en classe entière
- **une affiche de classe** pour mémoriser et reconnaitre le type de problèmes présenté

- **Des fiches d'entrainement complémentaires** en parcours différencié pour chaque **typologie de problèmes** (à télécharger sur BiblioManuels)

## Pour débuter

### Des tests de positionnement

Deux tests sont proposés en début d'année pour le CM1 et le CM2 afin d'effectuer un **diagnostic rapide** et de déterminer le parcours d'entrainement de chaque élève.

Les élèves peuvent être amenés à changer de parcours en cours d'année en fonction de leur progression, à l'appréciation de l'enseignant.

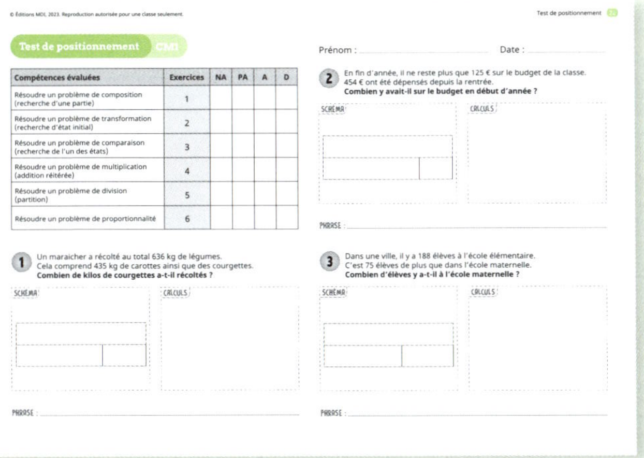

# Pour s'entrainer

**3 parcours différenciés pour travailler de manière progressive :**

- **Le parcours 1** pour rassurer les plus fragiles.
- **Le parcours 2** de niveau intermédiaire (attendus de CM1).
- **Le parcours 3** de niveau avancé (attendus de CM2).

L'idée n'est pas d'enfermer les élèves dans un parcours. Les exercices ont été pensés pour que **l'aller-retour entre les niveaux soit facilité** : ils ont été déclinés avec **3 variantes** (longueur de l'énoncé, grandeur des nombres proposés, nombre d'étapes de raisonnement).

## 1 Les problèmes en une ou plusieurs étapes

Chaque semaine, l'élève réalise une séance d'entrainement de 6 problèmes avec une typologie variée et évolutive (cf. sommaire).

**Rituel :** 2 problèmes / jour sur 3 jours

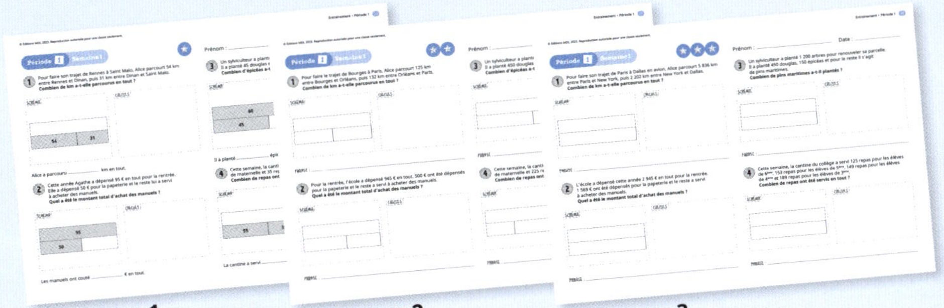

▶ Parcours 1 ▶ Parcours 2 ▶ Parcours 3

### Les évaluations

Une évaluation finale est proposée à chaque fin de période avec :

- Un tableau des compétences évaluées pour faciliter la lisibilité et le report des appréciations par l'enseignant.
- Le même type d'exercices que ceux proposés dans les séances d'entrainement pour évaluer les acquis des élèves de manière bienveillante.

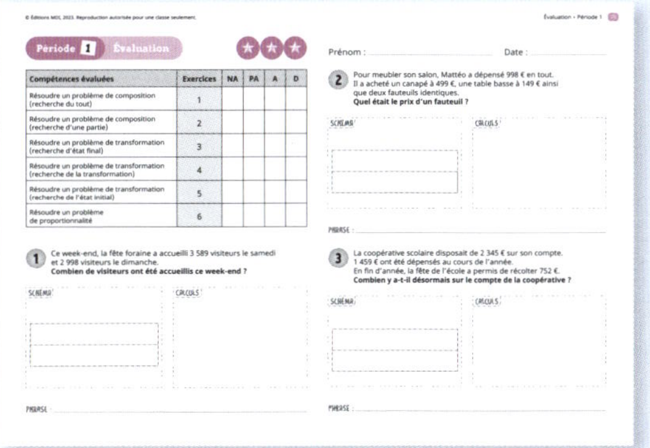

## 2 Les problèmes atypiques

Ces fiches regroupent l'ensemble des types de problèmes que doivent pouvoir traiter les élèves de CM, et qui ne rentrent pas dans les catégories des problèmes traités dans les séries d'entrainement.

Des séries sont proposées pour les cinq périodes, contenant chacune un exercice des quatre familles de problèmes atypiques.

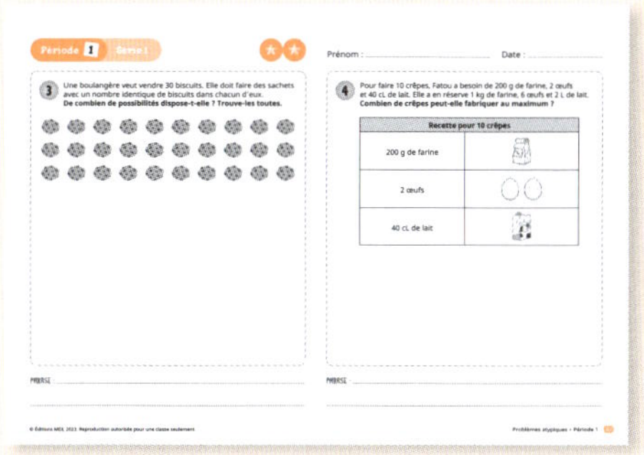

## 3 Les photo-problèmes

À la fin du fichier, des fiches de photo-problèmes permettent de replacer la résolution de problèmes dans un contexte de vie quotidienne, avec l'aide d'un support visuel.

- **En collectif :** un support vidéoprojetable
- **En autonomie :** des fiches à découper et plastifier

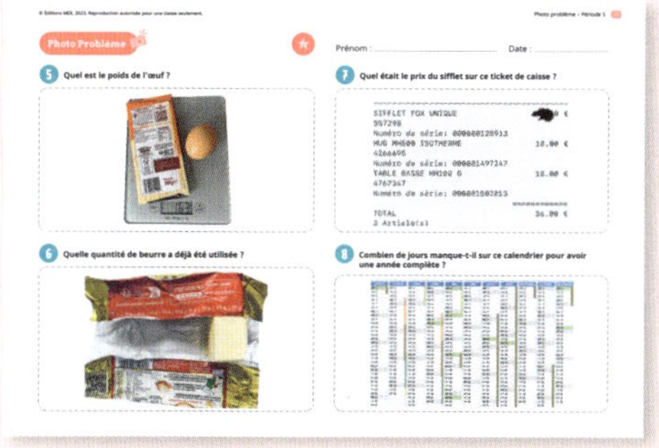

# Enseigner la résolution de problèmes

**Voici une présentation succincte des choix didactiques et pédagogiques effectués dans cet ouvrage en lien avec les recommandations du guide ministériel *La Résolution de problèmes mathématiques au CM* (Éduscol, 2022).**

## Programmer un entrainement régulier

Les élèves doivent **résoudre des problèmes quasi quotidiennement** afin d'entretenir la mémoire des problèmes résolus (il est conseillé d'en traiter une dizaine par semaine).

→ Notre fichier propose un support conséquent afin de répondre à cet objectif de régularité. Les séries d'entrainement introduisent de façon progressive les différentes typologies abordées avec un **entrainement spiralaire**. Une place importante est accordée aux problèmes relevant spécifiquement de la proportionnalité et aux problèmes atypiques.

## Favoriser la reconnaissance des structures de problèmes

L'utilisation d'affichages de classe offrant **un accès visuel immédiat aux problèmes** de référence aide à faciliter le raisonnement par analogie lors de la résolution de nouveaux problèmes.

→ Des affiches présentant les problèmes de la typologie de Vergnaud sont proposées dans BiblioManuels et leur introduction à la classe est intégrée dans les activités de référence. La façon dont ces activités sont abordées par l'enseignant peut varier en fonction des acquis des élèves. Leur résolution sera ainsi plus ou moins guidée. Il peut être intéressant, lorsque la situation est nouvelle, **de présenter le problème résolu et d'engager les élèves à analyser la résolution proposée** avant de s'entrainer sur des problèmes similaires.

## Encourager la flexibilité dans les stratégies de calcul

La typologie de Vergnaud est assez détaillée et permet de regrouper deux grandes catégories de problèmes : **les problèmes additifs** et **multiplicatifs**. À l'intérieur de ces catégories, il est important que les élèves puissent passer aisément d'une opération à l'autre.

→ Dans 123 Parcours, cette flexibilité est facilitée en proposant des **énoncés en « miroir »**. Il pourra s'agir par exemple de chercher dans un problème « le tout », puis dans un énoncé similaire une des « parties » correspondante.

## Assurer la progressivité des énoncés proposés

La progressivité sur la résolution des problèmes proposés dans les différents parcours combine :

- La **grandeur des nombres** mis en jeu,
- le **nombre d'étapes de raisonnement** et de calcul que l'élève doit mettre en place pour sa résolution,
- les **supports proposés** pour la prise d'information.

→ Dans notre fichier, la progressivité des parcours est pensée en adaptant les exercices selon ces 3 critères. **Une place importante est accordée aux problèmes en plusieurs étapes** qui sont un objectif majeur de l'enseignement de la résolution de problèmes au CM.

## Présenter le schéma en barres

Le modèle en barres est **un support de représentation qui vient en appui du processus de modélisation.** Son utilisation doit faire l'objet d'un enseignement explicite et peut faire l'objet de séances spécifiques.

→ Dans 123 Parcours, **son introduction se fait de façon progressive** pour amener les élèves à une utilisation autonome de cet outil.

# Présentation des problèmes en une ou plusieurs étapes

**Voici la typologie utilisée dans 1,2,3… Parcours Résolution de problèmes (basée sur la typologie de Vergnaud).**

| Problèmes additifs et soustractifs | | |
|---|---|---|
| Composition d'états | Recherche du composé | Dans la classe, il y a 12 filles et 10 garçons. Combien d'élèves y a-t-il en tout ? |
| | Recherche de partie(s) | Il y a 22 élèves dans la classe. On dénombre 12 filles. Combien de garçons y a-t-il ? |
| Transformation d'états | Recherche de l'état final | Lola a 7 billes. Elle en gagne 3 pendant la récréation. Combien de billes a-t-elle maintenant ? |
| | Recherche de la transformation | Lola avait 7 billes. Après la récréation, elle en a 10. Combien de billes a-t-elle gagnées ? |
| | Recherche de l'état initial | Lola a gagné 3 billes pendant la récréation. Elle en a maintenant 10.<br>Combien de billes avait-elle avant la récréation ? |
| Comparaison d'états | Recherche de l'un des états | Inès a 10 ans. Elle a 4 ans de plus que sa sœur. Quel âge a sa sœur ? |
| | Recherche de la comparaison | Inès a 10 ans, sa petite sœur 6 ans. Combien d'années Inès a-t-elle de plus que sa petite sœur ? |

| Problèmes multiplicatifs et de division | | |
|---|---|---|
| Multiplication | Addition réitérée | Hugo a 4 billets de 5 euros. Combien a-t-il en tout ? |
| | Configuration rectangulaire | Combien de cases y a-t-il sur un échiquier ? |
| Division | Division partition | Le pâtissier a confectionné 20 macarons et veut faire 4 lots pour les vendre.<br>Combien de macarons peut-il mettre dans chaque lot ? |
| | Division quotition | Le pâtissier a confectionné 20 macarons et veut les vendre par lots de 5.<br>Combien de lots peut-il faire ? |

| | |
|---|---|
| Problèmes de proportionnalité | Au marché, un kilo de fraises vaut 12 €.<br>Combien valent alors 2 kg ? |

# Présentation des problèmes atypiques

La catégorie des problèmes atypiques comprend l'ensemble des problèmes verbaux à données numériques que doivent pouvoir traiter les élèves de cours moyen, et qui ne rentrent pas dans les catégories des problèmes en une ou plusieurs étapes traités dans les séries d'entrainement.

Le défi à relever est défini comme suit dans le guide ministériel *La Résolution de problèmes mathématiques au cours moyen* (Éduscol, 2022) : « Outre les notions mathématiques en jeu, la résolution des problèmes atypiques doit permettre aux élèves de développer des compétences transversales, comme l'autonomie, la prise de décisions, la créativité, etc., qui leur seront utiles pour la suite de la scolarité et dans leur vie quotidienne. Elle doit aussi permettre aux élèves de rencontrer un certain nombre de stratégies et de types de raisonnements qu'ils pourront transposer, en les adaptant autant que nécessaire, dans la résolution d'autres problèmes atypiques. »

Il existe quatre familles de problèmes atypiques pour lesquelles les élèves doivent avoir bénéficié d'un enseignement leur permettant d'acquérir des stratégies et des outils pour les résoudre :

| | |
|---|---|
| Les problèmes algébriques | Problèmes qui au cycle 4 peuvent être traités par l'écriture et la résolution d'une ou de plusieurs équations du premier degré. |
| Les problèmes de dénombrement | Problèmes consistant à déterminer le nombre d'éléments d'un ensemble qui ne se résolvent pas immédiatement par l'une des quatre opérations et qui dans le second degré pourront être résolus en mobilisant de nouvelles notions (combinaisons, arrangements, etc.). |
| Les problèmes préparant à l'utilisation d'algorithmes | Problèmes consistant à rechercher des solutions vérifiant certaines conditions parmi un ensemble de cas possibles. |
| Les problèmes d'optimisation | Problèmes consistant à trouver la meilleure solution possible tout en respectant un certain nombre de contraintes. |

Dans ce fichier, des fiches spécifiques à cet apprentissage sont proposées pour chaque période, contenant chacune un exercice des quatre familles de problèmes atypiques.

# Activité de référence 1 Composition d'états – Recherche du composé

**Objectif :** Installer un problème de référence de recherche de composé.

Considérer deux grandeurs qui se composent pour donner la troisième.

## Étape 1

▶ Présentation et analyse collective du problème de référence.

Lola achète une visseuse à 60 € ainsi qu'une scie à 40 €.
Combien dépense-t-elle en tout ?

▶ Que cherche-t-on ?
**On cherche le montant total dépensé par Lola.**

▶ Que sait-on déjà ?
**On sait que la visseuse coute 60 € et la scie 40 €.**

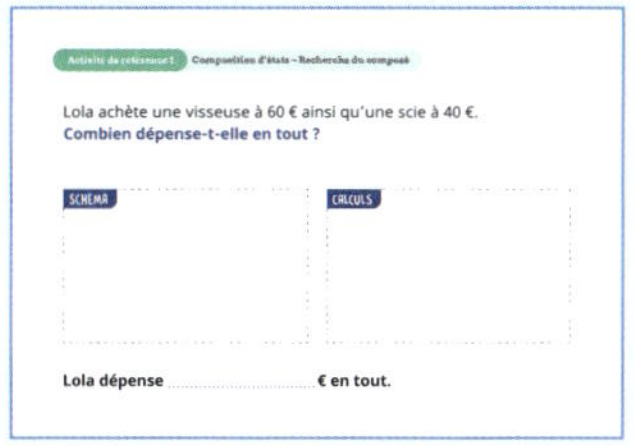


## Étape 2

▶ Recherche et résolution en collectif.

60 + 40 = 100
Lola dépense 100 € en tout.

## Étape 3

▶ Proposition de modélisation.

| 100 | |
|---|---|
| 60 | 40 |

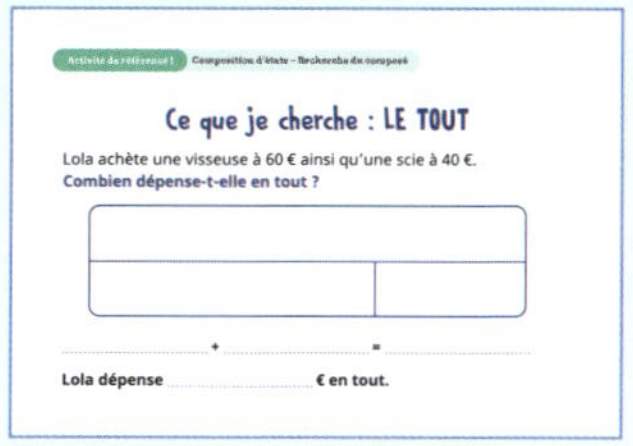


## Étape 4

▶ Mise en place de l'affiche de référence.

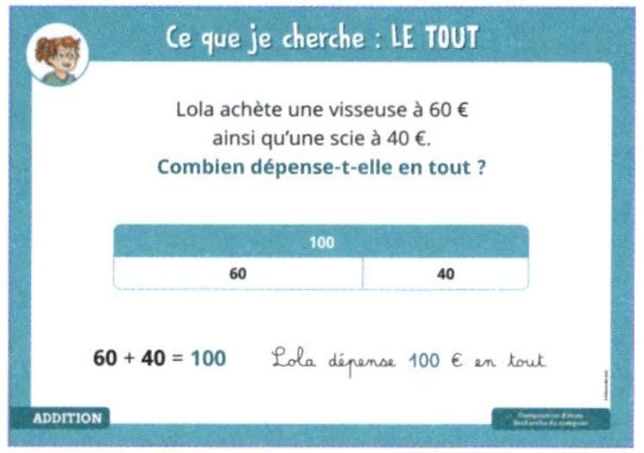


Affichage mural de la présentation de la typologie de problème et synthèse de ce qu'il faut retenir.

## Étape 5

▶ Entrainement et réinvestissement.

Réalisation des problèmes 1 à 4 sur les fiches d'entrainement supplémentaires (à télécharger sur BiblioManuels).

# Activité de référence 2 Composition d'états – Recherche de partie(s)

**Objectif :** Installer un problème de référence de recherche de partie(s)

**Considérer deux grandeurs qui se composent pour donner la troisième.**

## Étape 1

▶ Présentation et analyse collective du problème de référence.

Lola a dépensé 100 € au total. Elle a acheté une visseuse à 60 € ainsi qu'une scie.
Quel était le prix de la scie ?

▶ Que cherche-t-on ?

**On cherche le prix de la scie.**

▶ Que sait-on déjà ?

**On sait que Lola a dépensé 100 € en tout et que la visseuse coute 60 €.**

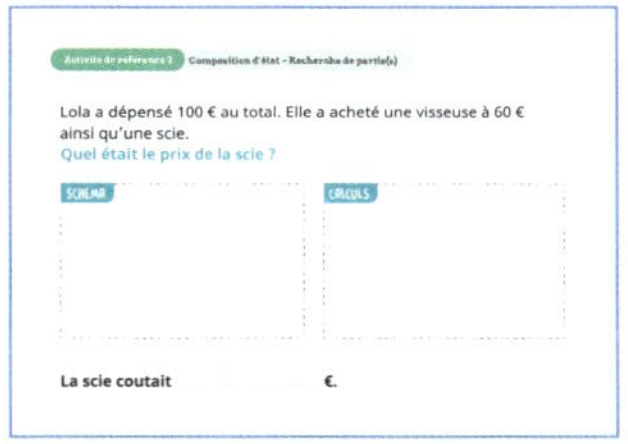

## Étape 2

▶ Recherche et résolution en collectif.

100 – 60 = 40
La scie coutait 40 €.

## Étape 3

▶ Proposition de modélisation.

| 100 | |
|---|---|
| 60 | 40 |

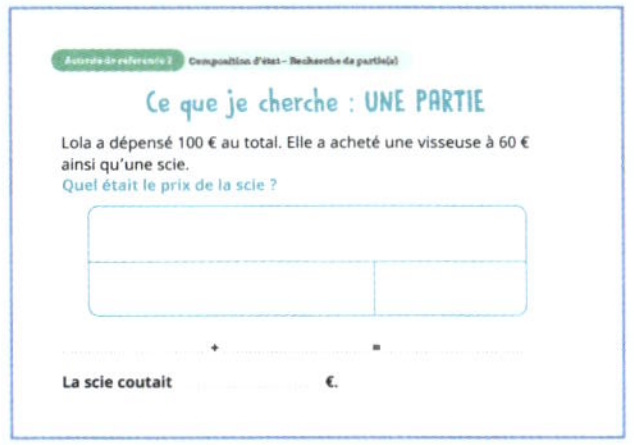


## Étape 4

▶ Mise en place de l'affiche de référence.

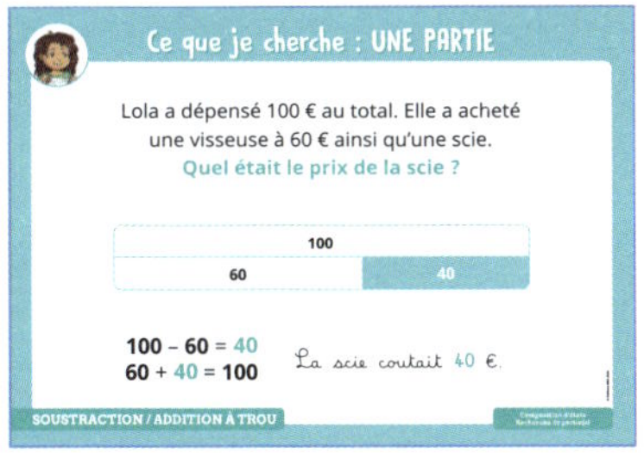


Affichage mural de la présentation de la typologie de problème et synthèse de ce qu'il faut retenir.

## Étape 5

▶ Entrainement et réinvestissement.

Réalisation des problèmes 1 à 4 sur les fiches d'entrainement supplémentaires (à télécharger sur BiblioManuels).

# Activité de référence 3 Transformation d'états – Recherche de l'état final

**Objectif :** Installer un problème de référence de recherche de l'état final

Comprendre la transformation pour aboutir à l'état final.

## Étape 1

▶ Présentation et analyse collective du problème de référence.

Le boulanger a fait 100 baguettes ce matin et en a déjà vendu 70.
Combien en reste-t-il ?

▶ Que cherche-t-on ?

**On cherche le nombre de baguettes restantes.**

▶ Que sait-on déjà ?

**On sait que le boulanger a fait 100 baguettes et que 70 ont été vendues.**

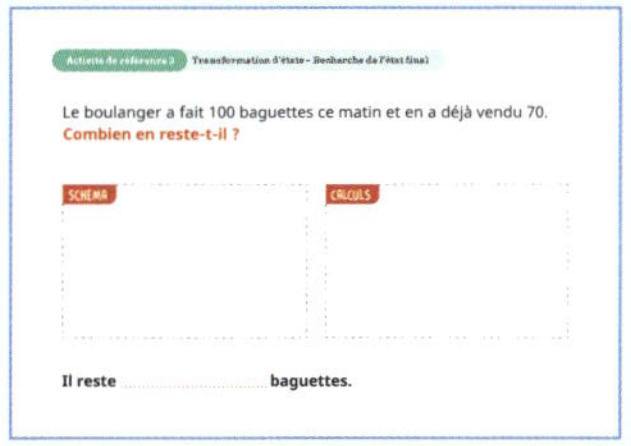


## Étape 2

▶ Recherche et résolution en collectif.

100 – 70 = 30
**Il reste 30 baguettes.**

## Étape 3

▶ Proposition de modélisation.

| 100 | |
|---|---|
| 70 | 30 |

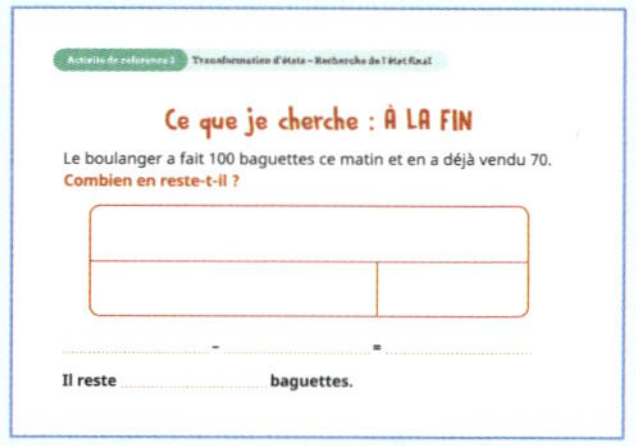


## Étape 4

▶ Mise en place de l'affiche de référence.

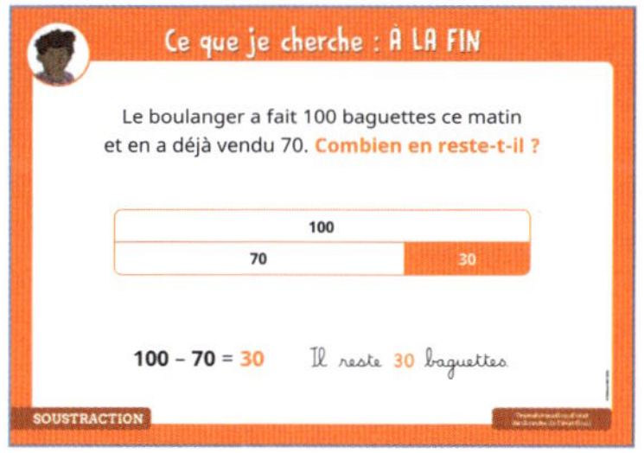


Affichage mural de la présentation de la typologie de problème et synthèse de ce qu'il faut retenir.

## Étape 5

▶ Entrainement et réinvestissement.

Réalisation des problèmes 1 à 4 sur les fiches d'entrainement supplémentaires (à télécharger sur BiblioManuels).

# Activité de référence 4 Transformation d'états – Recherche de la transformation

**Objectif :** Installer un problème de référence de recherche de transformation

Comparer l'état initial et l'état final pour comprendre la transformation.

## Étape 1

▶ Présentation et analyse collective du problème de référence.

Le boulanger avait fait 100 baguettes ce matin.
Il ne lui en reste plus que 30.
Combien en a-t-il vendu ?

▶ Que cherche-t-on ?

**On cherche combien de baguettes ont été vendues.**

▶ Que sait-on déjà ?

**On sait que le boulanger a fait 100 baguettes et qu'il en reste 30.**

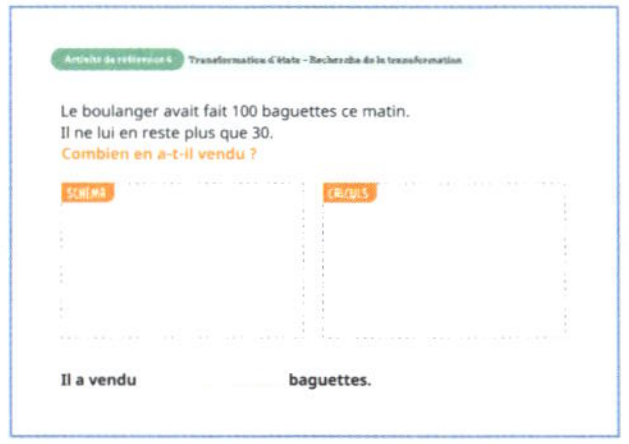


## Étape 2

▶ Recherche et résolution en collectif.

100 – 30 = 70
**Il a vendu 70 baguettes.**

## Étape 3

▶ Proposition de modélisation.

| 100 | |
|---|---|
| 70 | 30 |

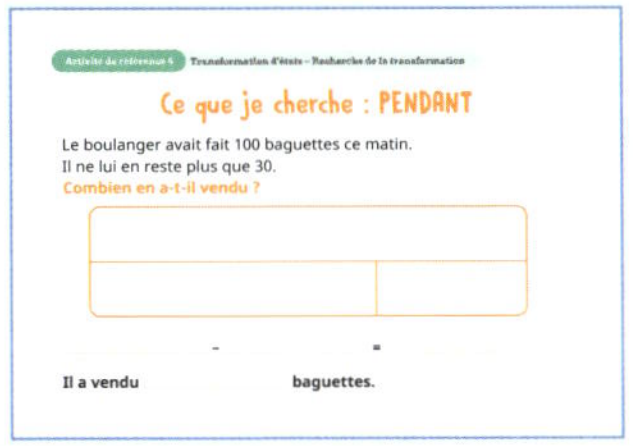


## Étape 4

▶ Mise en place de l'affiche de référence.

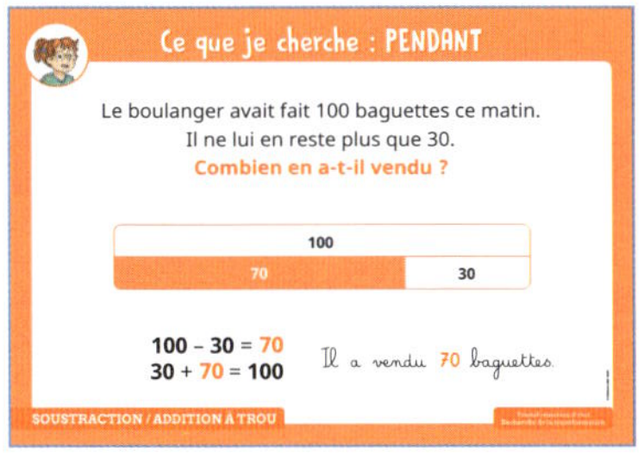


Affichage mural de la présentation de la typologie de problème et synthèse de ce qu'il faut retenir.

## Étape 5

▶ Entrainement et réinvestissement.

Réalisation des problèmes 1 à 4 sur les fiches d'entrainement supplémentaires (à télécharger sur BiblioManuels).

# Activité de référence 5 Transformation d'états – Recherche de l'état initial

**Objectif :** Installer un problème de référence de recherche de l'état initial

Comprendre la transformation pour revenir à l'état initial.

## Étape 1

▶ Présentation et analyse collective du problème de référence.

Le boulanger a vendu 70 baguettes depuis ce matin.
Il ne lui en reste maintenant plus que 30.
Combien en avait-il fabriqué ?

▶ Que cherche-t-on ?

**On cherche combien de baguettes le boulanger avait fabriquées.**

▶ Que sait-on déjà ?

**On sait qu'il a vendu 70 baguettes et qu'il lui en reste 30.**

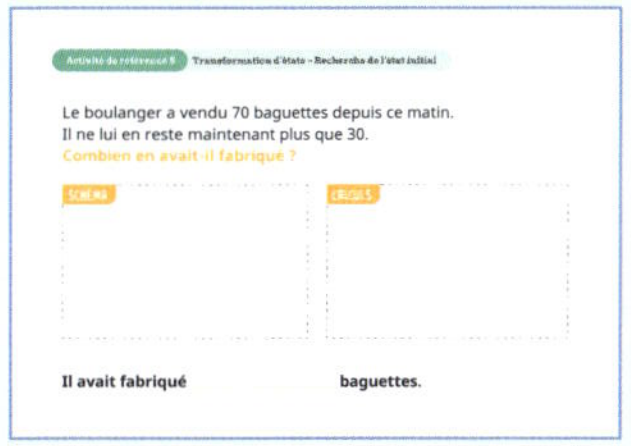


## Étape 2

▶ Recherche et résolution en collectif.

70 + 30 = 100
Il avait fabriqué 100 baguettes.

## Étape 3

▶ Proposition de modélisation.

| 100 | |
|---|---|
| 70 | 30 |

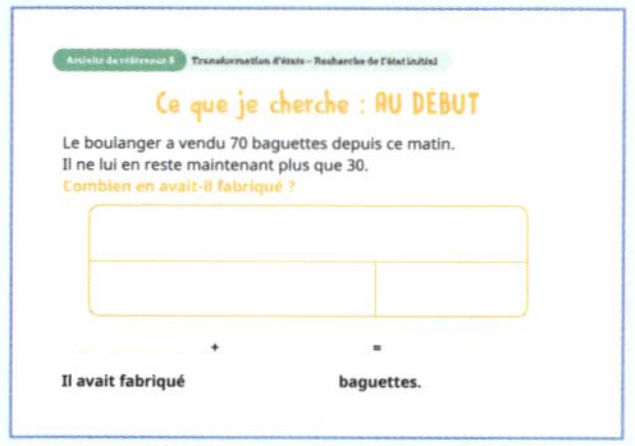


## Étape 4

▶ Mise en place de l'affiche de référence.

Affichage mural de la présentation de la typologie de problème et synthèse de ce qu'il faut retenir.

## Étape 5

▶ Entrainement et réinvestissement.

Réalisation des problèmes 1 à 4 sur les fiches d'entrainement supplémentaires (à télécharger sur BiblioManuels).

# Activité de référence 6 Comparaison d'états – Recherche de l'un des états (de moins que)

**Objectif :** Installer un problème de référence de recherche de l'un des états

Comparer deux états en appréhendant l'expression « de moins que ».

## Étape 1

▶ Présentation et analyse collective du problème de référence.

Enzo a 80 €. Il a 20 € de moins que Maya.
Combien d'argent a Maya ?

▶ Que cherche-t-on ?

**On cherche combien d'argent a Maya.**

▶ Que sait-on déjà ?

**On sait qu'Enzo a 80 € et que Maya a 20 € de plus que lui.**

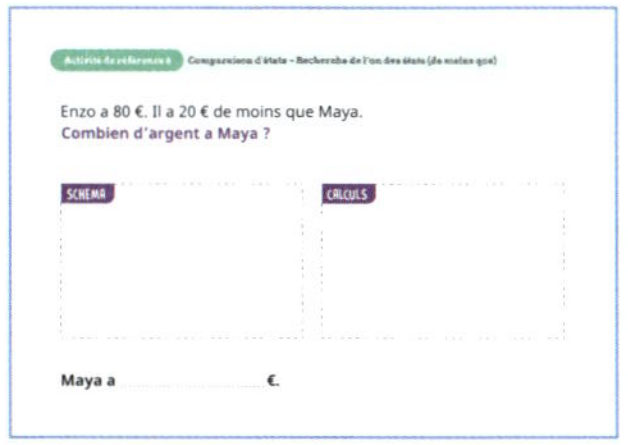


## Étape 2

▶ Recherche et résolution en collectif.

80 + 20 = 100
Maya a 100 €.

⚠ La présence de l'expression « de moins que » ne signifie pas nécessairement l'utilisation de la soustraction.

## Étape 3

▶ Proposition de modélisation.

| 100 | |
|---|---|
| 80 | 20 |

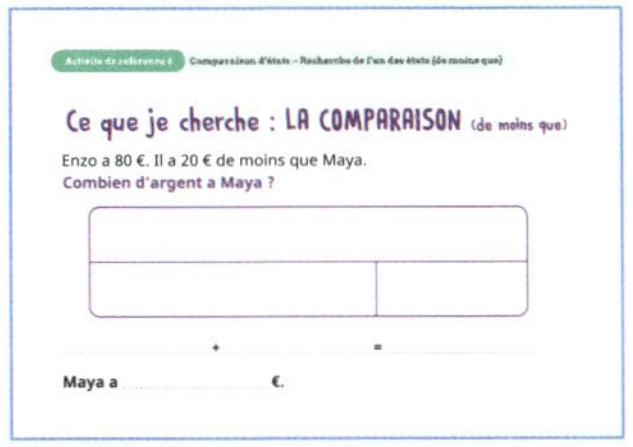


## Étape 4

▶ Mise en place de l'affiche de référence.

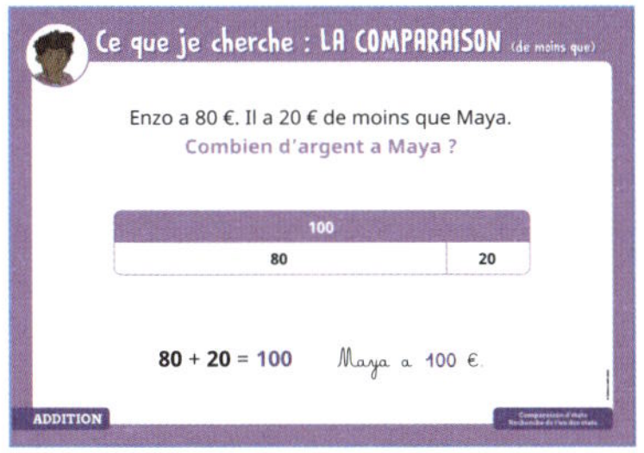


Affichage mural de la présentation de la typologie de problème et synthèse de ce qu'il faut retenir.

## Étape 5

▶ Entrainement et réinvestissement.

Réalisation des problèmes 1 à 4 sur les fiches d'entrainement supplémentaires (à télécharger sur BiblioManuels).

# Activité de référence 7 Comparaison d'états – Recherche de l'un des états (de plus que)

**Objectif :** Installer un problème de référence de recherche de l'un des états

Comparer deux états en appréhendant l'expression « de plus que ».

## Étape 1

▶ Présentation et analyse collective du problème de référence.

Maya a 100 €. Elle a 20 € de plus qu'Enzo.
Combien d'argent a Enzo ?

▶ Que cherche-t-on ?

**On cherche combien d'argent a Enzo.**

▶ Que sait-on déjà ?

**On sait que Maya a 100 € et que Enzo a 20 € de moins qu'elle.**

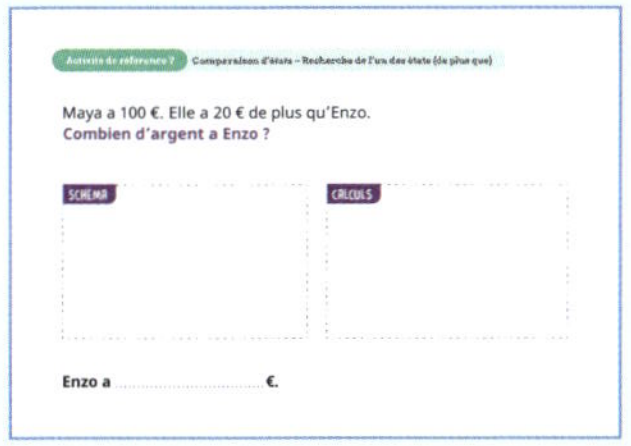


## Étape 2

▶ Recherche et résolution en collectif.

100 – 20 = 80
Enzo a 80 €.

⚠ La présence de l'expression « de plus que » ne signifie pas nécessairement l'utilisation de l'addition.

## Étape 3

▶ Proposition de modélisation.

| 100 | |
|---|---|
| 80 | 20 |

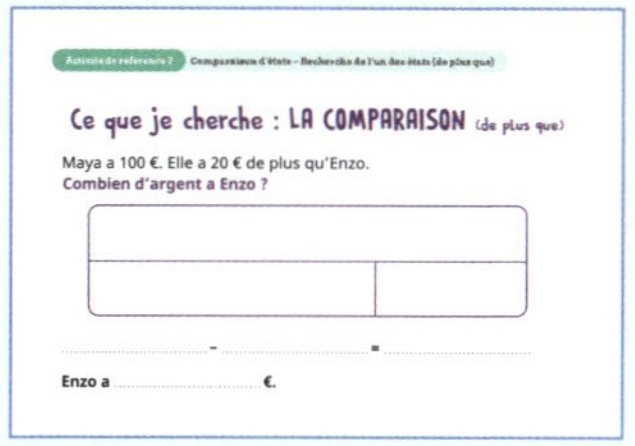


## Étape 4

▶ Mise en place de l'affiche de référence.

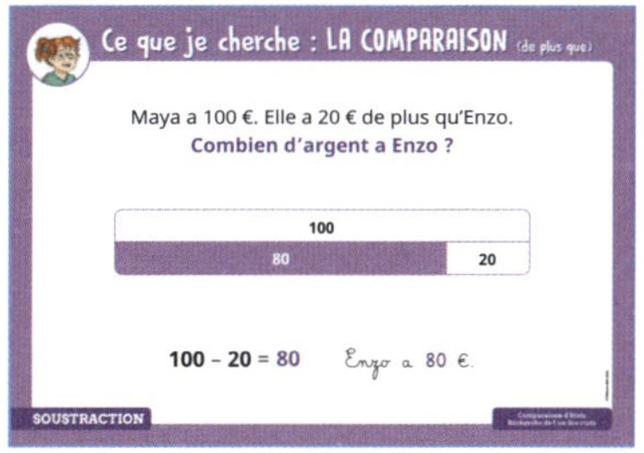


Affichage mural de la présentation de la typologie de problème et synthèse de ce qu'il faut retenir.

## Étape 5

▶ Entrainement et réinvestissement.

Réalisation des problèmes 1 à 4 sur les fiches d'entrainement supplémentaires (⬇ à télécharger sur BiblioManuels).

# Activité de référence 8 Comparaison d'états – Recherche de la comparaison

**Objectif :** Installer un problème de référence de recherche de la comparaison

Comparer deux états pour déterminer la différence entre eux.

## Étape 1

▶ Présentation et analyse collective du problème de référence.

Enzo a 80 €. Maya a 100 €.
Combien Enzo a-t-il de moins que Maya ?
Combien Maya a-t-elle de plus qu'Enzo ?

▶ Que cherche-t-on ?

**On cherche la différence entre l'argent que possède Enzo et celui que possède Maya.**

▶ Que sait-on déjà ?

**On sait qu'Enzo a 80 € et que Maya a 100 €.**

## Étape 2

▶ Recherche et résolution en collectif.

100 – 80 = 20
**Enzo a 20 € de moins que Maya.**
**Maya a 20 € de plus qu'Enzo.**

## Étape 3

▶ Proposition de modélisation.

| 100 | |
|---|---|
| 80 | 20 |

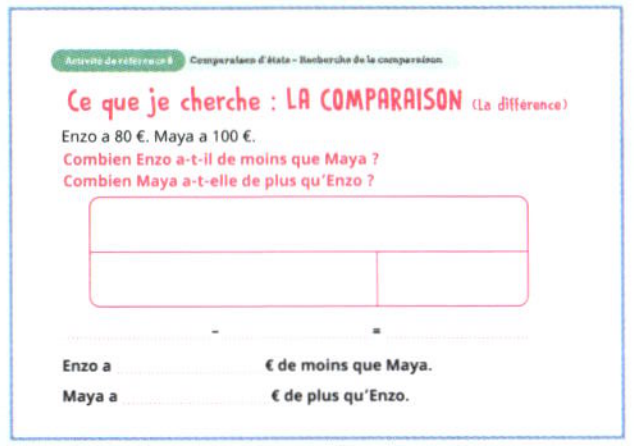

## Étape 4

▶ Mise en place de l'affiche de référence.

Affichage mural de la présentation de la typologie de problème et synthèse de ce qu'il faut retenir.

## Étape 5

▶ Entrainement et réinvestissement.

Réalisation des problèmes 1 à 4 sur les fiches d'entrainement supplémentaires ( à télécharger sur BiblioManuels).

# Activité de référence 9 Multiplication – Addition réitérée

**Objectif :** Installer un problème de référence de recherche de multiplication

Considérer l'itération d'une quantité pour définir une quantité totale.

## Étape 1

▶ Présentation et analyse collective du problème de référence.

Gabin a acheté 4 chemises à 25 € l'unité.
**Combien a-t-il dépensé en tout ?**

▶ **Que cherche-t-on ?**

**On cherche combien Gabin a dépensé en achetant ses 4 chemises.**

▶ **Que sait-on déjà ?**

**On sait qu'une chemise coute 25 € et que Gabin en a acheté 4.**

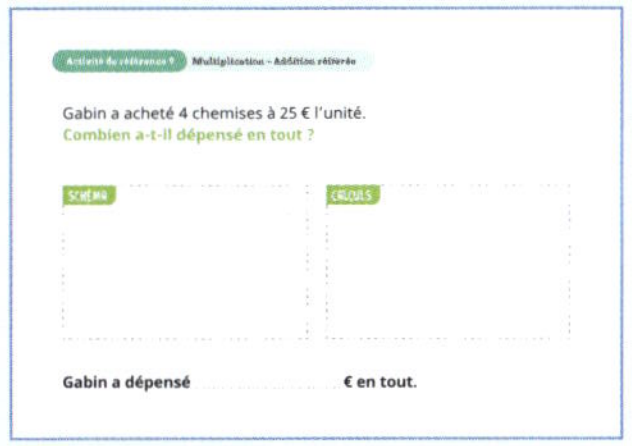


## Étape 2

▶ Recherche et résolution en collectif.

4 × 25 = 100
**Gabin a dépensé 100 € en tout.**

## Étape 3

▶ Proposition de modélisation.

| 100 | | | |
|---|---|---|---|
| 25 | 25 | 25 | 25 |

## Étape 4

▶ Mise en place de l'affiche de référence.

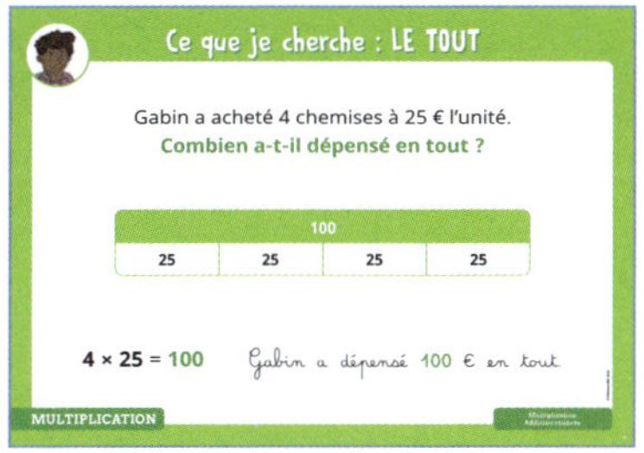


Affichage mural de la présentation de la typologie de problème et synthèse de ce qu'il faut retenir.

## Étape 5

▶ Entrainement et réinvestissement.

Réalisation des problèmes 1 à 4 sur les fiches d'entrainement supplémentaires (à télécharger sur BiblioManuels).

# Activité de référence 10 Multiplication – Configuration rectangulaire

**Objectif :** Installer un problème de référence de recherche de multiplication

**Identifier une configuration rectangulaire permettant l'itération d'une quantité.**

## Étape 1

▶ Présentation et analyse collective du problème de référence.

Un parking comprend 4 rangées de 25 places.
**Combien de places y a-t-il en tout sur ce parking ?**

▶ Que cherche-t-on ?
**On cherche combien de places en tout comporte le parking.**

▶ Que sait-on déjà ?
**On sait qu'il y a 4 rangées et que chaque rangée comprend 25 places.**

## Étape 2

▶ Recherche et résolution en collectif.

4 × 25 = 100
**Il y a 100 places en tout sur ce parking.**

## Étape 3

▶ Proposition de modélisation.

| 100 | | | |
|---|---|---|---|
| 25 | 25 | 25 | 25 |

## Étape 4

▶ Mise en place de l'affiche de référence.

Affichage mural de la présentation de la typologie de problème et synthèse de ce qu'il faut retenir.

## Étape 5

▶ Entrainement et réinvestissement.

Réalisation des problèmes 1 à 4 sur les fiches d'entrainement supplémentaires (à télécharger sur BiblioManuels).

# Activité de référence 11 Division – Division partition

**Objectif :** Installer un problème de référence de recherche de part(s)

Calculer la valeur d'un paquet connaissant le nombre de paquets identiques que l'on peut faire dans une collection.

## Étape 1

▶ Présentation et analyse collective du problème de référence.

Gabin a dépensé 100 € en achetant 4 chemises identiques.
Quel est le prix d'une chemise ?

▶ Que cherche-t-on ?

**On cherche le prix d'une chemise.**

▶ Que sait-on déjà ?

**On sait que Gabin a acheté 4 chemises et qu'il a dépensé 100 € en tout.**

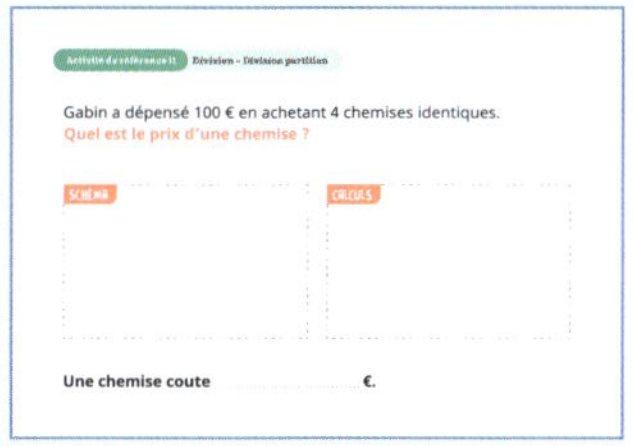


## Étape 2

▶ Recherche et résolution en collectif.

100 : 4 = 25
Une chemise coute 25 €.

## Étape 3

▶ Proposition de modélisation.

| 100 | | | |
|---|---|---|---|
| 25 | 25 | 25 | 25 |

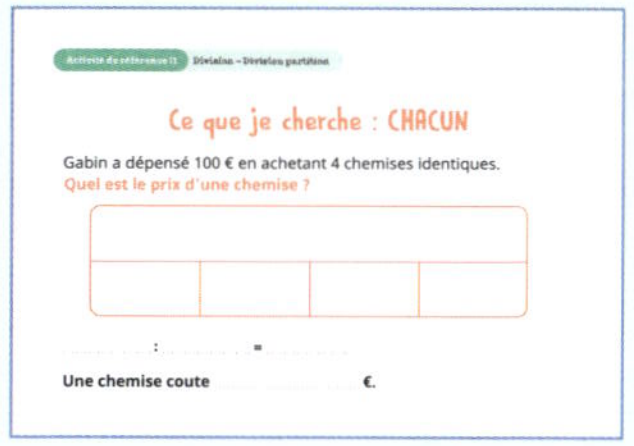


## Étape 4

▶ Mise en place de l'affiche de référence.

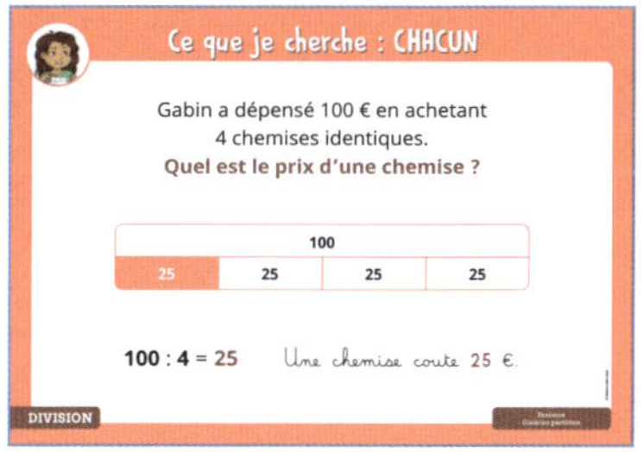


Affichage mural de la présentation de la typologie de problème et synthèse de ce qu'il faut retenir.

## Étape 5

▶ Entrainement et réinvestissement.

Réalisation des problèmes 1 à 4 sur les fiches d'entrainement supplémentaires (⤓ à télécharger sur BiblioManuels).

# Activité de référence 12 Division – Division quotition

**Objectif :** Installer un problème de référence de recherche de nombre de parts

**Calculer le nombre de paquets que l'on peut faire dans une collection en connaissant la valeur d'un paquet.**

## Étape 1

▶ Présentation et analyse collective du problème de référence.

Gabin a dépensé 100 € en tout en achetant des chemises à 25 € l'unité.
**Combien de chemises a-t-il achetées ?**

▶ Que cherche-t-on ?

**On cherche le nombre de chemises achetées par Gabin.**

▶ Que sait-on déjà ?

**On sait qu'une chemise coute 25 € et que Gabin a dépensé 100 € en tout.**

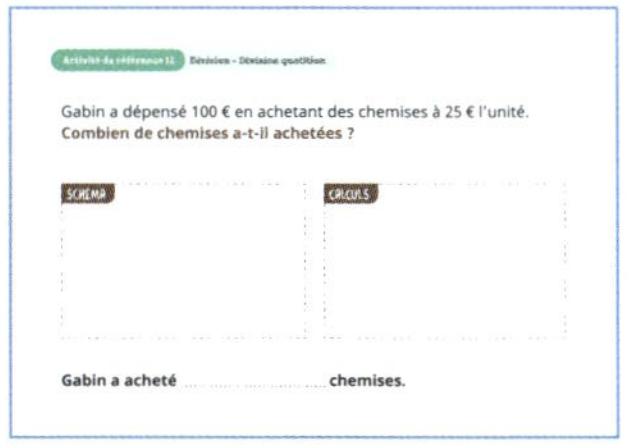


## Étape 2

▶ Recherche et résolution en collectif.

100 : 25 = 4
**Il a acheté 4 chemises.**

## Étape 3

▶ Proposition de modélisation.

| 100 | | | |
|---|---|---|---|
| 25 | 25 | 25 | 25 |

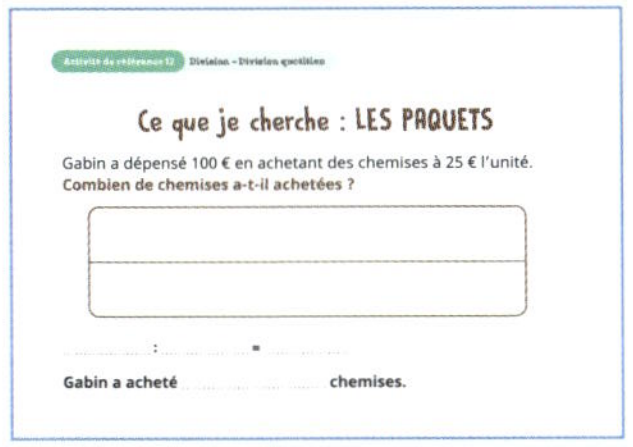


## Étape 4

▶ Mise en place de l'affiche de référence.

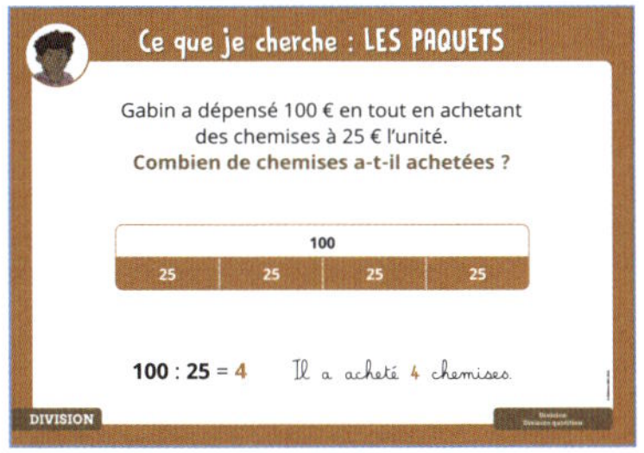


Affichage mural de la présentation de la typologie de problème et synthèse de ce qu'il faut retenir.

## Étape 5

▶ Entrainement et réinvestissement.

Réalisation des problèmes 1 à 4 sur les fiches d'entrainement supplémentaires (⤓ à télécharger sur BiblioManuels).

# Activité de référence 13 Proportionnalité

**Objectif :** Installer un problème de référence relevant de la proportionnalité

**Mobiliser des procédures adaptées comme les propriétés de linéarité (additive et multiplicative).**

## Étape 1

▶ Présentation et analyse collective du problème de référence.

Complète le tableau suivant sachant qu'un stylo coute 2 €.

| **Nombre de stylos achetés** | 2 | 4 | 6 | 8 | 10 | 12 |
|---|---|---|---|---|---|---|
| **Prix payé** | 4 € | 8 € | 12 € | 16 € | .... € | .... € |

▶ Comment trouve-t-on le prix de 6 stylos ?

**On peut additionner le prix de 4 stylos et de 2 stylos.**

▶ Comment trouve-t-on le prix de 8 stylos ?

**8 est le double de 4. Donc on peut multiplier le prix de 4 stylos par 2.**

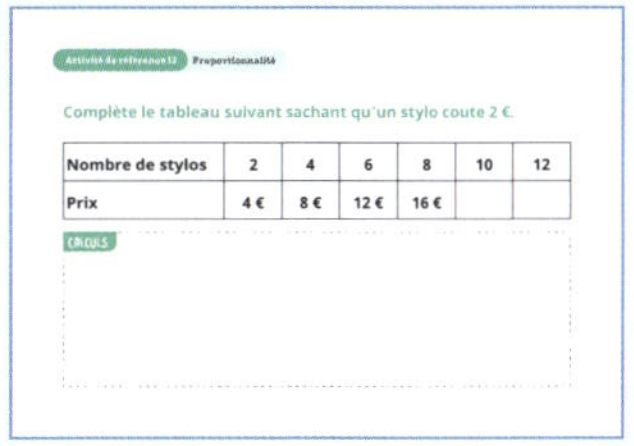


## Étape 2

▶ Recherche et résolution en collectif.

10 stylos = 6 stylos + 4 stylos
donc 12 € + 8 € = 20 €
**10 stylos coutent 20 €.**

12 stylos = 2 × 6 stylos
donc 2 × 12 € = 24 €
**12 stylos coutent 24 €.**

## Étape 3

▶ Proposition de modélisation pour 10 stylos.

| 20 | | | | | | | | | |
|---|---|---|---|---|---|---|---|---|---|
| **2** | **2** | **2** | **2** | **2** | **2** | **2** | **2** | **2** | **2** |

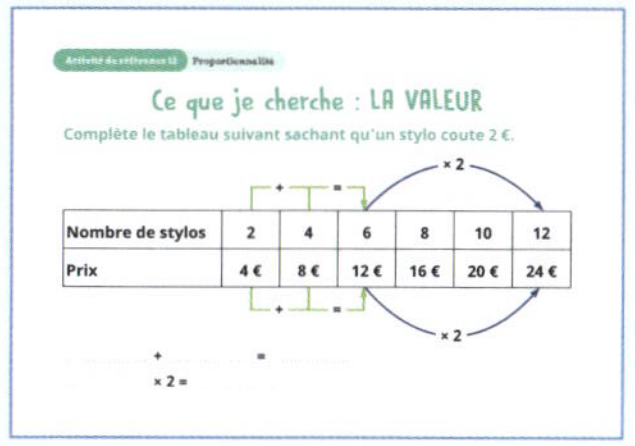


## Étape 4

▶ Mise en place de l'affiche de référence.

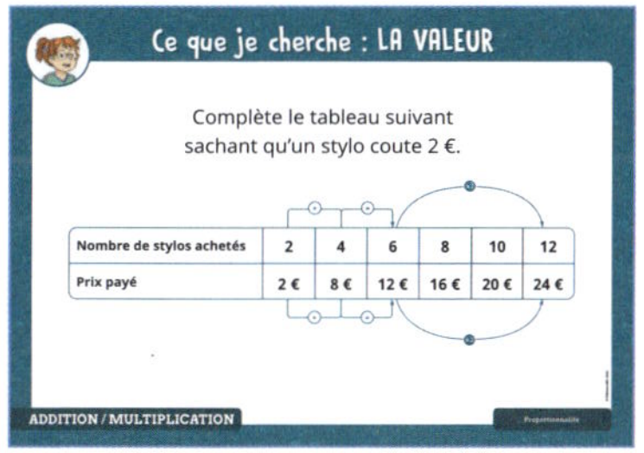


Affichage mural de la présentation de la typologie de problème et synthèse de ce qu'il faut retenir.

## Étape 5

▶ Entrainement et réinvestissement.

Réalisation des problèmes 1 à 4 sur les fiches d'entrainement supplémentaires (⤓ à télécharger sur BiblioManuels).

# Test de positionnement CM1

| Compétences évaluées | Exercices | NA | PA | A | D |
|---|---|---|---|---|---|
| Résoudre un problème de composition (recherche d'une partie) | 1 | | | | |
| Résoudre un problème de transformation (recherche d'état initial) | 2 | | | | |
| Résoudre un problème de comparaison (recherche de l'un des états) | 3 | | | | |
| Résoudre un problème de multiplication (addition réitérée) | 4 | | | | |
| Résoudre un problème de division (partition) | 5 | | | | |
| Résoudre un problème de proportionnalité | 6 | | | | |

**1** Un maraicher a récolté au total 636 kg de légumes.
Cela comprend 435 kg de carottes ainsi que des courgettes.
**Combien de kilos de courgettes a-t-il récoltés ?**

SCHÉMA

CALCULS

PHRASE : ..........

Prénom : .......... Date : ..........

**2** En fin d'année, il ne reste plus que 125 € sur le budget de la classe.
454 € ont été dépensés depuis la rentrée.
**Combien y avait-il sur le budget en début d'année ?**

SCHÉMA

CALCULS

PHRASE : ..........

**3** Dans une ville, il y a 188 élèves à l'école élémentaire.
C'est 75 élèves de plus que dans l'école maternelle.
**Combien d'élèves y a-t-il à l'école maternelle ?**

SCHÉMA

CALCULS

PHRASE : ..........

Prénom : .................................... Date : ....................

**4** Un théâtre a vendu 60 tickets d'entrée à 15 € l'unité.
**Quelle somme d'argent a rapporté la vente de ces tickets ?**

SCHÉMA

CALCULS

PHRASE : ..........................................................................

**5** L'école a fait l'acquisition de 4 tablettes numériques pour un montant total de 800 €.
**Quel était le prix d'une tablette ?**

SCHÉMA

CALCULS

PHRASE : ..........................................................................

**6** **Complète ce tableau sachant que chaque bouteille contient la même quantité d'eau.**

| | **Quantité totale en litres** |
|---|---|
|  | 2 L |
|  | .................... |
|  | .................... |
|  | .................... |
|  | .................... |

CALCULS

# Test de positionnement CM2

Prénom : ........................ Date : ........................

| Compétences évaluées | Exercices | NA | PA | A | D |
|---|---|---|---|---|---|
| Résoudre un problème de composition (recherche d'une partie) | 1 | | | | |
| Résoudre un problème de transformation (recherche d'état initial) | 2 | | | | |
| Résoudre un problème de comparaison (recherche de l'un des états) | 3 | | | | |
| Résoudre un problème de multiplication (addition réitérée) | 4 | | | | |
| Résoudre un problème de division (quotition) | 5 | | | | |
| Résoudre un problème de proportionnalité | 6 | | | | |

**1** Un festival de musique a accueilli au total 6 259 visiteurs sur 3 jours.
2 253 personnes sont venues le vendredi et 2 504 personnes le samedi.
**Combien de personnes ont été accueillies sur le festival le dimanche ?**

SCHÉMA

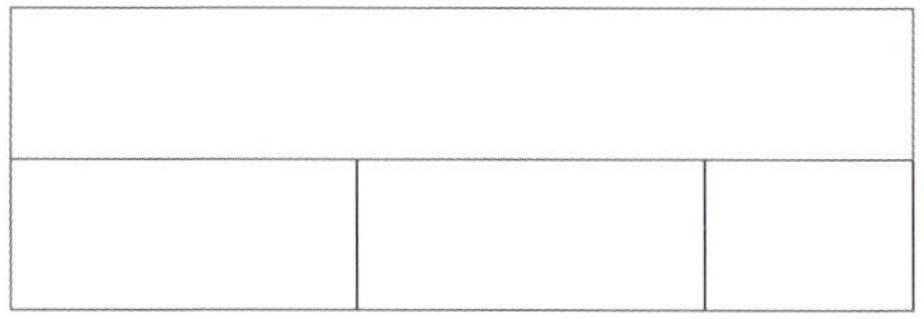

CALCULS

PHRASE : ........................

**2** Le chef d'un restaurant n'a plus que 1 250 g de beurre en réserve.
Il en a utilisé 450 g pour le service du soir et 300 g pour le service du midi.
**Quelle quantité de beurre avait-il en début de journée ?**

SCHÉMA

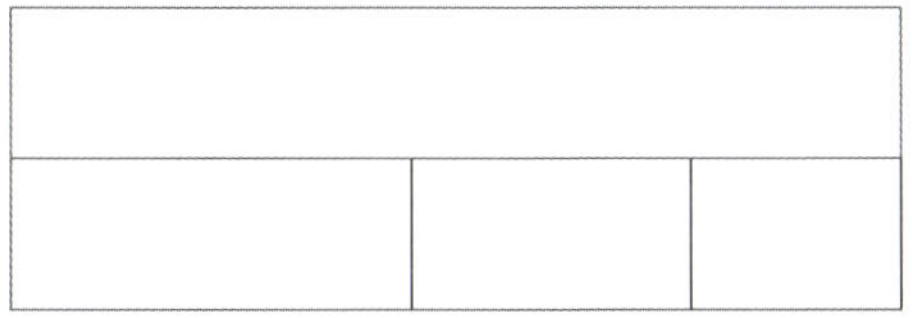

CALCULS

PHRASE : ........................

**3** Le Rhône fait 814 km de long. C'est 192 km de moins que la Loire.
La Loire fait 229 km de plus que la Seine.
**Quelle est la longueur de la Seine ?**

SCHÉMA

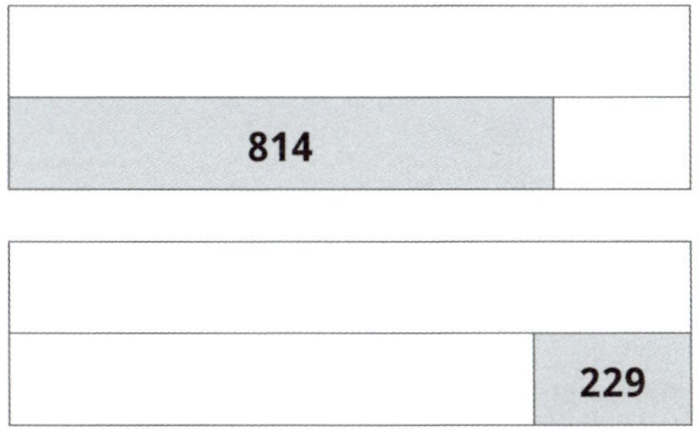


CALCULS

PHRASE : ........................

Prénom : .................................... Date : ....................

**4** Aujourd'hui, le boulanger a fait 3 fournées de 200 croissants.
Chaque croissant est ensuite vendu 1,20 €.
**Combien lui a rapporté la vente de la totalité des croissants ?**

SCHÉMA

CALCULS

PHRASE : ....................................................................................

**5** Avec les pommes de son verger, Louna a préparé 750 cL de jus.
**Combien de bouteilles de 25 cL peut-elle remplir avec ce jus ?**

SCHÉMA

CALCULS

PHRASE : ....................................................................................

**6** **Complète ce tableau sachant que chaque bouteille contient la même quantité d'eau.**

| | **Quantité totale en litres** |
|---|---|
|  | .................... |
|  | .................... |
|  | .................... |
|  | 6 L |

CALCULS

## Période 1 Semaine 1

Prénom : .................................................... Date : ....................................

**1** Pour faire son trajet de Rennes à Saint Malo, Alice parcourt 54 km entre Rennes et Dinan, puis 31 km entre Dinan et Saint Malo.
**Combien de km a-t-elle parcourus en tout ?**

SCHÉMA

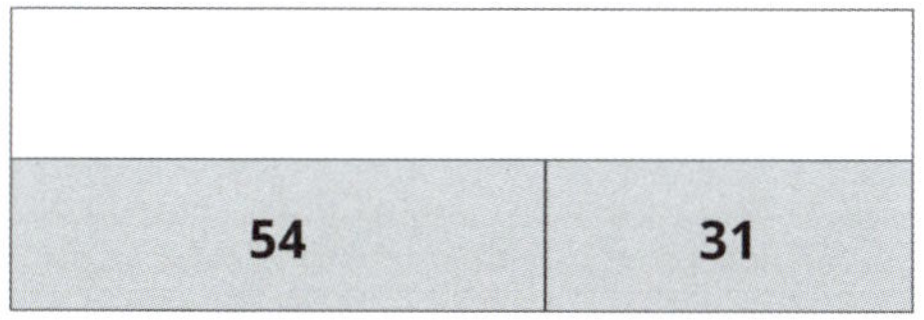


CALCULS

Alice a parcouru .............................. km en tout.

**2** Cette année Agathe a dépensé 95 € en tout pour la rentrée. Elle a dépensé 50 € pour la papeterie et le reste lui a servi à acheter des manuels.
**Quel a été le montant total d'achat des manuels ?**

SCHÉMA

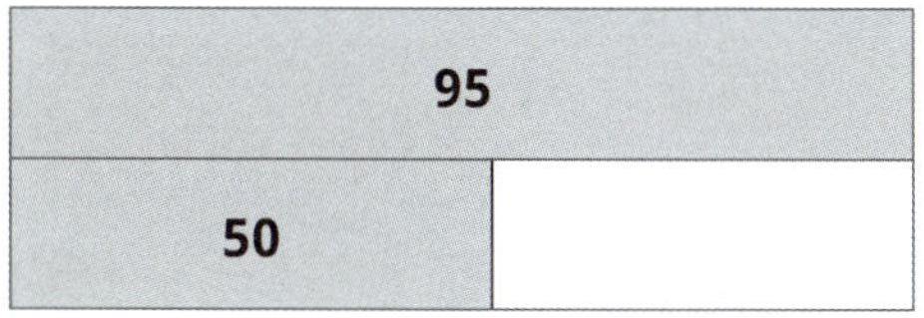


CALCULS

Les manuels ont couté .............................. € en tout.

**3** Un sylviculteur a planté 60 arbres pour renouveler sa parcelle. Il a planté 45 douglas et pour le reste il s'agit d'épicéas.
**Combien d'épicéas a-t-il plantés ?**

SCHÉMA

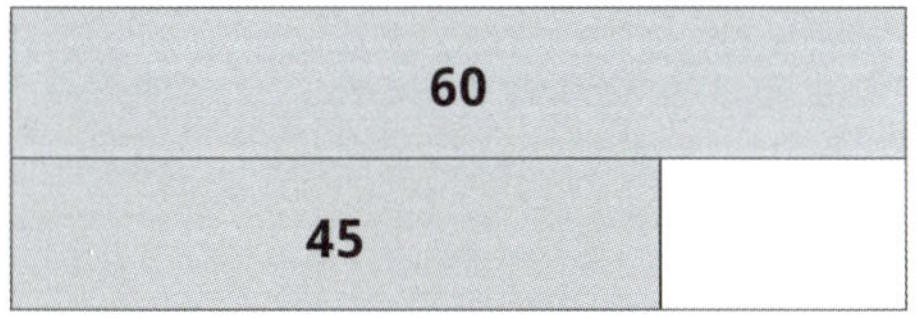


CALCULS

Il a planté .............................. épicéas.

**4** Cette semaine, la cantine a servi 55 repas pour les élèves de maternelle et 35 repas pour les élèves d'élémentaire.
**Combien de repas ont été servis en tout ?**

SCHÉMA

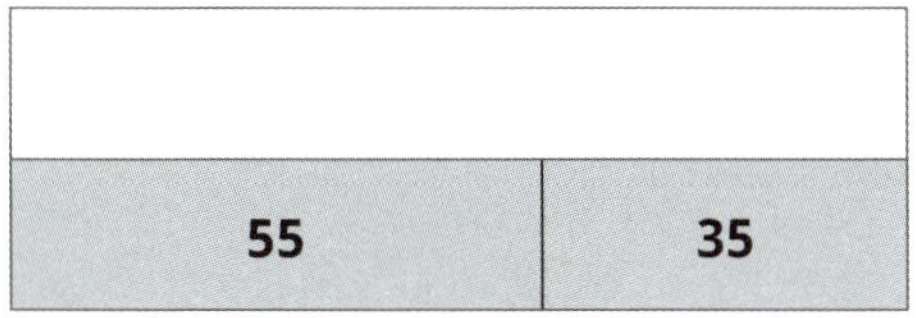


CALCULS

La cantine a servi .............................. repas en tout.

Prénom : .................................... Date : ....................

**5** **Quelle serait la hauteur de la cathédrale Notre-Dame de Paris sans les tours ?**

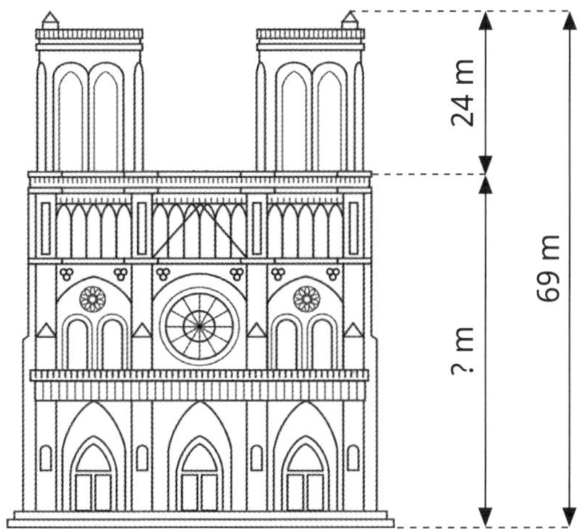


SCHÉMA

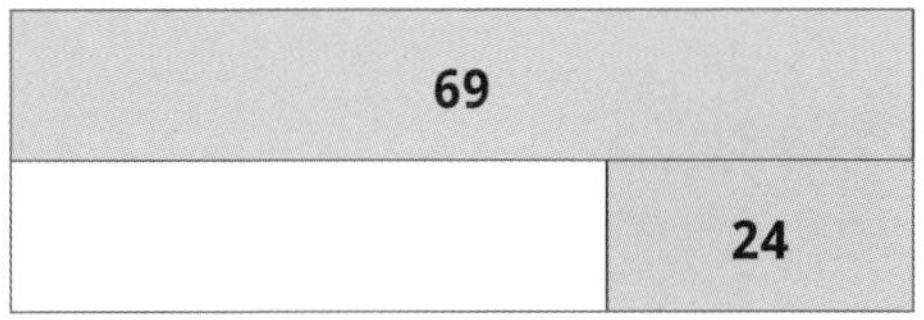


CALCULS

Sans les tours, la hauteur de la cathédrale Notre-Dame de Paris

serait de .................... m.

**6** **Observe la liste des ingrédients pour faire 1 gâteau au yaourt et complète la liste des ingrédients nécessaires pour en faire 2.**

| Pour 1 gâteau | Pour 2 gâteaux |
|---|---|
| 3 pots de farine | .................... pots de farine |
| 2 pots de sucre | .................... pots de sucre |
| 1 yaourt | .................... yaourts |
| 2 œufs | .................... œufs |

CALCULS

## Période 1 Semaine 1

Prénom : ................................ Date : ................

**1** Pour faire le trajet de Bourges à Paris, Alice parcourt 125 km entre Bourges et Orléans, puis 132 km entre Orléans et Paris.
**Combien de km a-t-elle parcourus en tout ?**

SCHÉMA

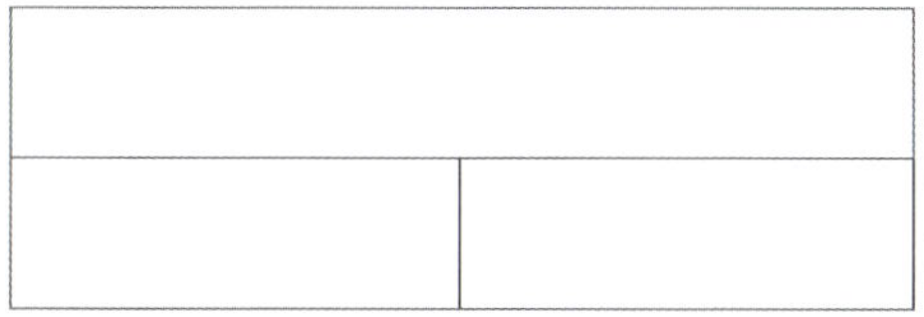

CALCULS

PHRASE : ................................

**2** Pour la rentrée, l'école a dépensé 945 € en tout. 500 € ont été dépensés pour la papeterie et le reste a servi à acheter des manuels.
**Quel a été le montant total d'achat des manuels ?**

SCHÉMA

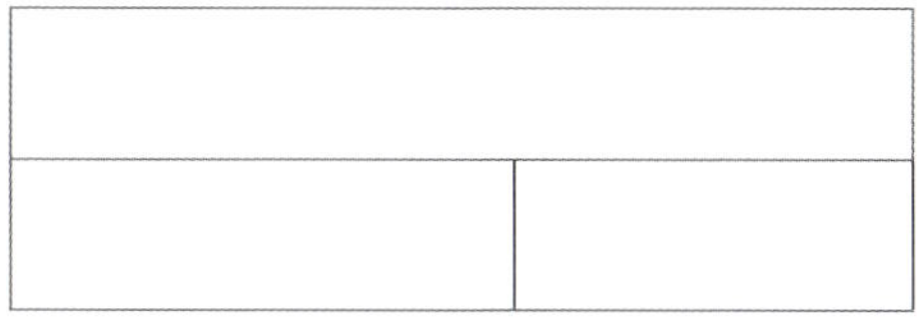

CALCULS

PHRASE : ................................

**3** Un sylviculteur a planté 600 arbres pour renouveler sa parcelle. Il a planté 450 douglas et des épicéas.
**Combien d'épicéas a-t-il plantés ?**

SCHÉMA

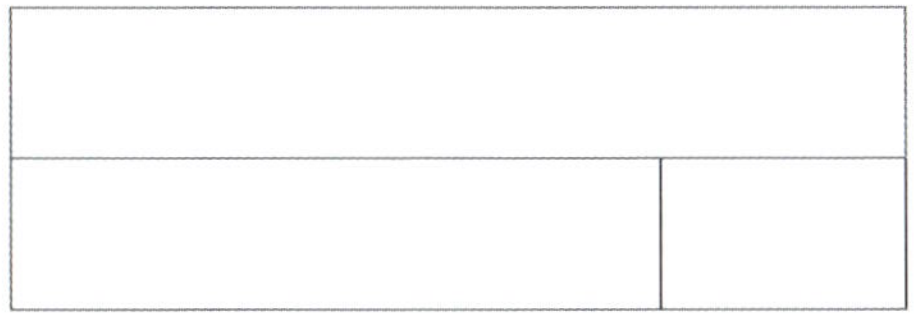

CALCULS

PHRASE : ................................

**4** Cette semaine, la cantine a servi 125 repas pour les élèves de maternelle et 225 repas pour les élèves d'élémentaire.
**Combien de repas ont été servis en tout ?**

SCHÉMA

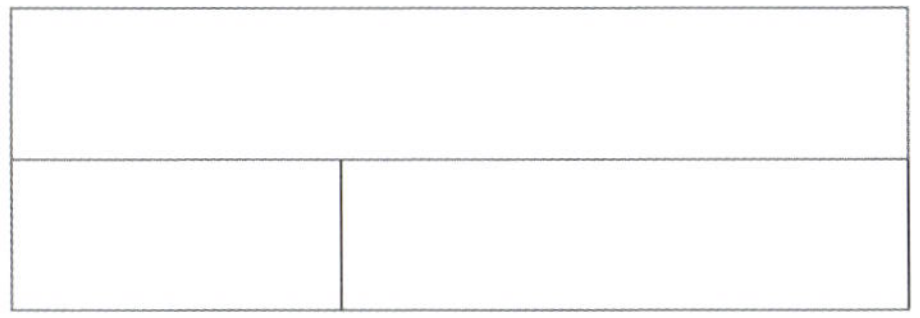

CALCULS

PHRASE : ................................

Prénom : ............ Date : ............

**5** **Quelle est la hauteur du premier étage de la tour Eiffel ?**

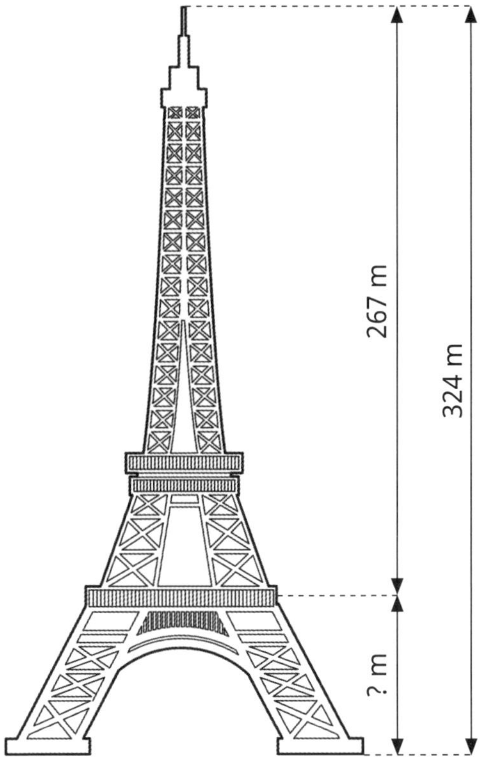


SCHÉMA

CALCULS

PHRASE : ............................................................

............................................................

**6** **Observe la liste des ingrédients pour faire 1 gâteau au yaourt et complète la liste des ingrédients nécessaires pour en faire 2.**

| Pour 1 gâteau | Pour 2 gâteaux |
|---|---|
| 3 pots de farine | ............ pots de farine |
| 2 pots de sucre | ............ pots de sucre |
| 1 yaourt | ............ yaourts |
| 2 œufs | ............ œufs |
| la moitié d'un pot d'huile | ............ pot d'huile |
| la moitié d'un sachet de levure | ............ sachet de levure |

CALCULS

## Période 1 Semaine 1

Prénom : ............ Date : ............

**1** Pour faire son trajet de Paris à Dallas en avion, Alice parcourt 5 836 km entre Paris et New York, puis 2 202 km entre New York et Dallas.
**Combien de km a-t-elle parcourus en tout ?**

SCHÉMA

CALCULS

PHRASE : ............

**2** L'école a dépensé cette année 2 945 € en tout pour la rentrée. 1 569 € ont été dépensés pour la papeterie et le reste a servi à acheter des manuels.
**Quel a été le montant total d'achat des manuels ?**

SCHÉMA

CALCULS

PHRASE : ............

**3** Un sylviculteur a planté 1 200 arbres pour renouveler sa parcelle. Il a planté 450 douglas, 150 épicéas et pour le reste il s'agit de pins maritimes.
**Combien de pins maritimes a-t-il plantés ?**

SCHÉMA

CALCULS

PHRASE : ............

**4** Cette semaine, la cantine du collège a servi 125 repas pour les élèves de $6^{ème}$, 153 repas pour les élèves de $5^{ème}$, 149 repas pour les élèves de $4^{ème}$ et 189 repas pour les élèves de $3^{ème}$.
**Combien de repas ont été servis en tout ?**

SCHÉMA

CALCULS

PHRASE : ............

**5** **Quelle est la hauteur du premier étage de la tour Eiffel ?**

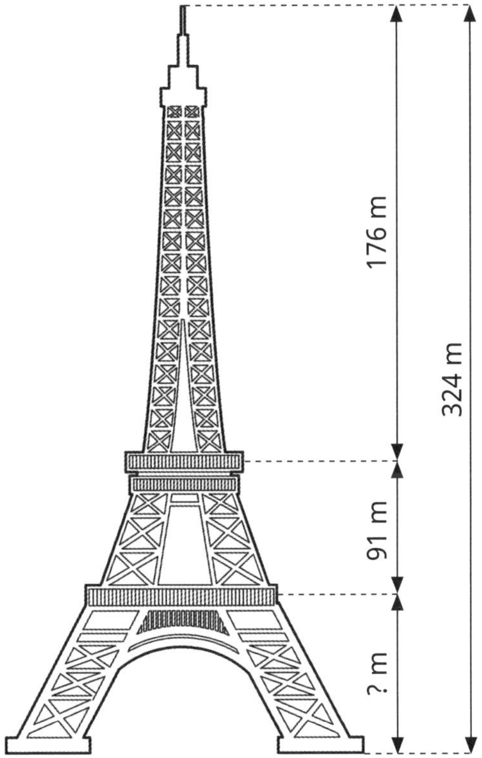


SCHÉMA

CALCULS

PHRASE : ....................................................................................................

....................................................................................................

Prénom : .................................................. Date : ..............................

**6** **Observe la liste des ingrédients pour faire 1 gâteau au yaourt et complète la liste des ingrédients nécessaires pour en faire 8.**

| Pour 1 gâteau | Pour 8 gâteaux |
|---|---|
| 3 pots de farine | .................... pots de farine |
| 2 pots de sucre | .................... pots de sucre |
| 1 yaourt | .................... yaourts |
| 2 œufs | .................... œufs |
| la moitié d'un pot d'huile | .................... pots d'huile |
| la moitié d'un sachet de levure | .................... sachets de levure |

CALCULS

**Période 1 Semaine 2** ★

Prénom : ................................ Date : ................................

**1** Pour faire son trajet de Rennes à Saint-Malo, Alice parcourt 85 km en tout. Elle parcourt d'abord 54 km entre Rennes et Dinan puis elle va de Dinan à Saint-Malo.
**Combien de km parcourt-elle entre Dinan et Saint-Malo ?**

SCHÉMA

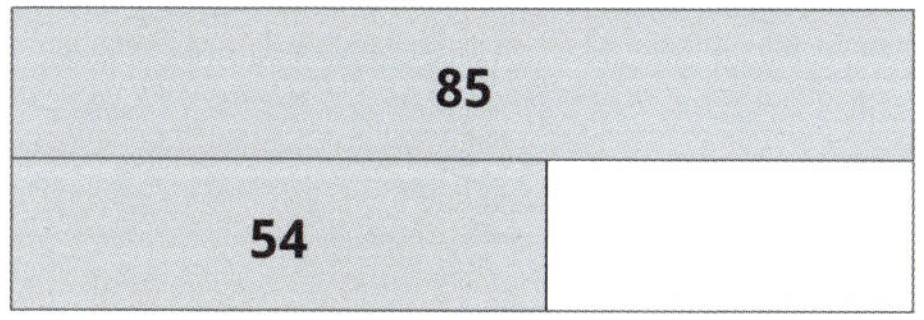


CALCULS

Entre Dinan et Saint-Malo, Alice parcourt ................................ km.

**2** Pour la rentrée, Agathe a dépensé 50 € pour la papeterie et 45 € pour acheter des manuels.
**Quel montant total a-t-elle dépensé ?**

SCHÉMA

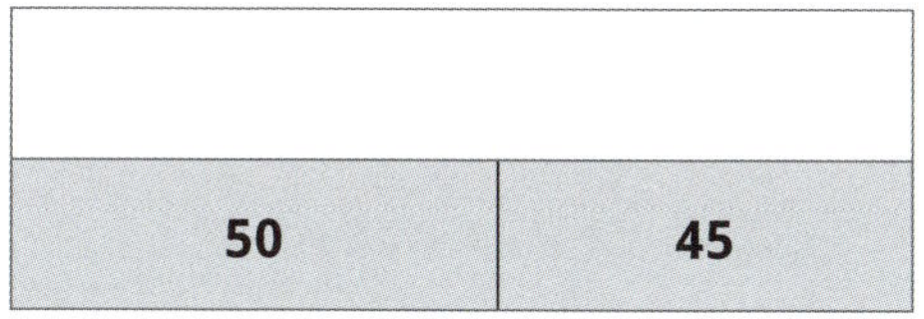


CALCULS

Agathe a dépensé ................................ € en tout.

**3** Pour renouveler sa plantation de pins, un sylviculteur a planté 45 douglas et 15 épicéas.
**Combien de pins a-t-il plantés en tout ?**

SCHÉMA

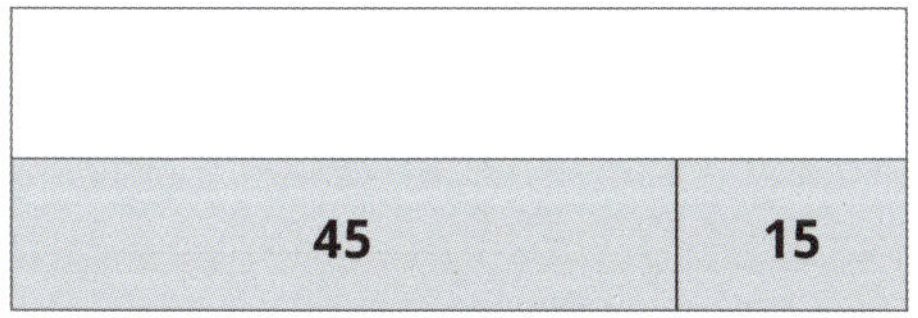


CALCULS

Il a planté ................................ pins en tout.

**4** Cette semaine, la cantine a servi 90 repas en tout, dont 55 pour les élèves de maternelle.
**Combien de repas ont été servis aux élèves de l'élémentaire ?**

SCHÉMA

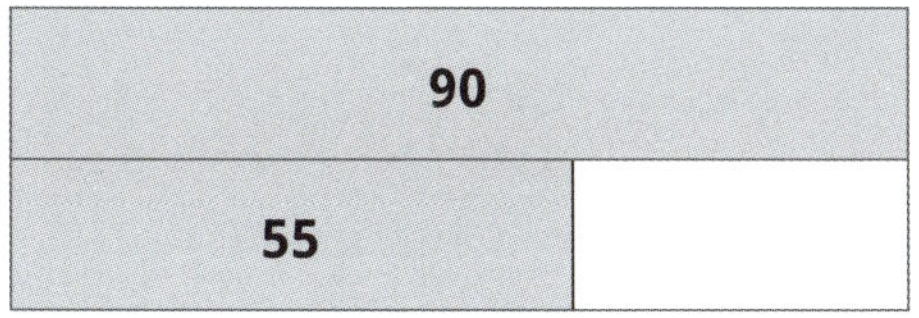


CALCULS

................................ repas ont été servis aux élèves de l'élémentaire.

Prénom : .................................................. Date : ..............................

## 5 Quelle est la hauteur totale de la cathédrale Notre-Dame de Paris ?

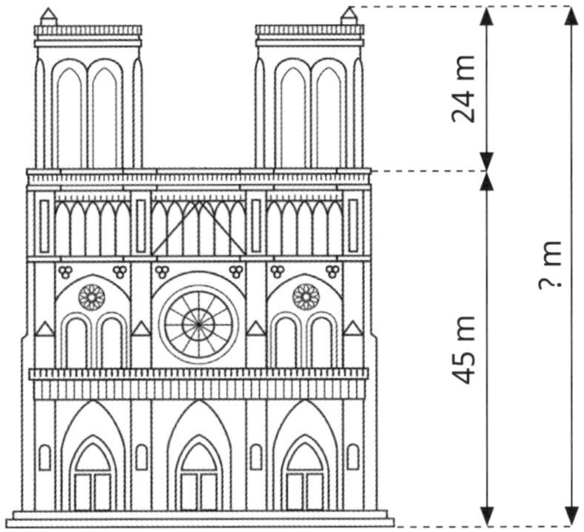


SCHÉMA

| | |
|---|---|
| 45 | 24 |

CALCULS

La cathédrale Notre-Dame de Paris mesure .............................. m de haut.

## 6 Observe la liste des ingrédients pour faire 2 gâteaux au yaourt et complète la liste des ingrédients nécessaires pour en faire 1 seul.

| Pour 1 gâteau | Pour 2 gâteaux |
|---|---|
| .................. pots de farine | 6 pots de farine |
| .................. pots de sucre | 4 pots de sucre |
| .................. yaourt | 2 yaourts |
| .................. œufs | 4 œufs |

CALCULS

## Période 1 Semaine 2

Prénom : ........................ Date : ........................

**1** Pour faire le trajet de Bourges à Paris, Alice parcourt 257 km en tout. Elle parcourt d'abord 125 km entre Bourges et Orléans puis elle va directement d'Orléans à Paris.
**Combien de km parcourt-elle entre Orléans et Paris ?**

SCHÉMA

CALCULS

PHRASE : ........................

**2** Pour la rentrée, l'école a dépensé 500 € pour la papeterie et 445 € pour acheter des manuels.
**Quel montant total a été dépensé ?**

SCHÉMA

CALCULS

PHRASE : ........................

**3** Pour renouveler sa plantation de pins, un sylviculteur a planté 450 douglas et 150 épicéas.
**Combien de pins a-t-il plantés en tout ?**

SCHÉMA

CALCULS

PHRASE : ........................

**4** Cette semaine, la cantine a servi 350 repas en tout dont 125 pour les élèves de maternelle.
**Combien de repas ont été servis aux élèves de l'élémentaire ?**

SCHÉMA

CALCULS

PHRASE : ........................

Prénom : ........................ Date : ........................

**5** **Quelle est la hauteur totale de la tour Eiffel ?**

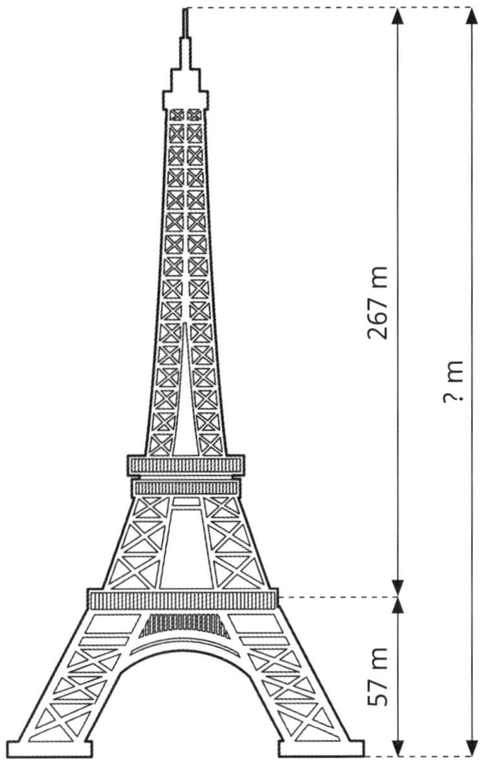


SCHÉMA

CALCULS

PHRASE : ..........................................................................................

..........................................................................................

**6** **Observe la liste des ingrédients pour faire 2 gâteaux au yaourt et complète la liste des ingrédients nécessaires pour en faire 1 seul.**

| Pour 1 gâteau | Pour 2 gâteaux |
|---|---|
| .................... pots de farine | 6 pots de farine |
| .................... pots de sucre | 4 pots de sucre |
| .................... yaourt | 2 yaourts |
| .................... œufs | 4 œufs |
| .................................................... pot d'huile | un pot d'huile |
| .................................... sachet de levure | un sachet de levure |

CALCULS

## Période 1 Semaine 2

Prénom : ............ Date : ............

**1** Pour faire son trajet de Paris à Dallas en avion, Alice parcourt 8 038 km en tout. Elle parcourt d'abord 5 836 km entre Paris et New York puis elle prend ensuite un vol entre New York et Dallas.
**Combien de km parcourt-elle entre New York et Dallas ?**

SCHÉMA

CALCULS

PHRASE : ............

**2** Pour la rentrée, l'école a dépensé 1 569 € pour la papeterie et 1 376 € pour acheter des manuels.
**Quel montant total a été dépensé ?**

SCHÉMA

CALCULS

PHRASE : ............

**3** Pour renouveler sa plantation de pins, un sylviculteur a planté 450 douglas, 150 épicéas et 600 pins maritimes.
**Combien de pins a-t-il plantés en tout ?**

SCHÉMA

CALCULS

PHRASE : ............

**4** Cette semaine, la cantine du collège a servi 616 repas en tout, dont 125 repas pour les élèves de 6ème, 153 repas pour les élèves de 5ème et 149 repas pour les élèves de 4ème.
**Combien de repas ont été servis aux élèves de 3ème ?**

SCHÉMA

CALCULS

PHRASE : ............

Prénom : .................................... Date : ....................

**5** **Quelle est la hauteur totale de la tour Eiffel ?**

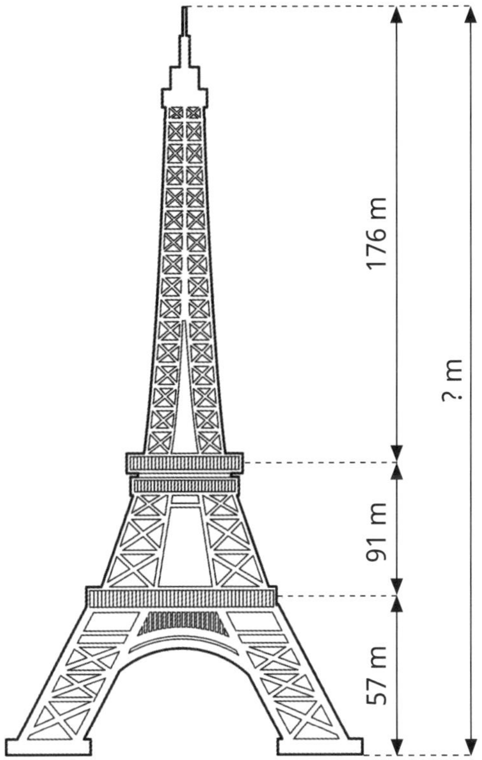


SCHÉMA

CALCULS

PHRASE : ..........................................................................................

..........................................................................................

**6** **Observe la liste des ingrédients pour faire 8 gâteaux au yaourt et complète la liste des ingrédients nécessaires pour en faire 1 seul.**

| Pour 1 gâteau | Pour 8 gâteaux |
|---|---|
| .................... pots de farine | 24 pots de farine |
| .................... pots de sucre | 16 pots de sucre |
| .................... yaourts | 8 yaourts |
| .................... œufs | 16 œufs |
| .................... pot d'huile | 4 pots d'huile |
| .................... sachet de levure | 4 sachets de levure |

CALCULS

**Période 1 Semaine 3** ★

Prénom : ................................ Date : ................

**1** Tao dispose de 59 € d'économies sur son compte bancaire. Après avoir participé à un vide-grenier, il récolte 26 € qu'il épargne également.
**De quel montant total dispose-t-il maintenant sur son compte ?**

SCHÉMA

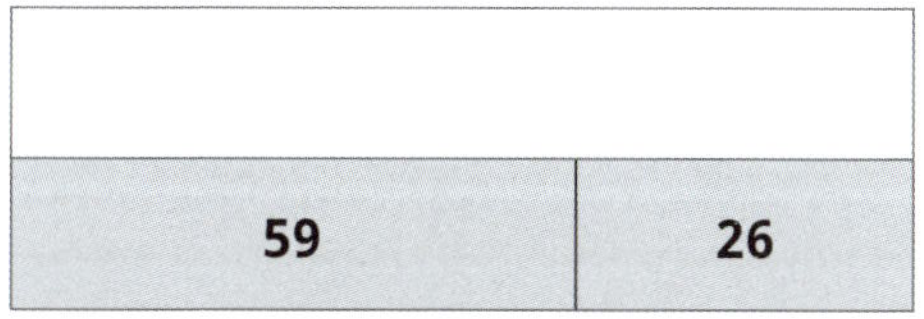


CALCULS

Tao dispose de ................ € au total sur son compte.

**2** En 2022, le gouvernement compte 42 personnes dont 21 femmes.
**Combien y a-t-il d'hommes dans ce gouvernement ?**

SCHÉMA

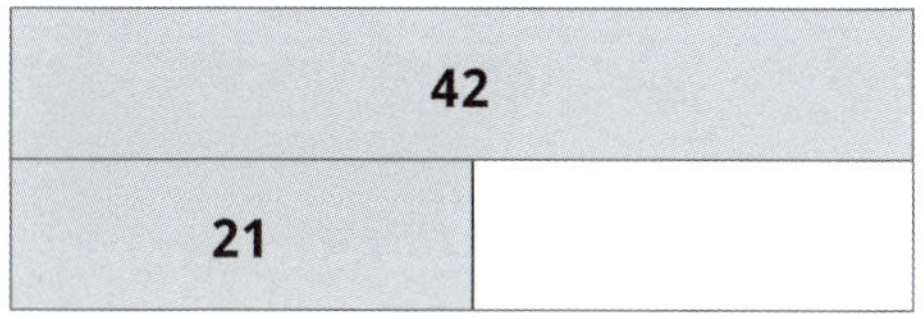


CALCULS

En 2022, il y a ................ hommes au gouvernement.

**3** La directrice avait commandé 50 cahiers pour l'école.
Elle en a reçu 32 juste avant la rentrée. Le reste arrivera fin septembre.
**Combien de cahiers seront livrés à ce moment-là ?**

SCHÉMA

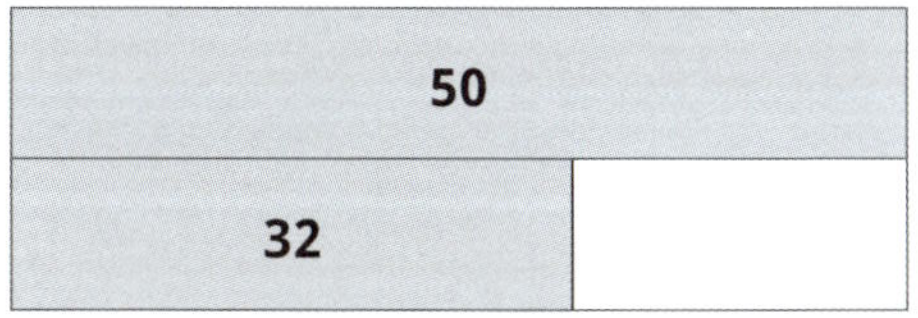


CALCULS

Fin septembre, la directrice recevra ................ cahiers.

**4** Auparavant, il y avait 49 élus municipaux dans les très grandes villes.
Depuis, ce nombre a été augmenté de 20 élus.
**Combien d'élus municipaux y a-t-il dans les très grandes villes aujourd'hui ?**

SCHÉMA

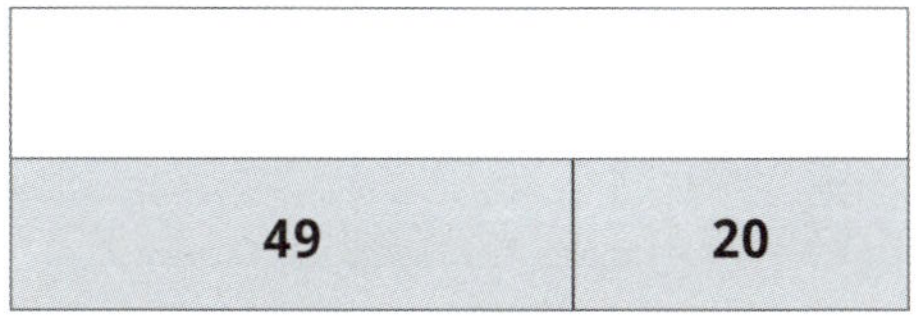


CALCULS

Aujourd'hui, dans les très grandes villes il y a ................ élus municipaux.

Prénom : ............................ Date : ............................

**5** Cette école accueille des élèves de maternelle et d'élémentaire.
**Combien d'élèves y a-t-il en tout ?**

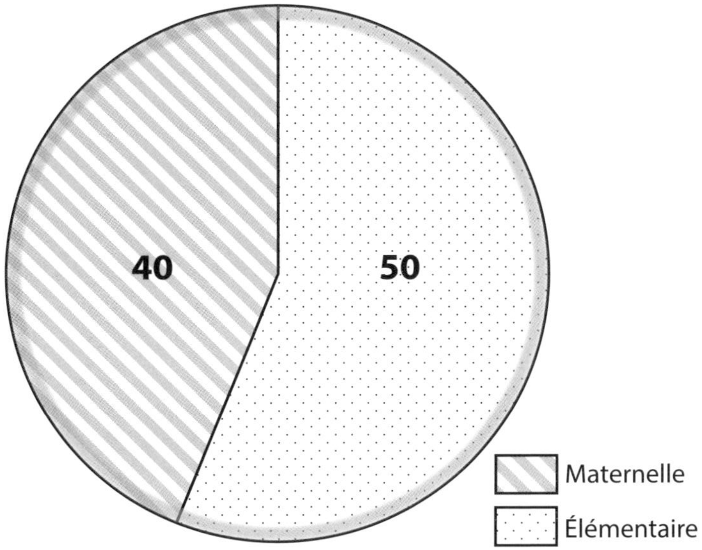


SCHÉMA

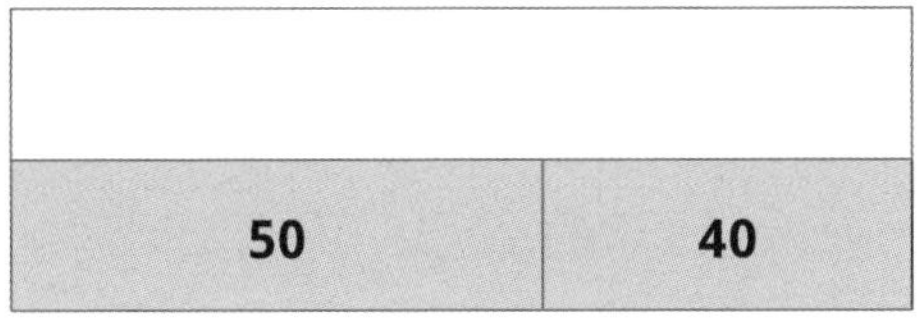


CALCULS

Dans cette école, il y a .................... élèves en tout.

**6** L'école souhaite acheter 2 ballons de chaque sorte.
**Combien cela va-t-il couter en tout ?**

| | Prix unitaire | Prix pour un lot de 2 |
|---|---|---|
|  | 8 € | .................... € |
| 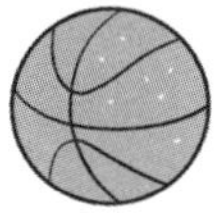 | 10 € | .................... € |
|  | 5 € | .................... € |
| | TOTAL | .................... € |

CALCULS

# Période 1 Semaine 3 ★★

Prénom : ........................................ Date : ....................

**1** La coopérative scolaire dispose de 590 € d'économies.
Après un appel aux dons, elle récolte 260 €.
**De quel montant dispose-t-elle maintenant sur son compte ?**

SCHÉMA

CALCULS

PHRASE : ..............................................................

**2** En 2022, l'Assemblée nationale comptait 577 députés dont 218 femmes.
**Combien y avait-il de députés hommes ?**

SCHÉMA

CALCULS

PHRASE : ..............................................................

**3** La directrice avait commandé 500 cahiers. Elle en a reçu 320 juste avant la rentrée. Le reste arrivera fin septembre.
**Combien de cahiers seront livrés à ce moment-là ?**

SCHÉMA

CALCULS

PHRASE : ..............................................................

**4** En 1981, il y avait en France 491 députés.
Depuis 1986, ce nombre a été augmenté de 86 personnes.
**Combien y a-t-il de députés en France depuis 1986 ?**

SCHÉMA

CALCULS

PHRASE : ..............................................................

Prénom : .................................... Date : ....................

**5** Cette école accueille des élèves de maternelle et d'élémentaire.
**Combien d'élèves y a-t-il en tout ?**

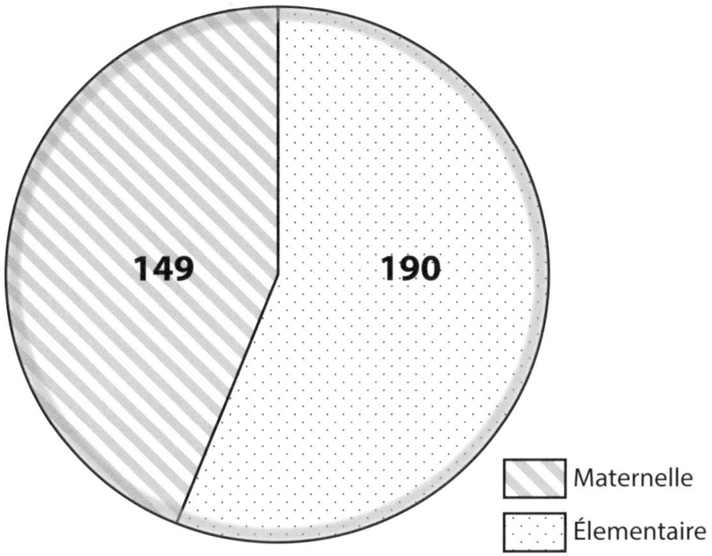


SCHÉMA

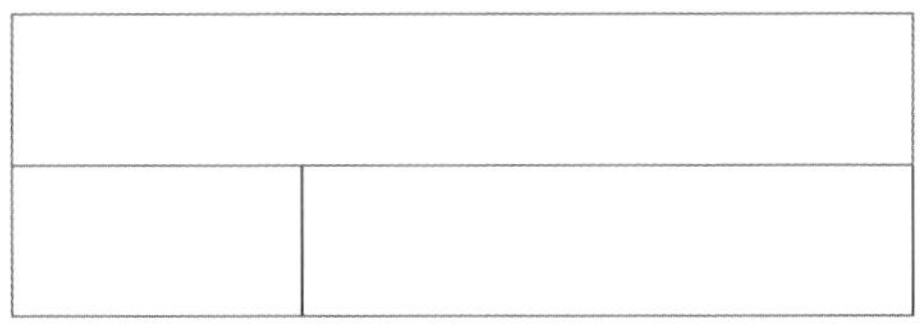

CALCULS

PHRASE : ....................................

....................................

**6** L'école souhaite acheter 5 ballons de chaque sorte.
**Combien cela va-t-il couter en tout ?**

| | Prix unitaire | Prix pour un lot de 5 |
|---|---|---|
|  | 8 € | .................. € |
| 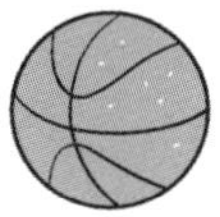 | 10 € | .................. € |
|  | 5 € | .................. € |
| | **TOTAL** | .................. € |

CALCULS

## Période 1 Semaine 3

Prénom : ............................ Date : ............................

**1** La coopérative scolaire dispose de 1 590,60 € d'économies sur son compte bancaire. Après un appel aux dons, elle récolte 1 260,40 €.
**De quel montant total dispose-t-elle maintenant sur son compte ?**

SCHÉMA

CALCULS

PHRASE : ............................

**2** En 2019, la ville de Honfleur comptait 6 733 habitants dont 3 634 femmes.
**Combien d'habitants n'étaient pas des femmes ?**

SCHÉMA

CALCULS

PHRASE : ............................

**3** La papeterie a commandé 5 000 cahiers pour la rentrée des classes. Elle en a reçu 3 250 juste avant la rentrée. Le reste arrivera fin septembre.
**Combien de cahiers seront livrés à ce moment-là ?**

SCHÉMA

CALCULS

PHRASE : ............................

**4** En 2008, il y avait 4 026 habitants à Cabourg. En 2019, il y en avait 468 de moins.
**Combien y avait-il d'habitants à Cabourg en 2019 ?**

SCHÉMA

CALCULS

PHRASE : ............................

Prénom : ........................ Date : ........................

**5** Voici la population de la ville de Perros-Guirec répartie par tranche d'âge.
**Combien d'habitants y a-t-il en tout dans cette ville ?**

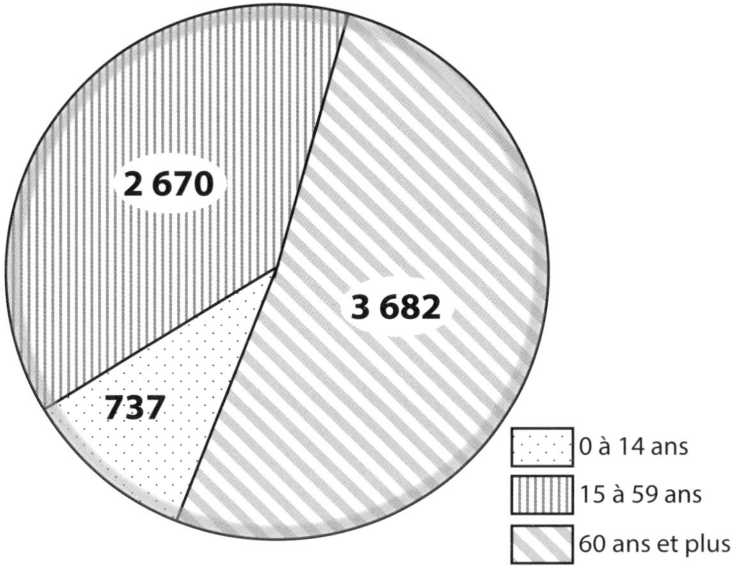


SCHÉMA

CALCULS

PHRASE : ........................

........................

**6** L'école souhaite acheter 5 ballons de chaque sorte.
**Combien cela va-t-il couter en tout ?**

| | Prix unitaire | Prix pour un lot de 5 |
|---|---|---|
|  | 8,20 € | .................. € |
| 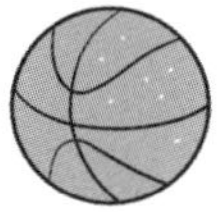 | 10,40 € | .................. € |
|  | 5,50 € | .................. € |
| | TOTAL | .................. € |

CALCULS

# Période 1 Semaine 4

Prénom : .................................................... Date : ..............................

**1** Tao disposait de 59 € d'économies sur son compte bancaire.
Après avoir participé à un vide-grenier, il dispose désormais de 85 € d'économies.
**Quel montant a-t-il gagné lors du vide-grenier ?**

SCHÉMA

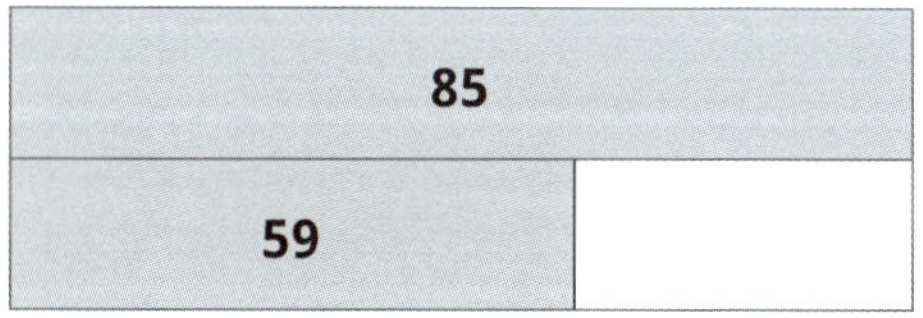


CALCULS

Tao a gagné .............................. € lors du vide-grenier.

**2** En 2022, le gouvernement compte 21 femmes et 21 hommes.
**Combien y a-t-il de personnes en tout dans ce gouvernement ?**

SCHÉMA

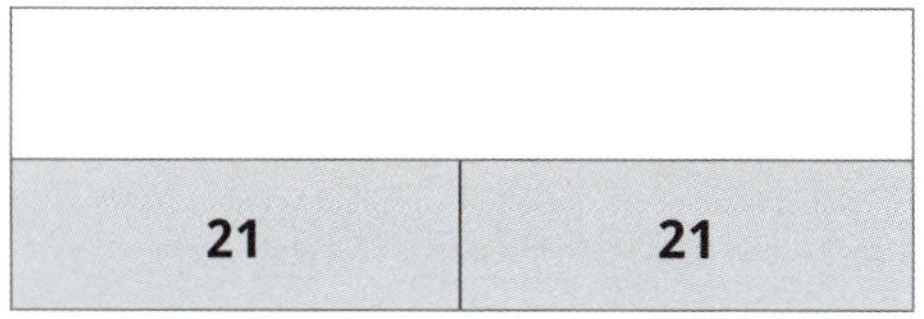


CALCULS

Il y a .............................. personnes au gouvernement.

**3** La directrice a commandé des cahiers pour l'école.
Elle en a reçu 32 juste avant la rentrée, 9 fin septembre et encore 9 fin octobre.
**Combien de cahiers a-t-elle reçus en tout ?**

SCHÉMA

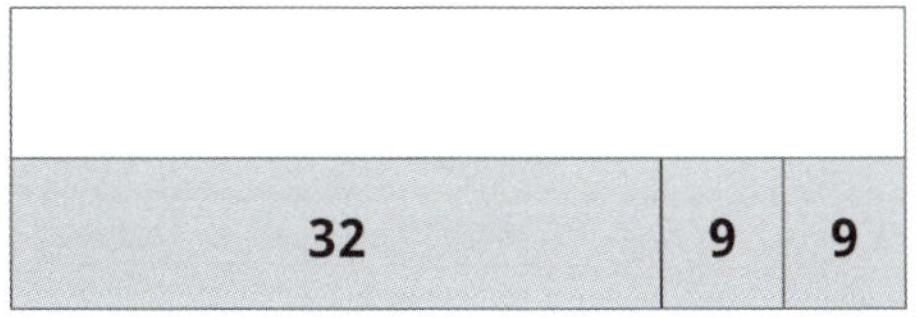


CALCULS

La directrice a reçu .............................. cahiers en tout.

**4** Auparavant, il y avait 49 conseillés municipaux dans les très grandes villes. Aujourd'hui, ce nombre est passé à 69.
**Combien y a-t-il de conseillés municipaux supplémentaires aujourd'hui ?**

SCHÉMA

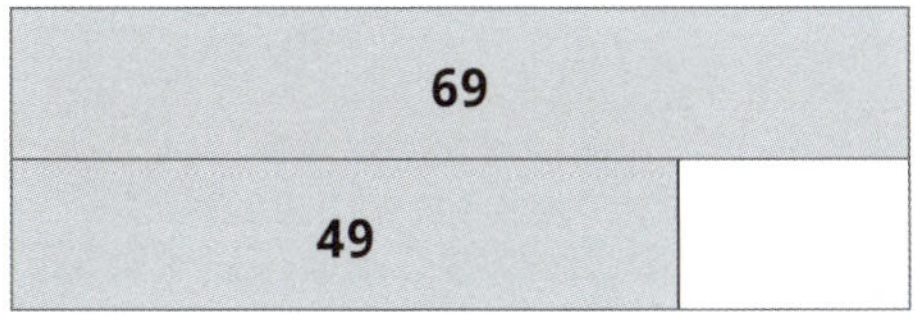


CALCULS

Il y a .............................. conseillés supplémentaires aujourd'hui.

Prénom : .................................... Date : ....................

**5** Cette école accueille des élèves de maternelle et d'élémentaire.
**Combien d'élèves y a-t-il en maternelle ?**

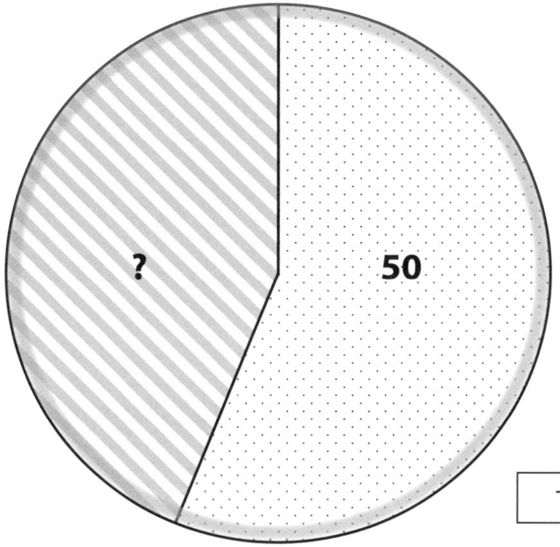


SCHÉMA

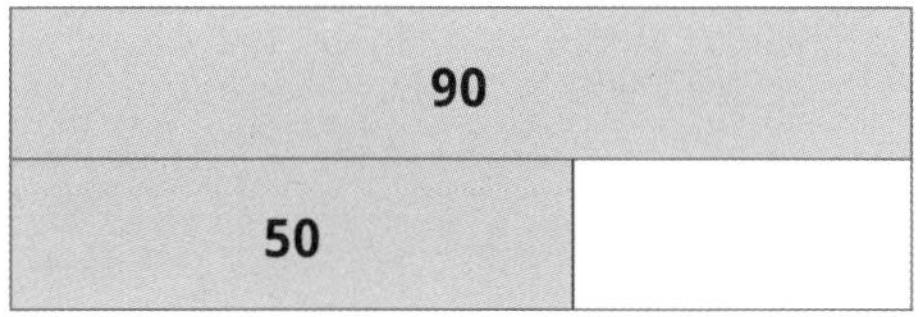


CALCULS

Il y a .................... élèves en maternelle dans cette école.

**6** L'école a acheté 2 ballons de chaque sorte.
**Complète le tableau pour indiquer le prix unitaire de chaque ballon.**

| | **Prix unitaire** | **Prix pour un lot de 2** |
|---|---|---|
|  | .................... € | 16 € |
| 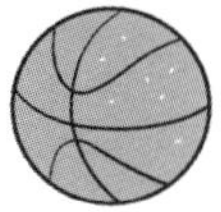 | .................... € | 20 € |
|  | .................... € | 10 € |
| | **TOTAL** | 46 € |

CALCULS

## Période 1 Semaine 4

Prénom : ........................ Date : ........................

**1** La coopérative scolaire disposait de 590 € d'économies.
Après un appel aux dons, elle dispose désormais de 850 €.
**Quel montant a-t-elle récupéré lors de l'appel aux dons ?**

SCHÉMA

CALCULS

PHRASE : ........................

**2** En 2017, l'Assemblée nationale comptait 353 hommes et 224 femmes.
**Combien y avait-il de députés en tout ?**

SCHÉMA

CALCULS

PHRASE : ........................

**3** La directrice a commandé des cahiers. Elle en a reçu 320 juste avant la rentrée, 90 fin septembre et encore 90 fin octobre.
**Combien de cahiers a-t-elle reçus en tout ?**

SCHÉMA

CALCULS

PHRASE : ........................

**4** En 1981, il y avait 491 députés en France.
Depuis 1986, ce nombre est passé à 577.
**Combien de députés supplémentaires ont été élus ?**

SCHÉMA

CALCULS

PHRASE : ........................

★ ★

Prénom : ........................................ Date : ........................

**5** Une école accueille des élèves de maternelle et d'élémentaire.
**Combien d'élèves y a-t-il en maternelle dans cette école ?**

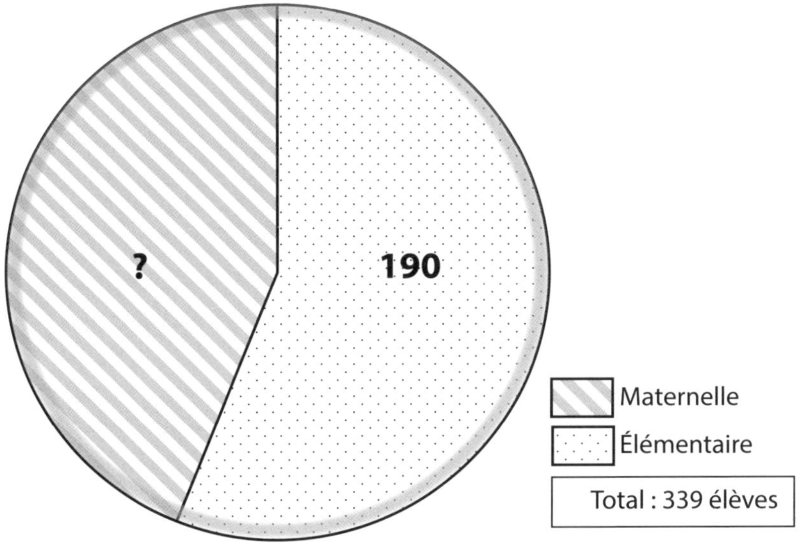


SCHÉMA

CALCULS

PHRASE : ..............................................................................

..............................................................................

**6** L'école a acheté 5 ballons de chaque sorte.
**Complète le tableau pour indiquer le prix unitaire de chaque ballon.**

| | Prix unitaire | Prix pour un lot de 5 |
|---|---|---|
|  | .................... € | 40 € |
| 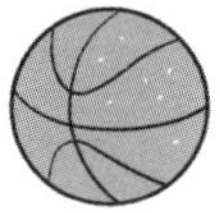 | .................... € | 50 € |
|  | .................... € | 25 € |
| | **TOTAL** | 115 € |

CALCULS

## Période 1 Semaine 4

Prénom : ............ Date : ............

**1** La coopérative scolaire disposait de 1 590,60 € d'économies sur son compte bancaire. Après un appel aux dons, elle dispose désormais de 2 851 €.
**Quel montant a-t-elle récupéré lors de l'appel aux dons ?**

SCHÉMA

CALCULS

PHRASE : ............

**2** En 2019, la ville de Honfleur comptait 3 634 femmes et 3 099 hommes.
**Combien d'habitants y avait-il en tout à Honfleur en 2019 ?**

SCHÉMA

CALCULS

PHRASE : ............

**3** La papeterie a commandé des cahiers pour la rentrée des classes. Elle en a reçu 3 250 juste avant la rentrée, 875 fin septembre et encore 875 fin octobre.
**Combien de cahiers a-t-elle reçus en tout ?**

SCHÉMA

CALCULS

PHRASE : ............

**4** En 2008, il y avait 8 163 habitants à Honfleur. En 2019, ce nombre est passé à 6 733.
**Quelle a été la diminution du nombre d'habitants ?**

SCHÉMA

CALCULS

PHRASE : ............

Prénom : ............................ Date : ............................

**5** Voici la population de la ville de Perros-Guirec répartie par grande tranche d'âge. Celle-ci compte en tout 7 089 habitants.
**Combien d'habitants de moins de 15 ans y a-t-il dans cette ville ?**

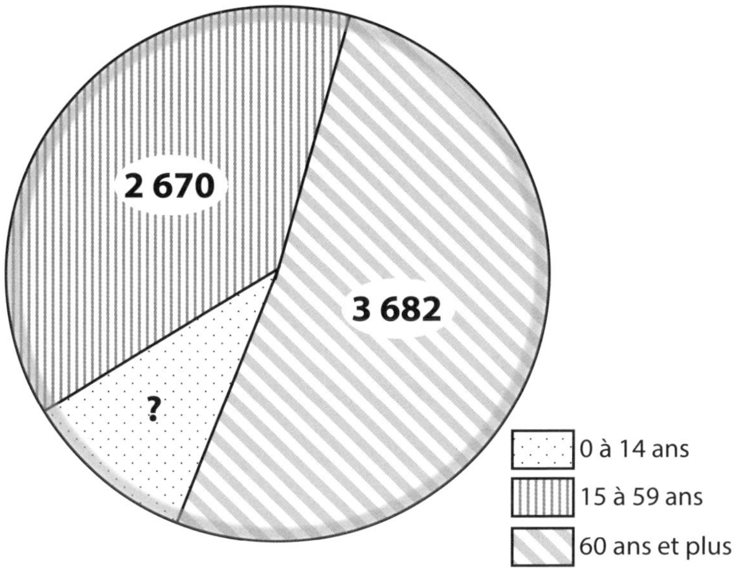


SCHÉMA

CALCULS

PHRASE : ............................

............................

**6** L'école a acheté 5 ballons de chaque sorte.
**Complète le tableau pour indiquer le prix unitaire de chaque ballon.**

| | Prix unitaire | Prix pour un lot de 5 |
|---|---|---|
|  | ............ € | 41 € |
| 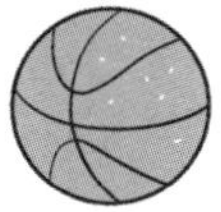 | ............ € | 52 € |
|  | ............ € | 27,5 € |
| | TOTAL | 120,5 € |

CALCULS

## Période 1 Semaine 5

Prénom : ..................................... Date : .....................

**1** Dans un village, 24 nouveaux habitants se sont installés suite à la construction d'un nouveau lotissement.
Ce village compte désormais 98 habitants au total.
**Combien d'habitants y avait-il avant la construction du lotissement ?**

SCHÉMA

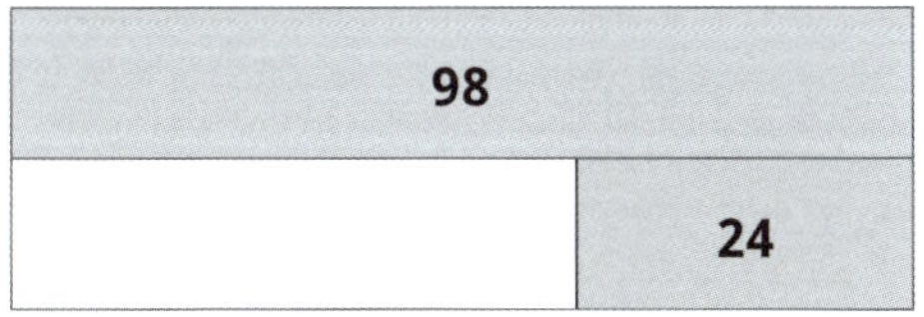


CALCULS

Avant la construction du lotissement, il y avait .............................. habitants.

**2** Un libraire a reçu 90 exemplaires d'un nouveau manga le lundi matin. Il en a vendu 30 dans la même journée. Le mardi soir, il ne lui restait plus que 40 exemplaires.
**Combien en a-t-il vendu dans la journée de mardi ?**

SCHÉMA

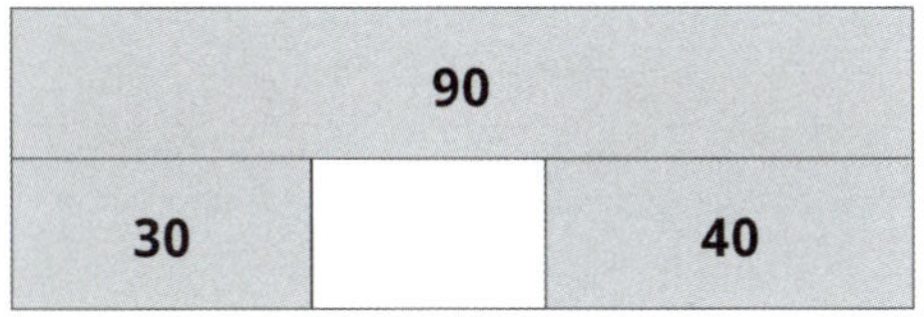


CALCULS

Le mardi, le libraire a vendu .............................. mangas.

**3** Dans un car Orléans-Nantes, 35 passagers s'installent à bord au départ d'Orléans. À Tours, 24 personnes supplémentaires montent dans le car. Puis 20 personnes descendent à Angers.
**Combien de passagers y a-t-il dans le car en arrivant à Nantes ?**

SCHÉMA

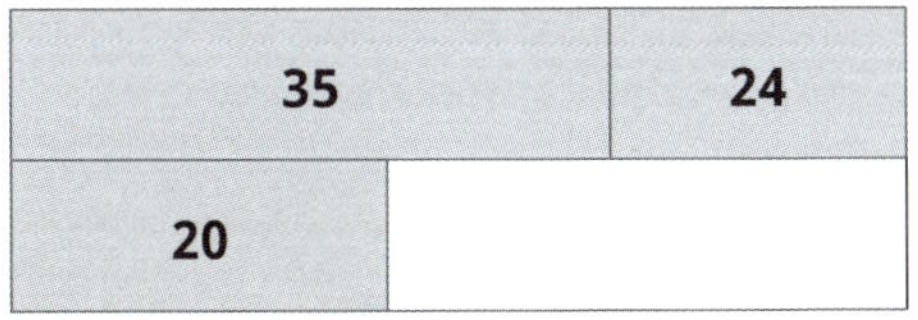


CALCULS

À Nantes, il y a .............................. passagers dans le car.

**4** Une école compte 92 élèves au total. Il y a 25 élèves de CP, 23 élèves de CE1 et 22 élèves de CE2.
**Combien y a-t-il d'élèves dans la classe de CM1–CM2 ?**

SCHÉMA

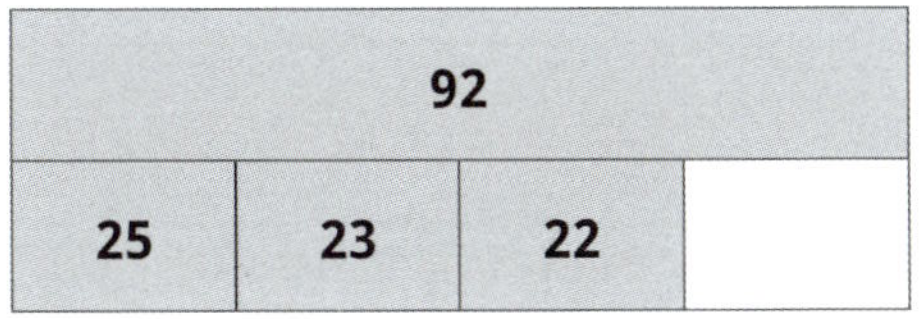


CALCULS

Il y a .............................. élèves dans la classe de CM1–CM2.

Prénom : ........................ Date : ........................

**5** La barre des élèves de CM2 est manquante sur ce graphique.
**Combien sont-ils sachant qu'il y a 95 élèves au total ?**
**Dessine la barre.**

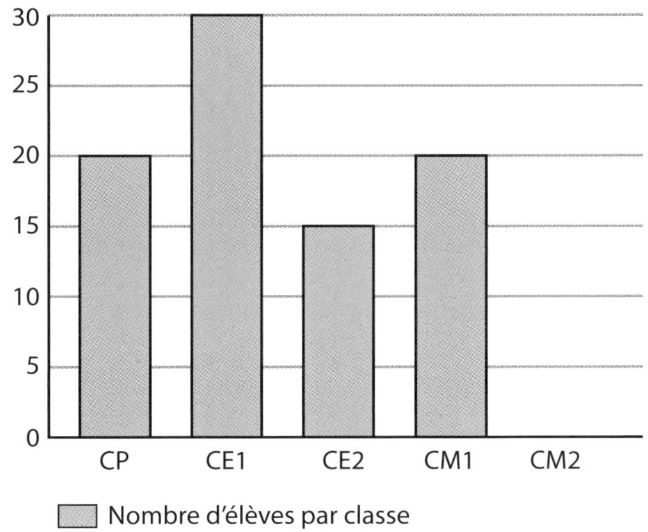


SCHÉMA

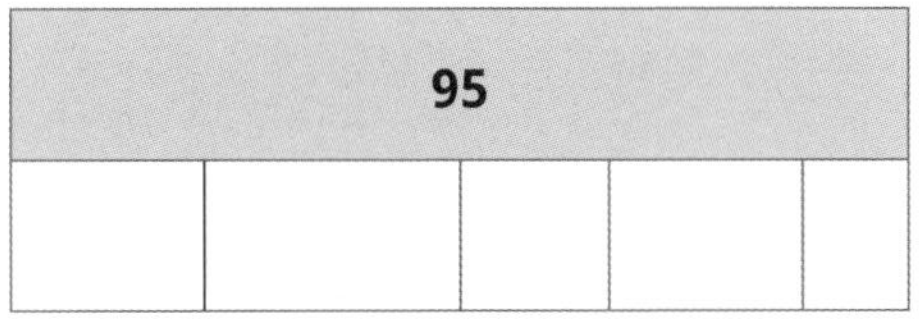


CALCULS

Il y a ........................ élèves de CM2 dans l'école.

**6** **Quel sera le cout total d'une séance de cinéma pour une famille avec 2 adultes et 2 enfants ?**

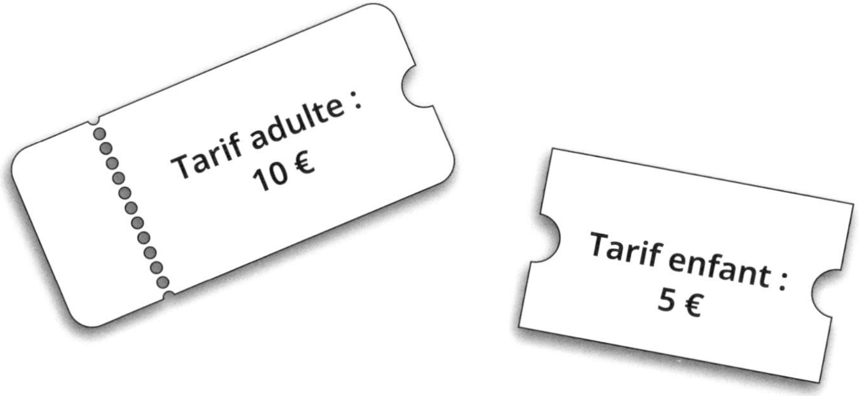


CALCULS

Pour deux adultes et deux enfants, le cinéma coutera ........................ €.

## Période 1 Semaine 5

**1** Dans un village, 123 nouveaux habitants se sont installés suite à la construction d'un lotissement.
Ce village compte désormais 875 habitants au total.
**Combien d'habitants y avait-il avant la construction du lotissement ?**

SCHÉMA

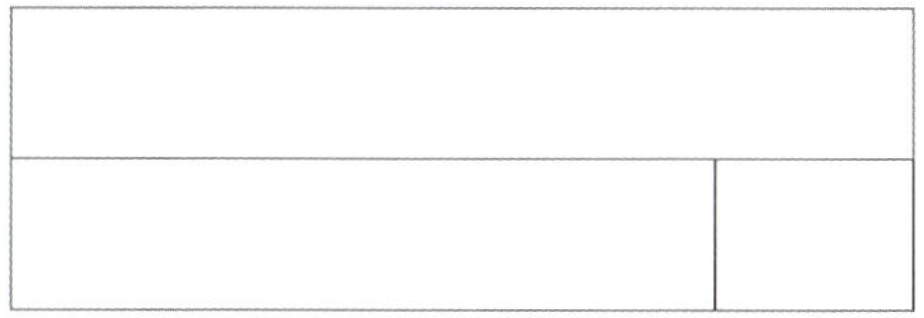

CALCULS

PHRASE : ..............................

**2** Le libraire a reçu 350 exemplaires d'un manga le lundi matin.
Il en a vendu 160 dans la même journée. Le mardi soir, il ne lui restait plus que 40 exemplaires.
**Combien en a-t-il vendu dans la journée de mardi ?**

SCHÉMA

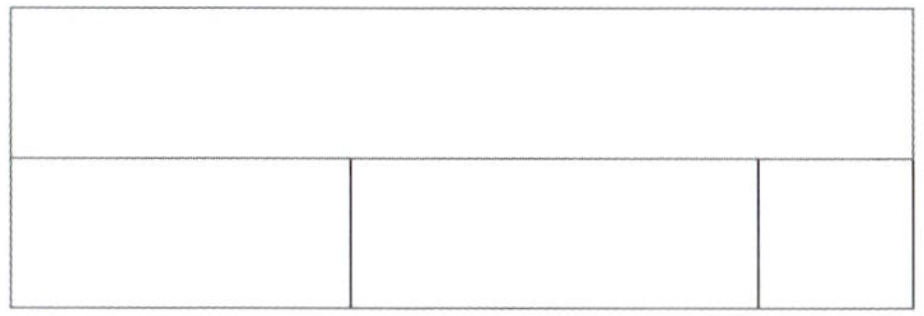

CALCULS

PHRASE : ..............................

Prénom : .............................. Date : ..............................

**3** Dans le train Paris-Marseille, 325 passagers s'installent au départ de Paris. À Lyon, 124 personnes supplémentaires montent dans le train.
Puis 50 personnes descendent à Avignon.
**Combien de passagers y a-t-il dans le train en arrivant à Marseille ?**

SCHÉMA

CALCULS

PHRASE : ..............................

**4** Un collège compte 592 élèves au total. Il y a 125 élèves en $6^{ème}$, 132 élèves en $5^{ème}$ et 168 élèves en $4^{ème}$.
**Combien y a-t-il d'élèves en $3^{ème}$ dans ce collège ?**

SCHÉMA

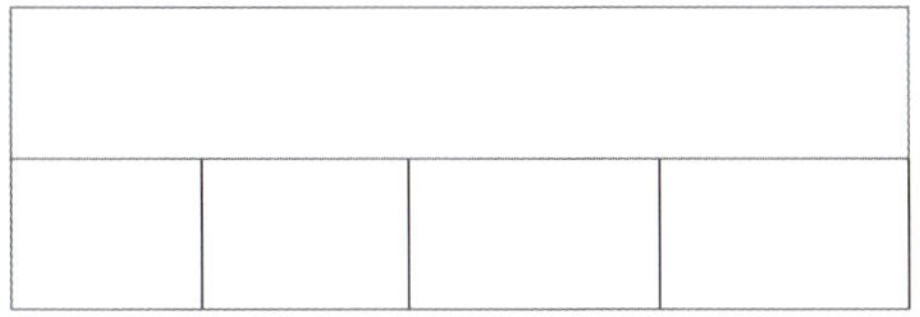

CALCULS

PHRASE : ..............................

Prénom : ............ Date : ............

**5** La barre des élèves de CM2 est manquante sur ce graphique.
**Combien sont-ils sachant qu'il y a 270 élèves au total ?**
**Dessine la barre.**

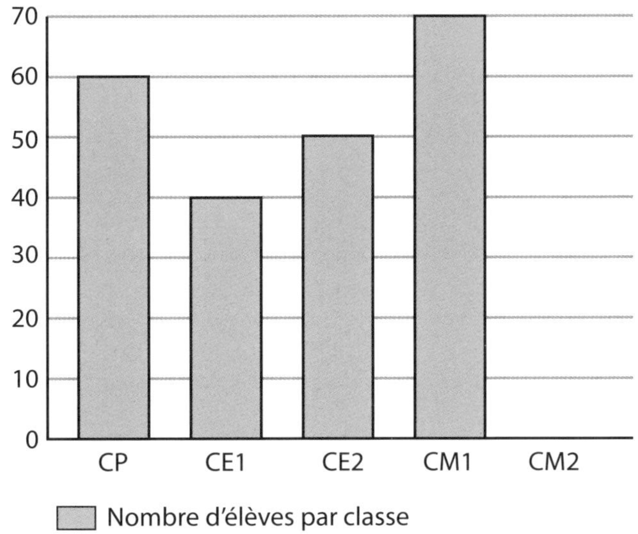


SCHÉMA

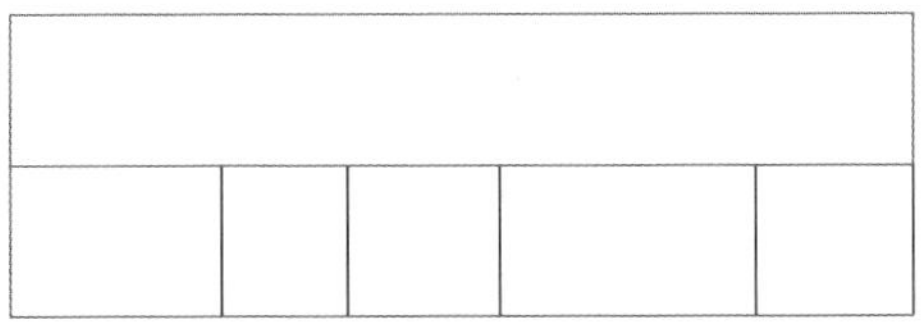

CALCULS

PHRASE : ............

............

**6** **Quel sera le cout total d'une séance de cinéma pour une famille avec 2 adultes et 4 enfants ?**

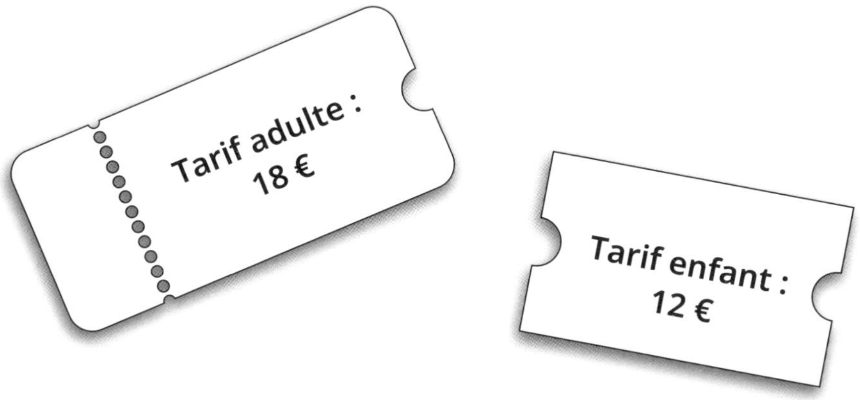


CALCULS

PHRASE : ............

............

## Période 1 Semaine 5

Prénom : ..................................... Date : .....................

**1** Dans une ville, 439 nouveaux habitants se sont installés suite à la construction d'un nouveau quartier. Cette ville compte désormais 9 912 habitants au total.
**Combien d'habitants y avait-il avant la construction du nouveau quartier ?**

SCHÉMA

CALCULS

PHRASE : .....................................

**2** Le Zénith de Paris a mis en vente 6 804 billets le lundi matin pour le concert d'une artiste célèbre. 4 954 billets ont été vendus le jour même. Le mardi soir, il ne restait plus que 152 places.
**Combien de billets ont été vendus le mardi ?**

SCHÉMA

CALCULS

PHRASE : .....................................

**3** Au départ d'une croisière, 2 258 passagers s'installent à bord du paquebot. Lors de la première escale, 1 246 personnes supplémentaires embarquent et 539 personnes débarquent.
**Combien de passagers y a-t-il dans le paquebot après la première escale ?**

SCHÉMA

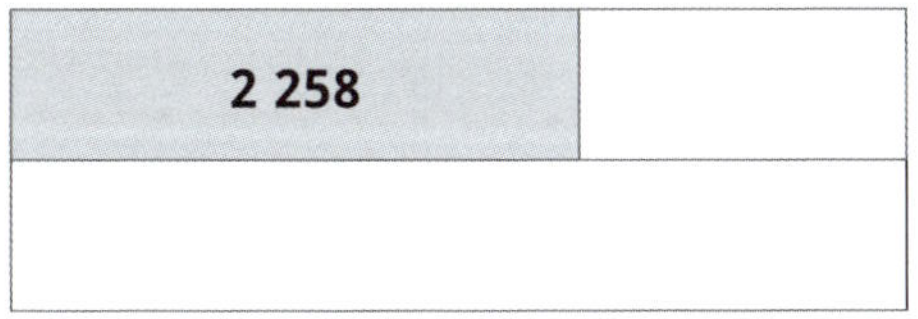


CALCULS

PHRASE : .....................................

**4** Un collège compte 593 élèves au total. Il y a 125 élèves de 6ème et 132 élèves de 5ème.
**Combien y a-t-il d'élèves en 4ème et en 3ème sachant que leur nombre est identique ?**

SCHÉMA

CALCULS

PHRASE : .....................................

Prénom : ........................ Date : ........................

**5** Les barres des élèves de CM1 et CM2 sont manquantes sur ce graphique.
**Combien sont-ils sachant qu'il y a 230 élèves au total dans l'école et autant d'élèves en CM1 qu'en CM2 ? Dessine les barres.**

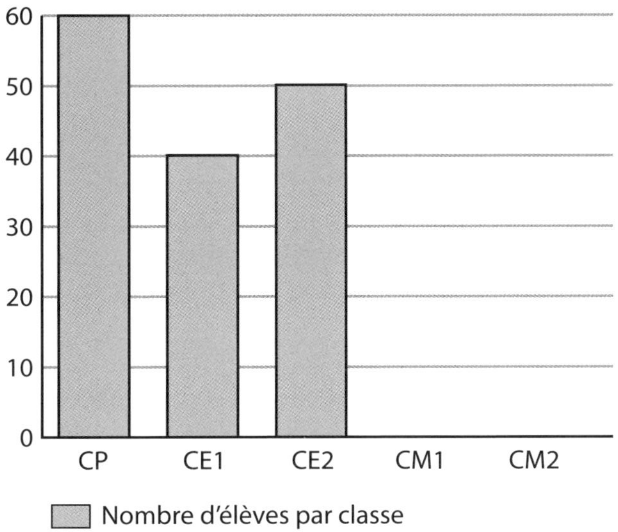


SCHÉMA

CALCULS

PHRASE : ........................

........................

**6** **Quel sera le cout total d'une séance de cinéma pour une famille avec 2 adultes et 4 enfants ?**

CALCULS

PHRASE : ........................

........................

## Période 1 Semaine 6

Prénom : .................................................. Date : ..............................

**1** Avant la construction d'un nouveau lotissement, le village comptait 74 habitants. Désormais, il y en a 98 au total.
**Combien de nouveaux habitants se sont installés suite à la construction du lotissement ?**

SCHÉMA

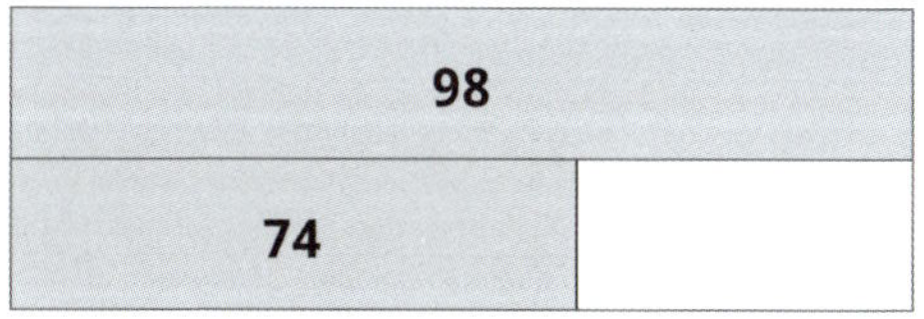


CALCULS

.................................. nouveaux habitants se sont installés dans le village.

**2** Le libraire a reçu 90 exemplaires d'un nouveau manga le lundi matin. Il en a vendu 30 dans la même journée, puis encore 20 le mardi.
**Combien lui en reste-t-il ?**

SCHÉMA

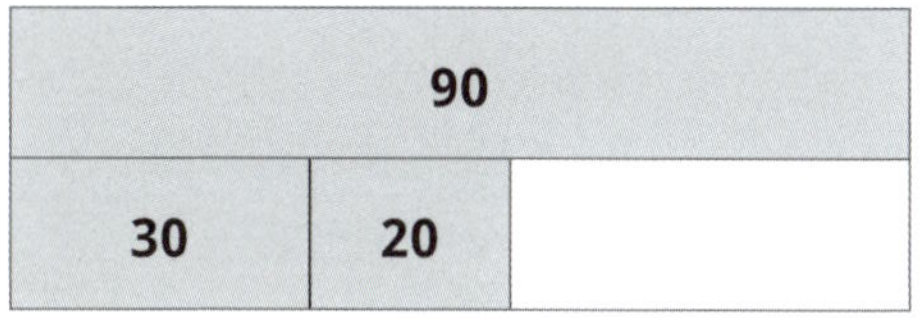


CALCULS

Il reste .................................. mangas au libraire.

**3** Dans un car Orléans-Nantes, 35 passagers s'installent à bord au départ d'Orléans. À Tours, 24 personnes supplémentaires montent dans le car. Certaines personnes descendent à Angers. Le car arrive à Nantes avec 39 passagers.
**Combien de personnes sont descendues à Angers ?**

SCHÉMA

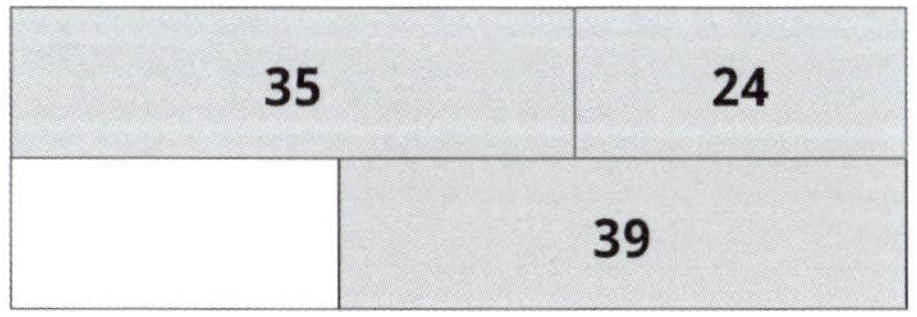


CALCULS

.................................. personnes sont descendues à Angers.

**4** Une école compte 92 élèves à la rentrée 2022. Il y a eu une augmentation de 14 élèves par rapport à la rentrée 2021 qui elle-même avait connu une augmentation de 6 élèves par rapport à la rentrée 2020.
**Quel était le nombre d'élèves à la rentrée 2020 ?**

SCHÉMA

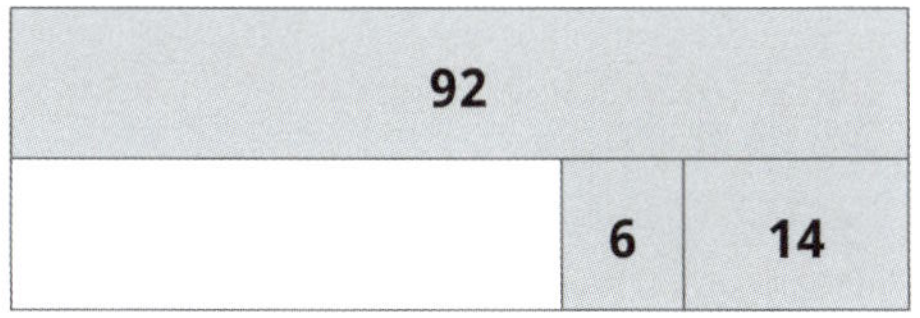


CALCULS

À la rentrée 2020, il y avait .................................. élèves.

Prénom : .................................................... Date : ..............................

**5** **Combien d'élèves y a-t-il dans cette école ?**

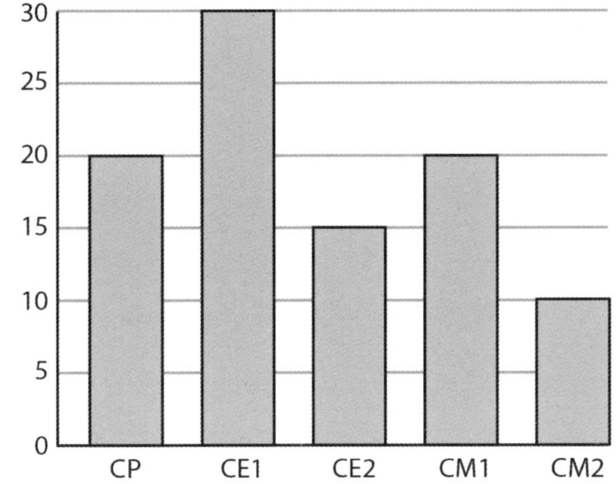


Nombre d'élèves par classe

SCHÉMA

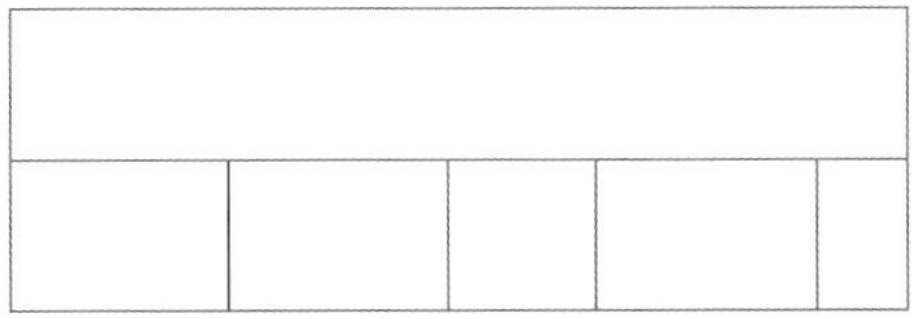

CALCULS

Il y a .................................. élèves dans cette école.

**6** Une famille de 2 adultes et 2 enfants a payé 30 € pour une séance de cinéma.
**Quel est le prix d'un ticket adulte ?**

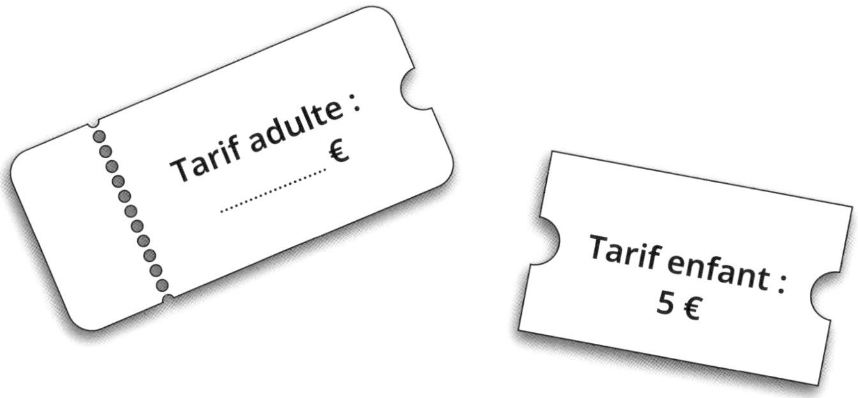


CALCULS

Un ticket adulte coute .................................. €.

# Période 1 Semaine 6

Prénom : ..................................................... Date : ..............................

**1** Avant la construction d'un nouveau lotissement, le village comptait 752 habitants. Désormais, il y en a 875 au total.
**Combien de nouveaux habitants se sont installés depuis la construction du lotissement ?**

SCHÉMA

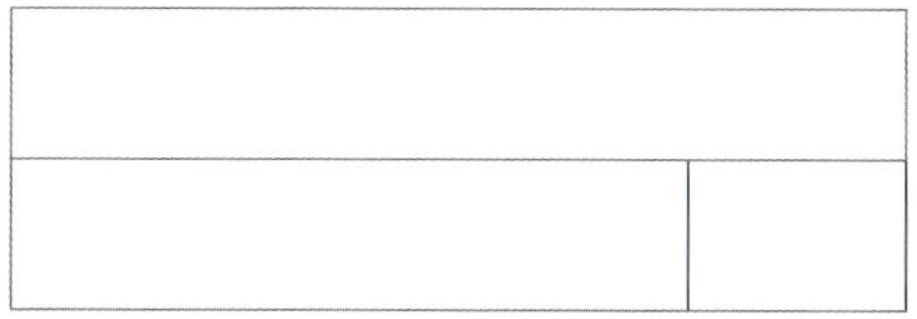

CALCULS

PHRASE : ..............................................................................................

**2** Un libraire a reçu 350 exemplaires d'un manga le lundi matin.
Il en a vendu 160 dans la même journée, puis encore 150 le mardi.
**Combien lui en reste-t-il ?**

SCHÉMA

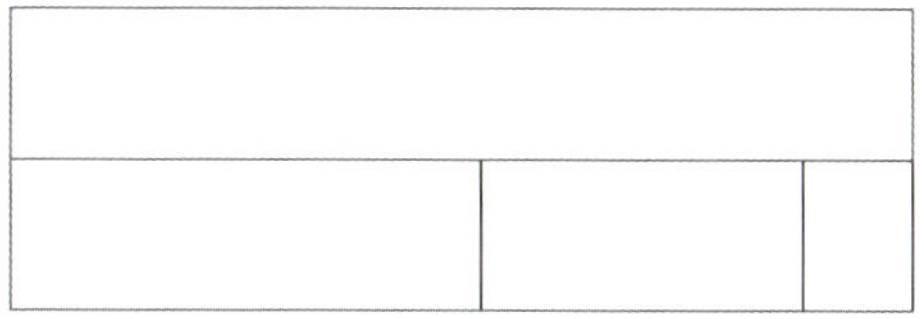

CALCULS

PHRASE : ..............................................................................................

**3** Dans le train Paris-Marseille, 325 passagers s'installent à bord au départ de Paris. À Lyon, 124 personnes supplémentaires montent dans le train. Certaines personnes descendent à Avignon.
Le train arrive à Marseille avec 399 passagers.
**Combien de personnes sont descendues à Avignon ?**

SCHÉMA

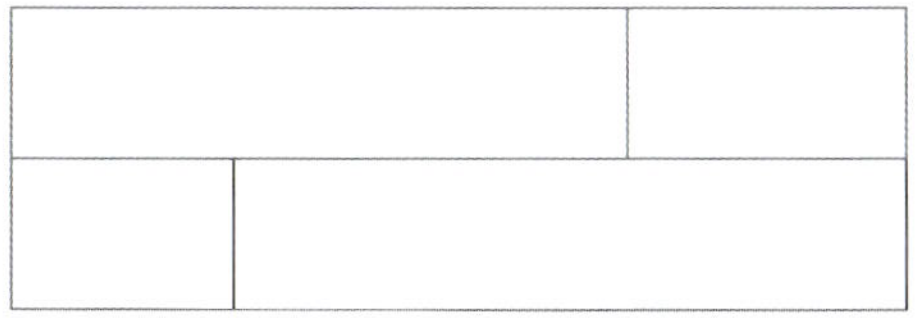

CALCULS

PHRASE : ..............................................................................................

**4** Le collège compte 592 élèves à la rentrée 2022. Il y a eu une augmentation de 24 élèves par rapport à la rentrée 2021 qui elle-même avait connu une augmentation de 36 élèves par rapport à la rentrée 2020.
**Quel était le nombre d'élèves à la rentrée 2020 ?**

SCHÉMA

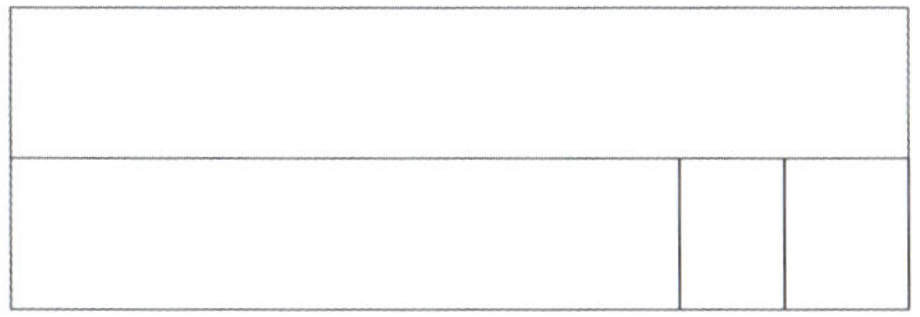

CALCULS

PHRASE : ..............................................................................................

Prénom : .................................................... Date : ..............................

**5** **Combien d'élèves y a-t-il dans cette école ?**

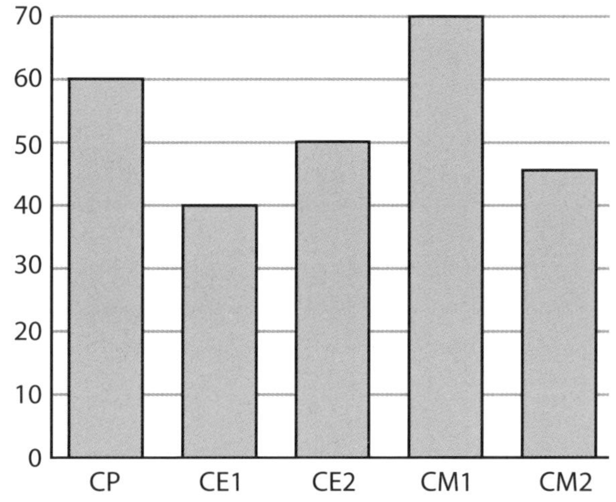


SCHÉMA

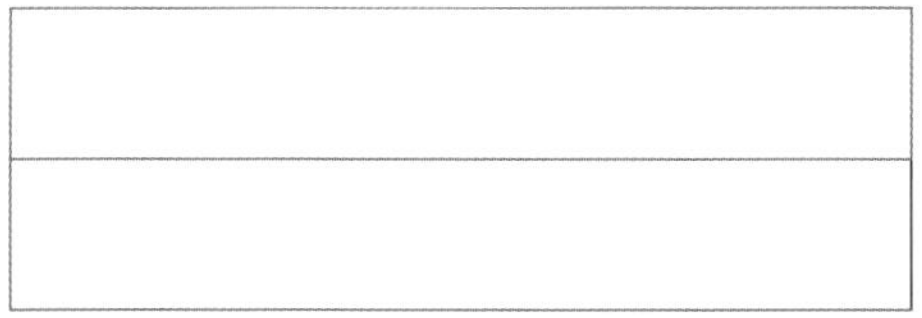

CALCULS

PHRASE : ..........................................................................................

..........................................................................................

**6** Une famille de 2 adultes et 2 enfants a payé 50 € pour une séance de cinéma.
**Quel est le prix d'un ticket adulte ?**

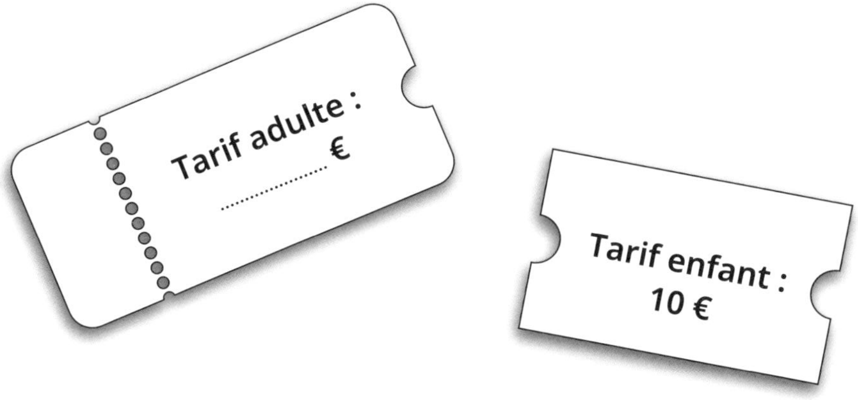


CALCULS

PHRASE : ..........................................................................................

..........................................................................................

## Période 1 Semaine 6

Prénom : ............ Date : ............

**1** Avant la construction d'un nouveau quartier, une ville comptait 9 473 habitants. Désormais, il y en a 9 912 au total.
**Combien de nouveaux habitants se sont installés dans le nouveau quartier ?**

SCHÉMA

CALCULS

PHRASE : ............

**2** Le Zénith de Paris a mis en vente 6 804 billets le lundi matin pour le concert d'une artiste célèbre. Il en a vendu 4 954 le jour même, puis encore 1 698 le mardi.
**Combien de places reste-t-il à vendre ?**

SCHÉMA

CALCULS

PHRASE : ............

**3** Au départ d'une croisière, 2 258 passagers s'installent à bord d'un paquebot. Lors d'une escale, 1 246 personnes supplémentaires embarquent et un certain nombre de personnes débarquent. Après cette escale, il y a 2 965 passagers à bord.
**Combien de personnes ont débarqué lors de celle-ci ?**

SCHÉMA

CALCULS

PHRASE : ............

**4** La ville de Capbreton comptait 9 039 habitants au recensement de 2019. Il y a eu une augmentation de 261 habitants par rapport à l'année 2015, qui elle-même avait connu une augmentation de 811 habitants par rapport à l'année 2010.
**Quel était le nombre d'habitants en 2010 ?**

SCHÉMA

CALCULS

PHRASE : ............

Prénom : ........................ Date : ........................

**5** Voici un graphique représentant le nombre d'habitants mineurs par tranche d'âge d'une petite ville.
**Combien d'habitants mineurs y a-t-il dans cette ville ?**

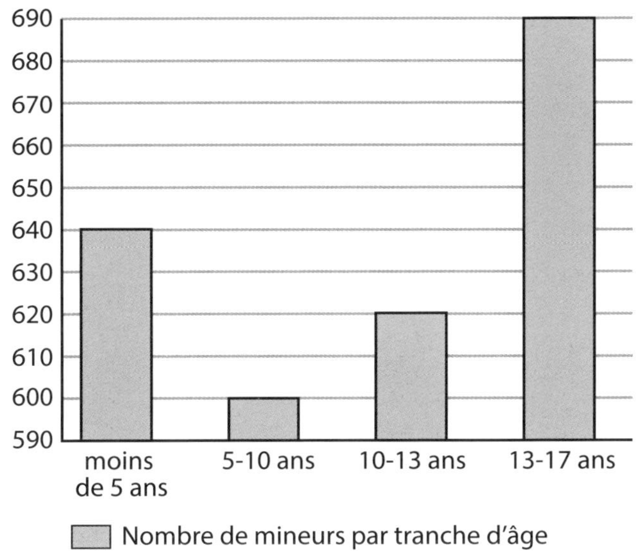


SCHÉMA

CALCULS

PHRASE : ........................

........................

**6** Une famille de 2 adultes et 2 enfants a payé 62,80 € pour une séance de cinéma.
**Quel est le prix d'un ticket adulte ?**

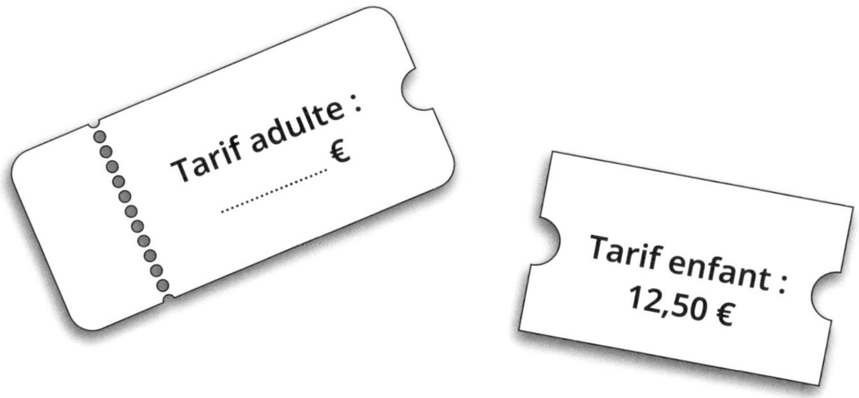


CALCULS

PHRASE : ........................

........................

**Période 1 Série 1**

Prénom : ..................................... Date : ....................

**1** Dans une ferme, il y a des poules et des vaches.
On compte 10 animaux et 30 pattes.
**Combien y a-t-il de poules ? Combien y a-t-il de vaches ?**

PHRASE : ..........................................................

..........................................................

**2** Pour s'habiller aujourd'hui, Maxime dispose de 2 hauts et 2 bas.
**De combien de façons différentes peut-il s'habiller ?**

A 

C 

B 

D 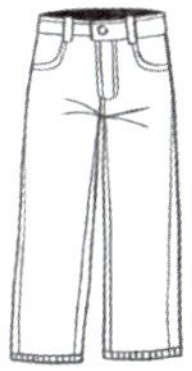

PHRASE : ..........................................................

..........................................................

Prénom : ........................ Date : ........................

**3** Une boulangère veut vendre 20 biscuits. Elle doit faire des sachets avec un nombre identique de biscuits dans chacun d'eux.
**De combien de possibilités dispose-t-elle ? Trouve-les toutes.**

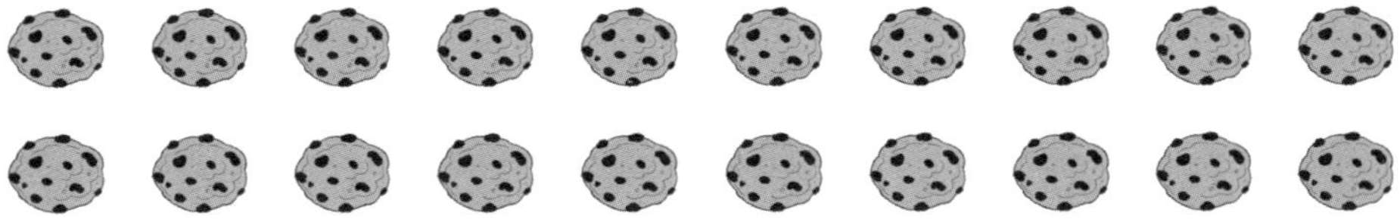

PHRASE : ........................

........................

**4** Pour faire 5 crêpes, Fatou a besoin de 100 g de farine, 1 œuf et 20 cL de lait. Elle a en réserve 1 kg de farine, 10 œufs et 1 L de lait.
**Combien de crêpes peut-elle fabriquer au maximum ?**

| **Recette pour 5 crêpes** | |
|---|---|
| 100 g de farine |  |
| 1 œuf |  |
| 20 cL de lait |  |

PHRASE : ........................

........................

**Période 1 Série 1** ★★

Prénom : ........................ Date : ........................

**1** Dans une ferme, il y a des poules et des vaches.
On compte 20 animaux et 50 pattes.
**Combien y a-t-il de poules ? Combien y a-t-il de vaches ?**

PHRASE : ..............................................

..............................................

**2** Pour s'habiller aujourd'hui, Maxime dispose de 2 chapeaux, 2 hauts et 2 bas.
**De combien de façons différentes peut-il s'habiller ?**

A

C

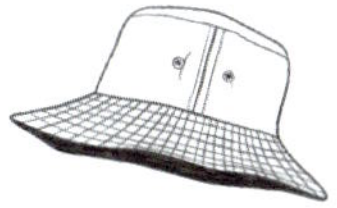

E

B

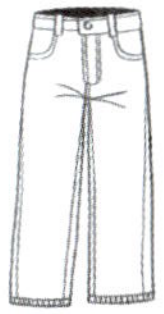

D

F

PHRASE : ..............................................

..............................................

Prénom : ..................................... Date : ....................

**3** Une boulangère veut vendre 30 biscuits. Elle doit faire des sachets avec un nombre identique de biscuits dans chacun d'eux.
**De combien de possibilités dispose-t-elle ? Trouve-les toutes.**

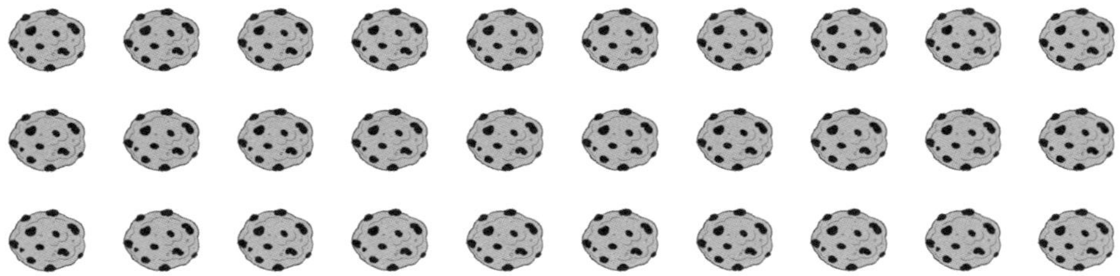

PHRASE : ..........................................................

..........................................................

**4** Pour faire 10 crêpes, Fatou a besoin de 200 g de farine, 2 œufs et 40 cL de lait. Elle a en réserve 1 kg de farine, 6 œufs et 2 L de lait.
**Combien de crêpes peut-elle fabriquer au maximum ?**

| Recette pour 10 crêpes | |
|---|---|
| 200 g de farine |  |
| 2 œufs | 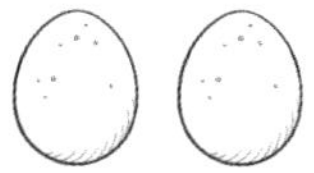 |
| 40 cL de lait |  |

PHRASE : ..........................................................

..........................................................

**Période 1 Série 1** ★★★

Prénom : ..............................  Date : ..............................

**1** Dans une ferme, il y a des poules et des vaches.
On compte 24 animaux et 60 pattes.
**Combien y a-t-il de poules ? Combien y a-t-il de vaches ?**

PHRASE : ..............................

..............................

**2** Pour s'habiller aujourd'hui, Maxime dispose de 2 hauts, 2 bas et 3 chapeaux.
**De combien de façons différentes peut-il s'habiller ?**

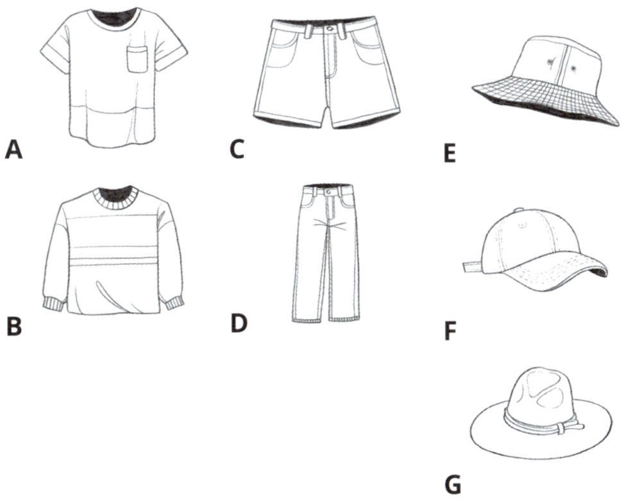


PHRASE : ..............................

..............................

Prénom : ........................ Date : ........................

**3** Une boulangère veut vendre 48 biscuits. Elle doit faire des sachets avec un nombre identique de biscuits dans chacun d'eux.
**De combien de possibilités dispose-t-elle ? Trouve-les toutes.**

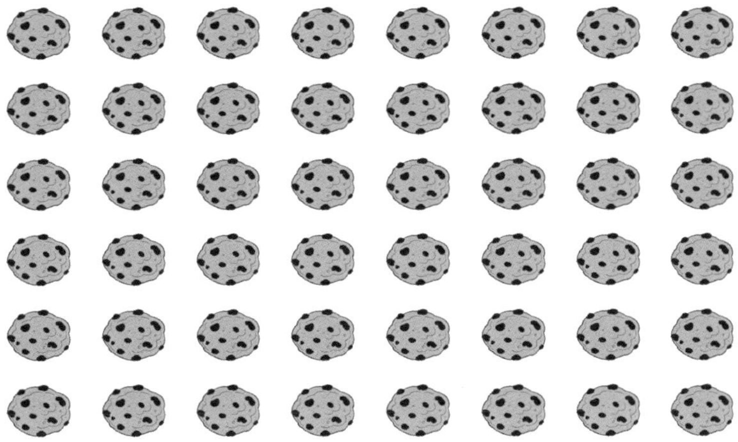

PHRASE : ........................

........................

**4** Pour faire 10 crêpes, Fatou a besoin de 200 g de farine, 2 œufs et 40 cL de lait. Elle a en réserve 1,8 kg de farine, 18 œufs et 4 L de lait.
**Combien de crêpes peut-elle fabriquer au maximum ?**

| **Recette pour 10 crêpes** | |
|---|---|
| 200 g de farine |  |
| 2 œufs | 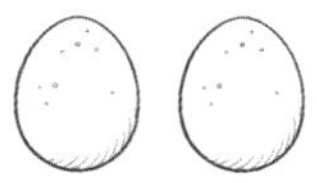 |
| 40 cL de lait |  |

PHRASE : ........................

........................

## Période 1 Série 2

Prénom : ..................................... Date : ..........................

**1** Farid a 9 billes en tout (des vertes et des bleues).
Il a deux fois plus de billes bleues que de billes vertes.
**Combien a-t-il de billes vertes ? Combien a-t-il de billes bleues ?**

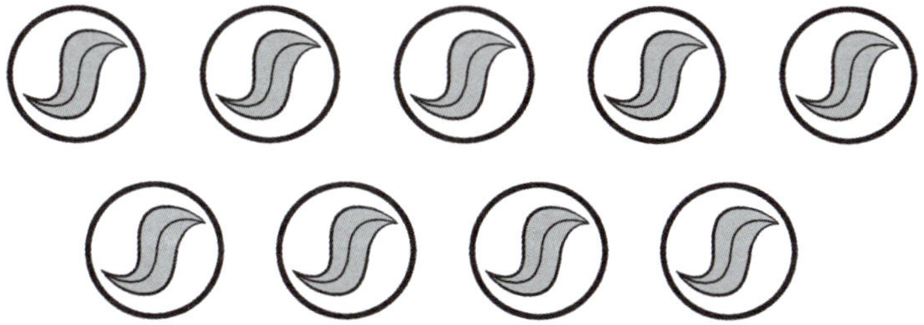

PHRASE : .....................................................................................

.....................................................................................

**2** Chez le glacier, Louise doit choisir 2 parfums différents parmi les 3 proposés pour composer sa glace : fraise, chocolat et vanille.
**Combien de possibilités a-t-elle ? Fais-en la liste complète.**

PHRASE : .....................................................................................

.....................................................................................

Prénom : ........................ Date : ........................

**3** Hugo doit payer une chemise 30 €. Dans son portefeuille, il a des billets de 10 € et de 5 €.
**Trouve toutes les possibilités dont il dispose pour former les 30 €. Combien y en a-t-il ?**

PHRASE : ..........................................................

..........................................................

**4** Nadia a 20 € à dépenser à la librairie. Elle veut acheter des romans à 5 € et des mangas à 10 €. Elle doit acheter deux fois plus de romans que de mangas pour gagner un porte-clé.
**Combien d'ouvrages de chaque doit-elle acheter ?**

5 €

10 €

PHRASE : ..........................................................

..........................................................

Période 1 Série 2

Prénom : ..................... Date : .....................

**1** Farid a 30 billes en tout (des vertes et des bleues). Il a deux fois plus de billes bleues que de billes vertes.
**Combien a-t-il de billes vertes ? Combien a-t-il de billes bleues ?**

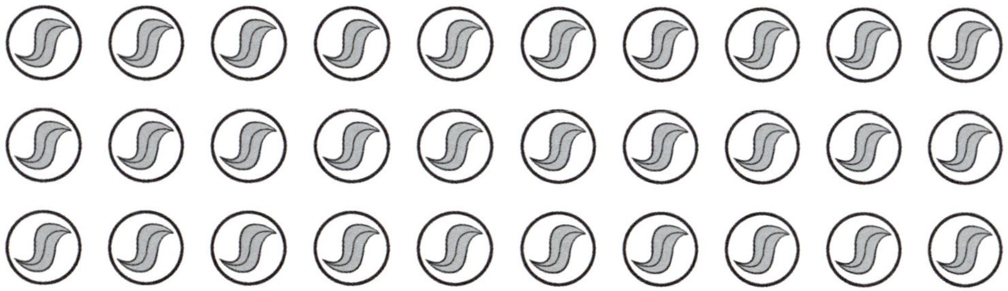

PHRASE : .....................

**2** Chez le glacier, Louise doit choisir 2 parfums différents parmi les 4 proposés pour composer sa glace : fraise, chocolat, vanille, citron.
**Combien de possibilités a-t-elle ? Fais-en la liste complète.**

PHRASE : .....................

Prénom : ........................ Date : ........................

**3** Hugo doit payer une chemise à 60 €. Dans son portefeuille, il a des billets de 20 € et de 10 €.
**Trouve toutes les possibilités dont il dispose pour former les 60 €.**

PHRASE : ........................

........................

**4** Nadia a 40 €. À la librairie, elle veut acheter des romans à 5 € et des mangas à 10 €. Elle doit acheter deux fois plus de romans que de mangas pour gagner un porte-clé.
**Combien d'ouvrages de chaque doit-elle acheter ?**

5 € | 10 €

PHRASE : ........................

........................

## Période 1 Série 2

Prénom : ........................ Date : ........................

**1** Farid a 40 billes en tout (des vertes, des bleues et des rouges).
Il a deux fois plus de billes bleues que de billes vertes.
Il a autant de billes vertes que de billes rouges.
**Combien a-t-il de billes de chaque couleur ?**

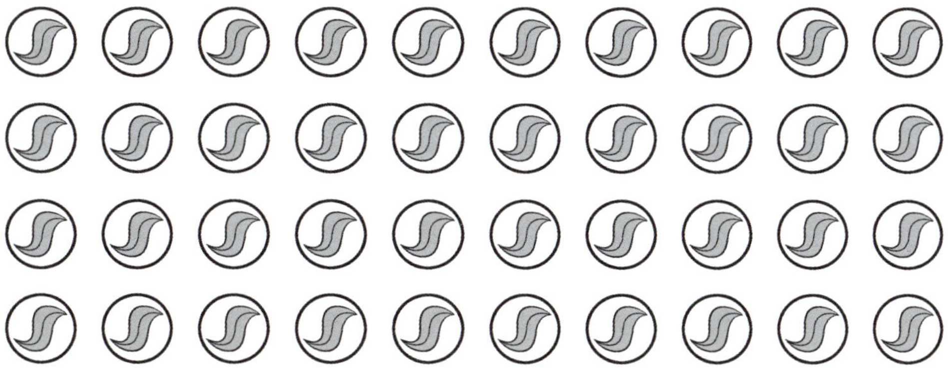

PHRASE : ........................

**2** Chez le glacier, Louise doit choisir 2 parfums différents parmi les 5 proposés pour composer sa glace : fraise, chocolat, citron, pistache et vanille.
**Combien de possibilités a-t-elle ? Fais-en la liste complète.**

PHRASE : ........................

Prénom : .................... Date : ....................

**3** Hugo doit payer une chemise 90 €. Dans son portefeuille, il a des billets de 50 €, de 20 € et de 10 €.
**Trouve toutes les possibilités dont il dispose pour former les 90 €.**

PHRASE : ....................

....................

**4** Nadia a 60 € à dépenser à la librairie. Elle veut acheter des romans à 5 € et des mangas à 10 €. Elle doit acheter deux fois plus de romans que de mangas pour gagner un porte-clé.
**Combien d'ouvrages de chaque doit-elle acheter ?**

| 5 € | 10 € |
|---|---|

PHRASE : ....................

....................

# Période 1 Évaluation

| Compétences évaluées | Exercices | NA | PA | A | D |
|---|---|---|---|---|---|
| Résoudre un problème de composition (recherche du tout) | 1 | | | | |
| Résoudre un problème de composition (recherche d'une partie) | 2 | | | | |
| Résoudre un problème de transformation (recherche d'état final) | 3 | | | | |
| Résoudre un problème de transformation (recherche de la transformation) | 4 | | | | |
| Résoudre un problème de transformation (recherche de l'état initial) | 5 | | | | |
| Résoudre un problème de proportionnalité | 6 | | | | |

**1** Un automobiliste parcourt 19 km entre Vannes et Auray, puis 43 km entre Auray et Lorient et enfin 22 km entre Lorient et Quimperlé.
**Combien de km a-t-il parcourus en tout ?**

SCHÉMA

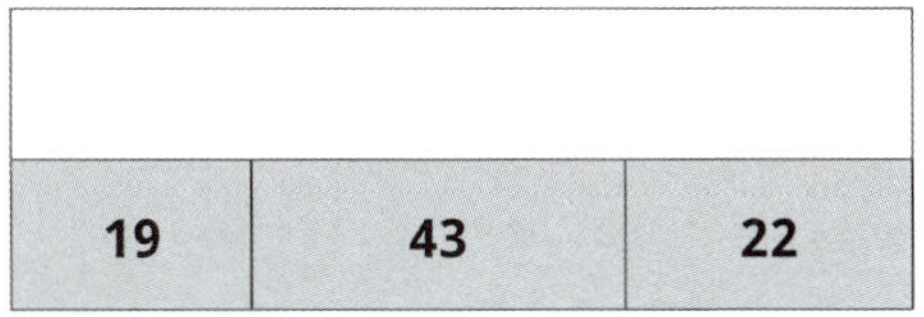


CALCULS

Il a parcouru .................................. km en tout.

Prénom : .................................................. Date : ..................................

**2** Pour la première représentation d'une pièce de théâtre, une salle a accueilli 85 spectateurs. 59 personnes ont profité d'un tarif réduit.
**Combien de personnes ont payé plein tarif ?**

SCHÉMA

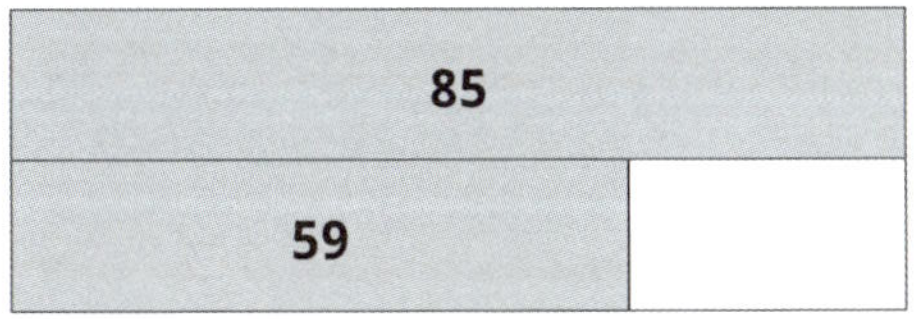


CALCULS

.................................. personnes ont payé un billet plein tarif.

**3** Samy achète 75 g de levure. Il en utilise 18 g pour réaliser une pâtisserie.
**Quelle quantité de levure lui reste-t-il ?**

SCHÉMA

CALCULS

Il lui reste .................................. g de levure.

Prénom : .................................................... Date : ..............................

**4** Le compteur du vélo de Sarah indique un total de 45 km.
Après son trajet pour aller au travail, celui-ci indique 52 km.
**Quelle distance a-t-elle parcourue pour se rendre au travail ?**

SCHÉMA

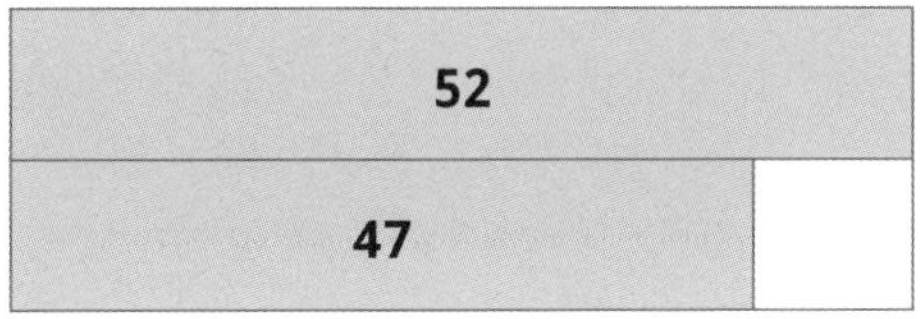


CALCULS

Sarah a parcouru .............................. km.

**5** L'association coopérative de l'école reçoit un don de 25 €.
Elle dispose désormais de 94 €.
**De quelle somme disposait-elle avant de recevoir ce don ?**

SCHÉMA

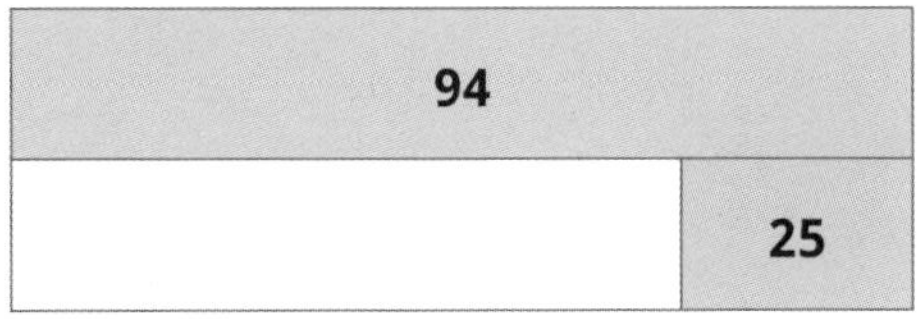


CALCULS

L'association disposait de .............................. €.

**6** **Complète ce tableau sachant que chaque arrosoir contient la même quantité d'eau.**

| | **Quantité totale en litres** |
|---|---|
|  | 5 L |
| 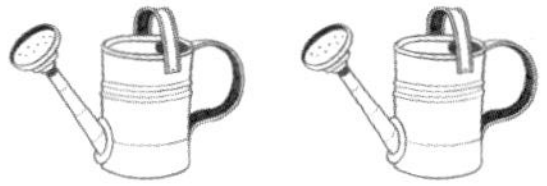 | .............................. |
|  | .............................. |
|  | .............................. |
|  | .............................. |

CALCULS

# Période 1 Évaluation

Prénom : ..................................... Date : .....................

| Compétences évaluées | Exercices | NA | PA | A | D |
|---|---|---|---|---|---|
| Résoudre un problème de composition (recherche du tout) | 1 | | | | |
| Résoudre un problème de composition (recherche d'une partie) | 2 | | | | |
| Résoudre un problème de transformation (recherche d'état final) | 3 | | | | |
| Résoudre un problème de transformation (recherche de la transformation) | 4 | | | | |
| Résoudre un problème de transformation (recherche de l'état initial) | 5 | | | | |
| Résoudre un problème de proportionnalité | 6 | | | | |

**1** Une voyageuse parcourt en train 204 km entre Lille et Paris, puis 393 km entre Paris et Lyon et enfin 278 km entre Lyon et Marseille.
**Combien de km a-t-elle parcourus en tout ?**

SCHÉMA

CALCULS

PHRASE : .....................................

**2** Pour la sortie d'un film, une salle de cinéma a accueilli 485 spectateurs. 159 personnes ont profité d'un tarif réduit.
**Combien de personnes ont payé plein tarif ?**

SCHÉMA

CALCULS

PHRASE : .....................................

**3** Samy achète un sachet de 750 g de sucre. Il en utilise 180 g pour réaliser une pâtisserie.
**Quelle quantité de sucre reste-t-il dans le sachet ?**

SCHÉMA

CALCULS

PHRASE : .....................................

Prénom : ................................ Date : ................................

**4** Le compteur du vélo de Sarah indique un total de 495 km.
Après son trajet pour aller au travail, celui-ci indique 502 km.
**Quelle distance a-t-elle parcourue pour se rendre au travail ?**

SCHÉMA

CALCULS

PHRASE : ................................

**5** L'association coopérative de l'école reçoit un don de 250 €.
Elle dispose désormais de 948 €.
**De quelle somme disposait-elle avant de recevoir ce don ?**

SCHÉMA

CALCULS

PHRASE : ................................

**6** **Complète ce tableau sachant que chaque arrosoir contient la même quantité d'eau.**

| | **Quantité totale en litres** |
|---|---|
|  | ................ |
|  | 10 L |
|  | ................ |
|  | ................ |
|  | ................ |

CALCULS

# Période 1 Évaluation

Prénom : ........................ Date : ........................

| Compétences évaluées | Exercices | NA | PA | A | D |
|---|---|---|---|---|---|
| Résoudre un problème de composition (recherche du tout) | 1 | | | | |
| Résoudre un problème de composition (recherche d'une partie) | 2 | | | | |
| Résoudre un problème de transformation (recherche d'état final) | 3 | | | | |
| Résoudre un problème de transformation (recherche de la transformation) | 4 | | | | |
| Résoudre un problème de transformation (recherche de l'état initial) | 5 | | | | |
| Résoudre un problème de proportionnalité | 6 | | | | |

**1** Ce week-end, la fête foraine a accueilli 3 589 visiteurs le samedi et 2 998 visiteurs le dimanche.
**Combien de visiteurs ont été accueillis ce week-end ?**

SCHÉMA

CALCULS

PHRASE : ........................

**2** Pour meubler son salon, Mattéo a dépensé 998 € en tout.
Il a acheté un canapé à 499 €, une table basse à 149 € ainsi que deux fauteuils identiques.
**Quel était le prix d'un fauteuil ?**

SCHÉMA

CALCULS

PHRASE : ........................

**3** La coopérative scolaire disposait de 2 345 € sur son compte.
1 459 € ont été dépensés au cours de l'année.
En fin d'année, la fête de l'école a permis de récolter 752 €.
**Combien y a-t-il désormais sur le compte de la coopérative ?**

SCHÉMA

CALCULS

PHRASE : ........................

# Période 1 Évaluation

**4** Ce matin, la citerne d'eau contenait 1 949 L.
Après une averse, elle contient désormais 2 204 L.
**Quelle quantité d'eau a été récupérée pendant cette averse ?**

SCHÉMA

CALCULS

PHRASE : ..........

**5** Le compteur kilométrique de la voiture du facteur indique 9 993 km le samedi, dernier jour de sa tournée. Chaque semaine, il parcourt 458 km.
**Combien de km indiquait le compteur en début de semaine ?**

SCHÉMA

CALCULS

PHRASE : ..........

Prénom : .......... Date : ..........

**6** **Complète ce tableau sachant que chaque arrosoir contient la même quantité d'eau.**

| | Quantité totale en litres |
|---|---|
|  | .......... |
|  | .......... |
|  | .......... |
|  | .......... |
|  | 25 L |

CALCULS

**Période 2 Semaine 1**

Prénom : .................................................. Date : ..............................

**1** La tour Montparnasse à Paris mesure 210 m de haut.
C'est 21 m de moins que la tour First du quartier de La Défense.
**Quelle est la hauteur de la tour First ?**

SCHÉMA

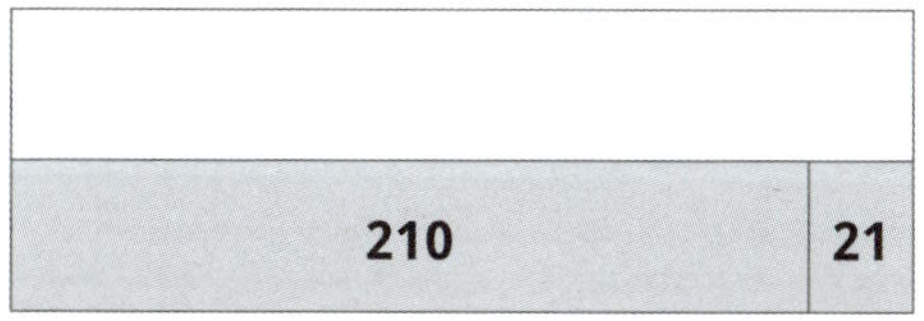


CALCULS

La tour First mesure .............................. m de haut.

**2** Louise avait 35 € d'économie. Elle a revendu sa console de jeux pour 90 €. Puis elle a acheté un vélo à 49 €.
**Combien lui reste-t-il sur ses économies ?**

SCHÉMA

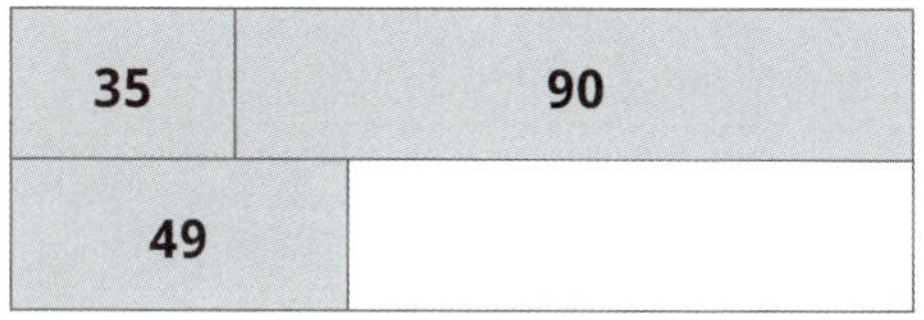


CALCULS

Il reste à Louise .............................. € sur ses économies.

**3** Avec ses économies, Hugo a acheté un grille-pain à 39 € ainsi qu'une bouilloire à 27 €. Il ne lui reste plus que 12 €.
**Combien avait-il sur ses économies avant de réaliser ses achats ?**

SCHÉMA

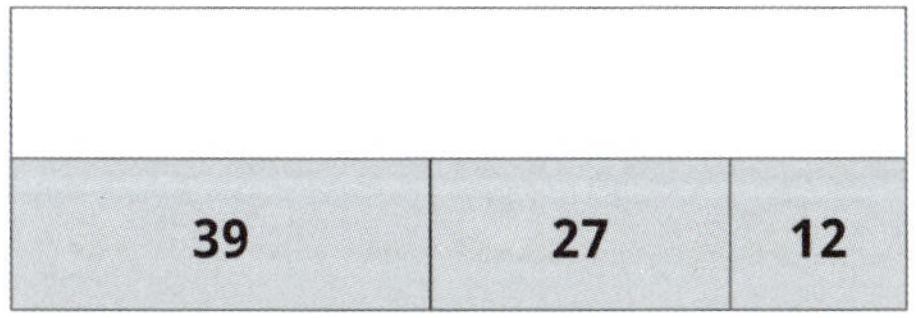


CALCULS

Hugo avait .............................. € sur ses économies avant ses achats.

**4** Le Mont-Saint-Michel compte 29 habitants.
C'est 178 habitants de moins que sur l'ile d'Aix.
**Combien d'habitants y a-t-il sur l'ile d'Aix ?**

SCHÉMA

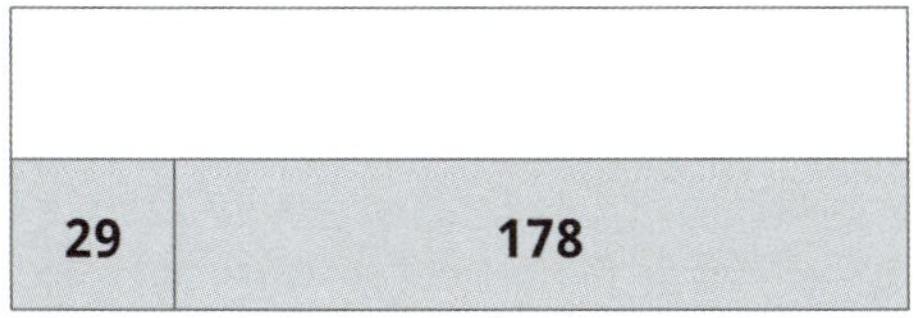


CALCULS

Il y a .............................. habitants sur l'ile d'Aix.

Prénom : ........................ Date : ........................

**5** La tour Part-Dieu à Lyon mesure 45 m de moins que la tour Montparnasse à Paris.
**Quelle est la hauteur de la tour Montparnasse ?**

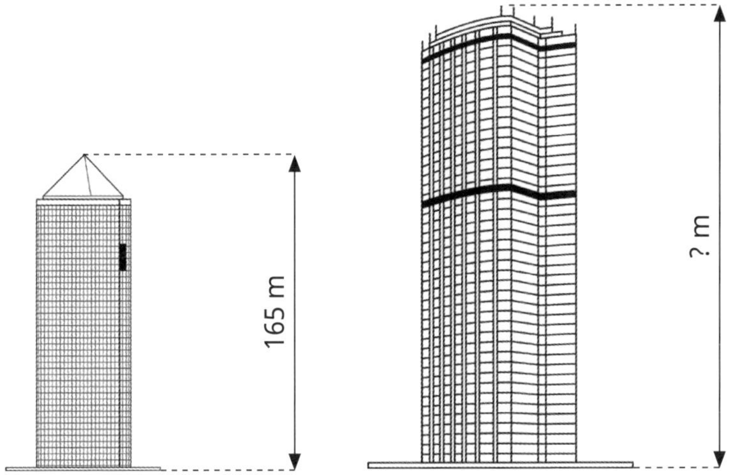


SCHÉMA

CALCULS

La tour Montparnasse mesure .................. m de haut.

**6** Voici la carte d'un restaurant avec les prix pour le menu du jour.
Un couple a réservé une table.
**Quel sera le montant total de l'addition si les deux personnes prennent ce menu complet ?**

**Menu du jour**

Entrée : salade de légumes 5 €

Plat : burger végétarien 8 €

Dessert : mousse au chocolat 3 €

Boisson au choix 4 €

Café 2 €

CALCULS

Le montant total de l'addition sera de .................. €.

# Période 2 Semaine 1

Prénom : ............................ Date : ............................

**1** La tour Eiffel mesure 324 m de haut. C'est 57 m de moins que l'Empire State Building à New York.
**Quelle est la hauteur de ce gratte-ciel ?**

SCHÉMA

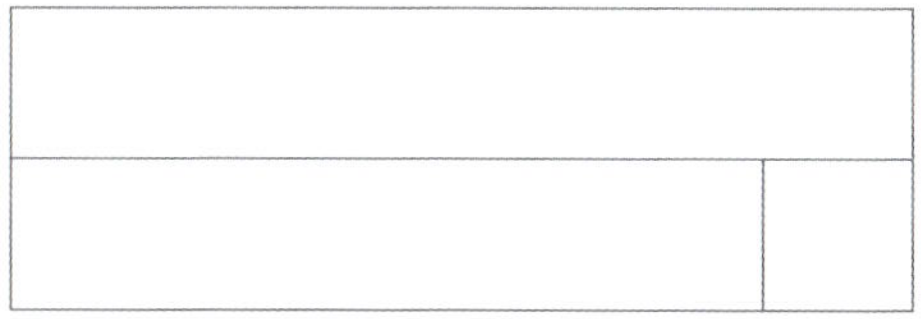

CALCULS

PHRASE : ............................

**2** Nadia avait 350 € d'économie. Elle a revendu son ancien téléphone pour 190 € puis elle en a acheté un nouveau à 490 €.
**Combien lui reste-t-il sur ses économies ?**

SCHÉMA

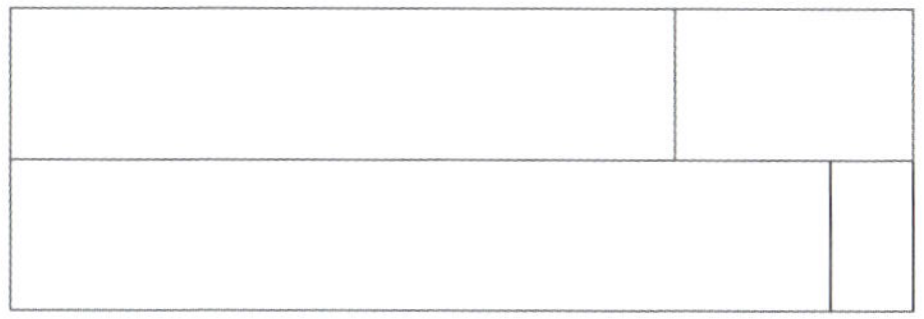

CALCULS

PHRASE : ............................

**3** Avec ses économies, Ben a acheté un réfrigérateur à 399 € ainsi qu'un four à 279 €. Il ne lui reste plus que 122 €.
**Combien avait-il sur ses économies avant de réaliser ses achats ?**

SCHÉMA

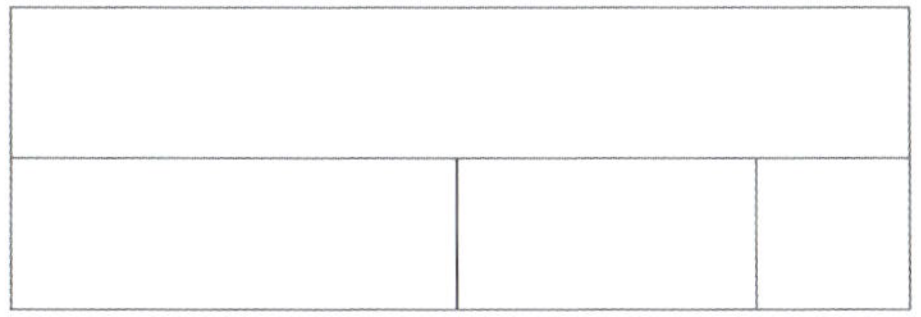

CALCULS

PHRASE : ............................

**4** Le Mont-Saint-Michel compte 29 habitants.
C'est 967 habitants de moins que le village de Sauzon en Bretagne.
**Combien d'habitants y a-t-il à Sauzon ?**

SCHÉMA

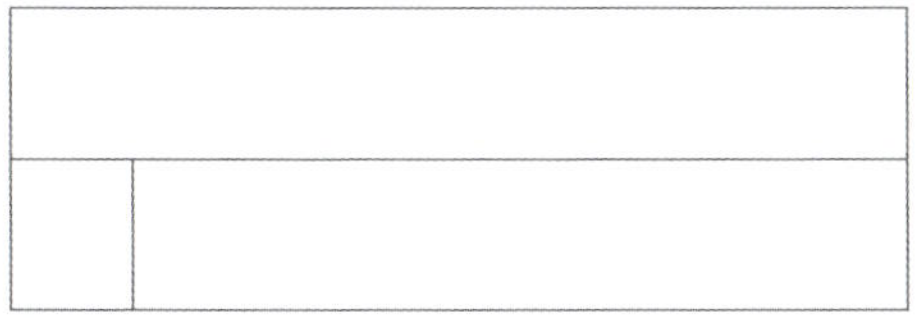

CALCULS

PHRASE : ............................

Prénom : .................................... Date : ....................

**5** La tour Eiffel mesure 222 m de moins que la tour One World Trade Center.
**Quelle est la hauteur de ce gratte-ciel ?**

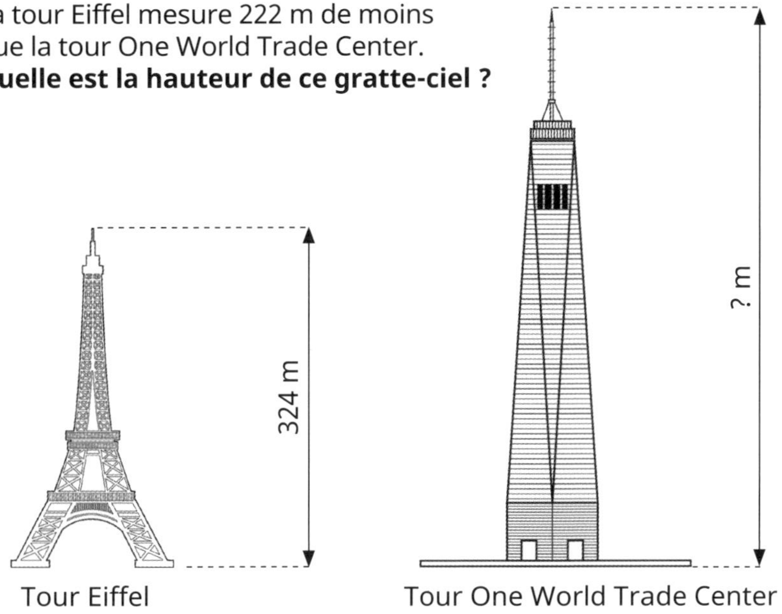


SCHÉMA

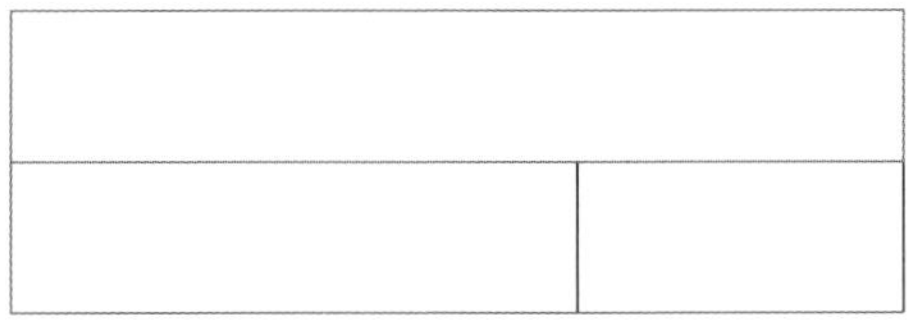

CALCULS

PHRASE : ....................................

....................................

**6** Voici la carte d'un restaurant avec les prix pour le menu du jour.
Un groupe d'amis a réservé une table pour 5 personnes.
**Quel sera le montant total de l'addition si tout le monde prend ce menu complet ?**

**Menu du jour**

Entrée : salade de légumes 5 €

Plat : burger végétarien 8 €

Dessert : mousse au chocolat 3 €

Boisson au choix 4 €

Café 2 €

CALCULS

PHRASE : ....................................

....................................

## Période 2 Semaine 1

★★★

Prénom : ..................................... Date : ....................

**1** Le viaduc de Millau a une longueur de 2 460 m.
C'est 466,5 m de moins que le pont de l'ile de Ré.
**Quelle est la longueur du pont de l'ile de Ré ?**

SCHÉMA

CALCULS

PHRASE : .....................................

**2** Louise avait 350,70 € d'économie. Elle a revendu son ancien téléphone pour 190 €. Puis elle en a acheté un nouveau pour 499,90 €.
**Combien lui reste-t-il sur ses économies ?**

SCHÉMA

CALCULS

PHRASE : .....................................

**3** Avec ses économies, Hugo a acheté un réfrigérateur à 399,90 € ainsi qu'un four à 279,90 €. Il ne lui reste plus que 122,20 €.
**Combien avait-il sur ses économies avant de réaliser ses achats ?**

SCHÉMA

CALCULS

PHRASE : .....................................

**4** La ville de Saint-Malo compte 46 803 habitants.
C'est 30 402 habitants de moins que la ville de La Rochelle.
**Combien d'habitants y a-t-il à La Rochelle ?**

SCHÉMA

CALCULS

PHRASE : .....................................

Prénom : ........................ Date : ........................

**5** Le pont de Brooklyn à New York mesure 903 m de moins que le pont du Golden Gate à San Francisco.
**Quelle est la longueur du pont Golden Gate ?**

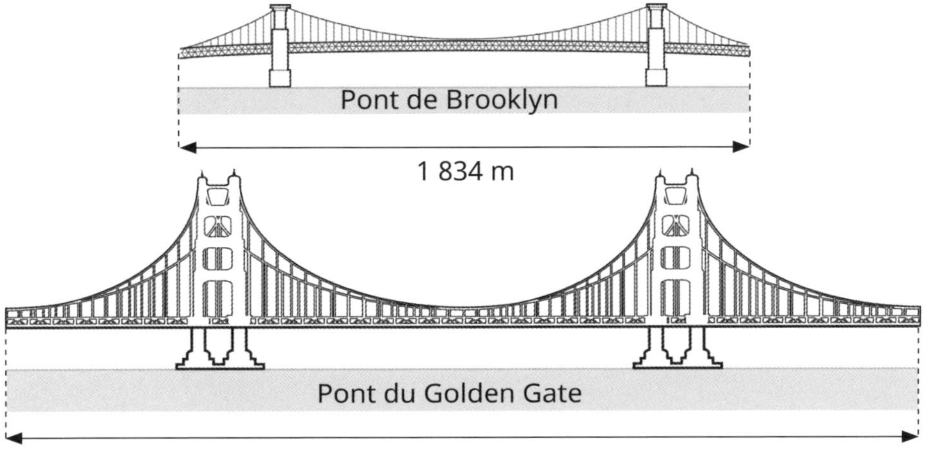


SCHÉMA

CALCULS

PHRASE : ........................

........................

**6** Voici la carte d'un restaurant avec les prix pour le menu du jour.
Un groupe d'amis a réservé une table pour 5 personnes.
**Quel sera le montant total de l'addition si tout le monde prend ce menu complet ?**

**Menu du jour**

Entrée : salade de légumes 5,50 €

Plat : burger végétarien 8 €

Dessert : mousse au chocolat 3,20 €

Boisson au choix 4,10 €

Café 2 €

CALCULS

PHRASE : ........................

........................

# Période 2 Semaine 2

Prénom : ........................................ Date : ........................

**1** La tour First du quartier de La Défense mesure 231 m de haut.
C'est 21 m de plus que la tour Montparnasse.
**Quelle est la hauteur de la tour Montparnasse ?**

SCHÉMA

CALCULS

La tour Montparnasse mesure .............................. m de haut.

**2** Un chauffeur a effectué le parcours suivant : Marseille – Lyon – Dijon pour un total de 663 km. Sachant que la distance Marseille – Lyon est de 466 km, **combien de km a-t-il parcourus entre Lyon et Dijon ?**

SCHÉMA

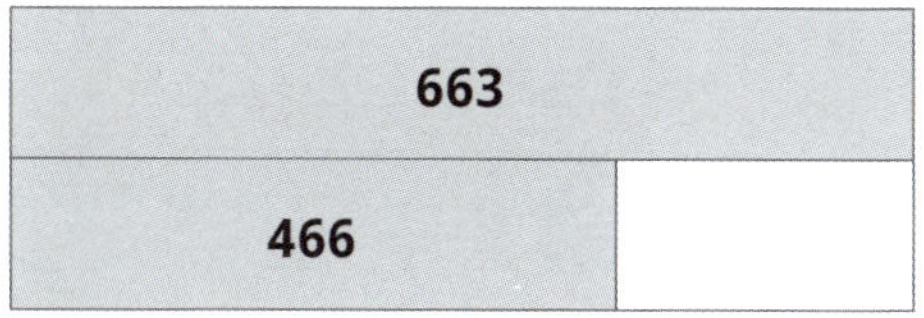


CALCULS

Le conducteur a parcouru .............................. km entre Lyon et Dijon.

**3** Après une journée de précipitations, le récupérateur d'eau de pluie contient maintenant 450 L d'eau.
Sachant que 344 L ont été récupérés pendant la journée,
**quelle quantité d'eau y avait-il déjà dans le récupérateur avant ces précipitations ?**

SCHÉMA

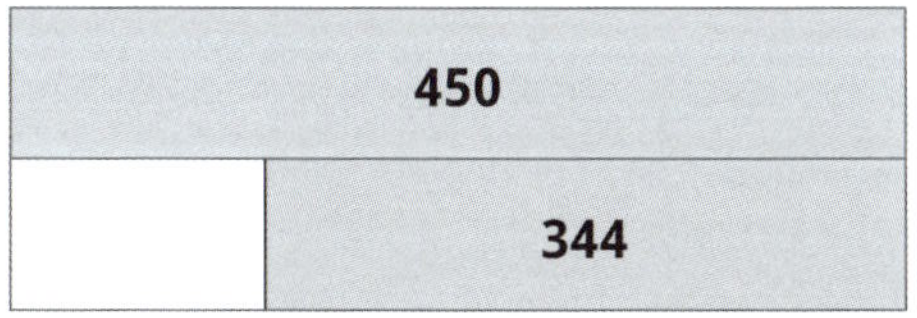


CALCULS

Il y avait déjà .............................. L d'eau dans le récupérateur.

**4** L'ile d'Aix compte 207 habitants. C'est 178 habitants de plus que le Mont-Saint-Michel.
**Combien d'habitants y a-t-il au Mont-Saint-Michel ?**

SCHÉMA

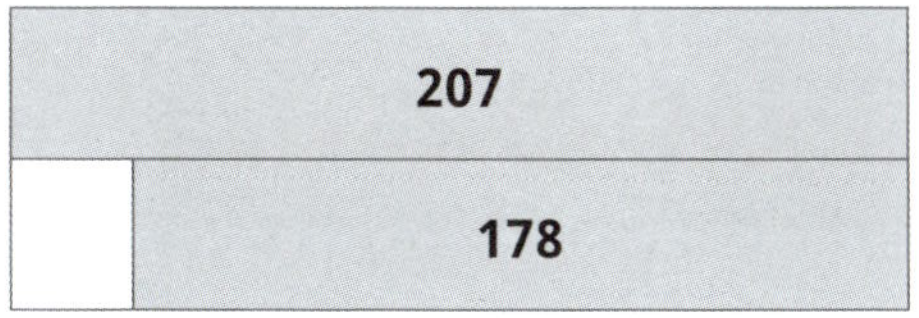


CALCULS

Il y a .............................. habitants au Mont-Saint-Michel.

Prénom : .................................... Date : ....................

**5** Il y a 115 élèves en tout dans cette école.
**La barre d'effectif des CM2 a été oubliée, dessine-la.**

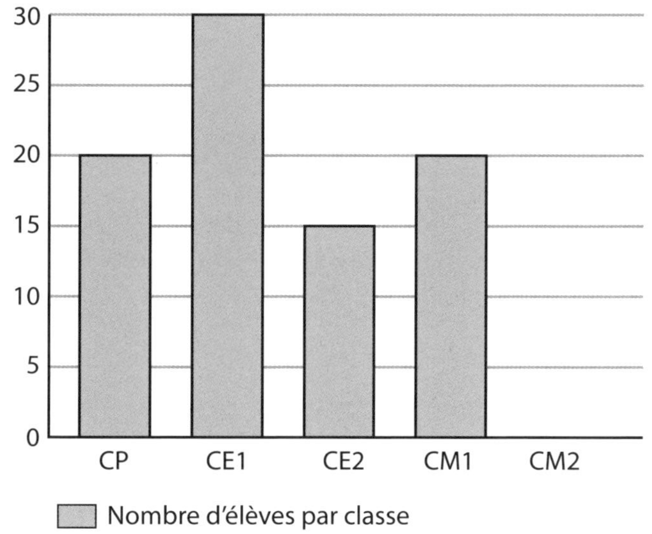


SCHÉMA

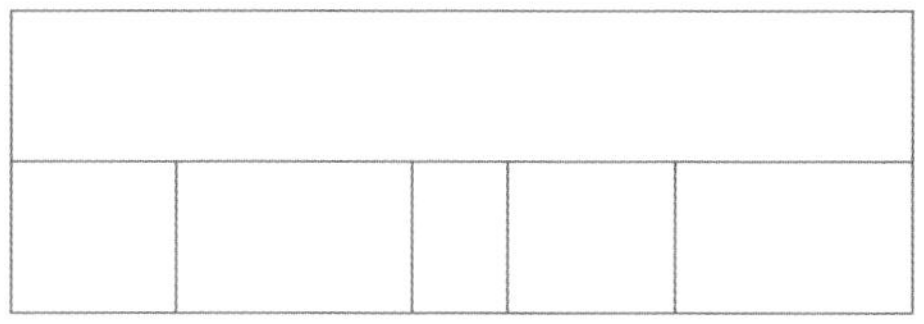

CALCULS

**6** Voici la carte d'un restaurant avec les prix du menu du jour.
À une table, le montant de l'addition s'élève à 44 €.
**Combien de personnes y avait-il sachant que tous ont pris le menu complet ?**

**Menu du jour**
Entrée : salade de légumes 5 €
Plat : burger végétarien 8 €
Dessert : mousse au chocolat 3 €
Boisson au choix 4 €
Café 2 €

CALCULS

Il y avait .................... personnes à la table.

**Période 2 Semaine 2** ★★

Prénom : ..................................... Date : ....................

**1** L'Empire State Building à New York mesure 381 m de haut.
C'est 57 m de plus que la tour Eiffel.
**Quelle est la hauteur de la tour Eiffel ?**

SCHÉMA

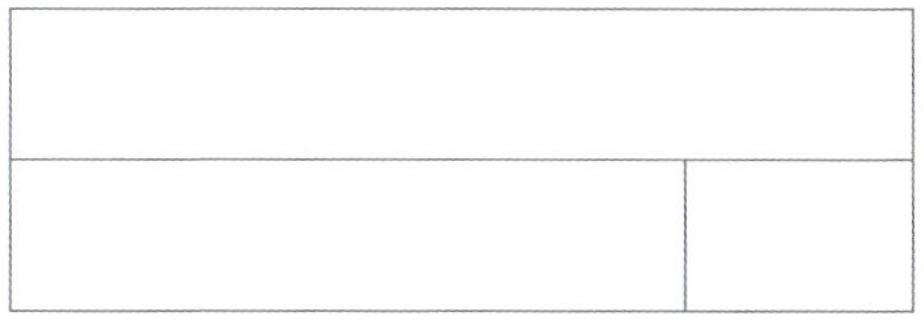

CALCULS

PHRASE : ..........................................................................

**2** Un chauffeur a effectué le parcours suivant : Marseille – Lyon – Dijon – Paris pour un total de 978 km. Sachant que la distance Marseille – Lyon est de 466 km et que celle de Lyon – Dijon est de 197 km, **combien de km a-t-il parcourus entre Dijon et Paris ?**

SCHÉMA

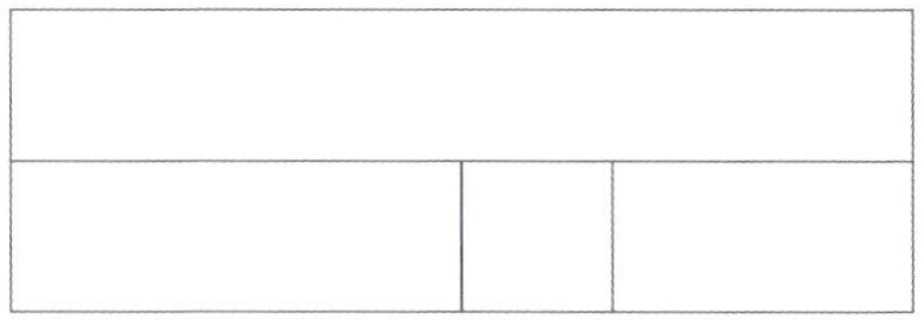

CALCULS

PHRASE : ..........................................................................

**3** Après 2 jours de précipitations, le récupérateur d'eau de pluie contient 450 L. 225 L ont été récupérés le premier jour et 119 L le deuxième.
**Combien de litres d'eau y avait-il déjà dans le récupérateur avant ces précipitations ?**

SCHÉMA

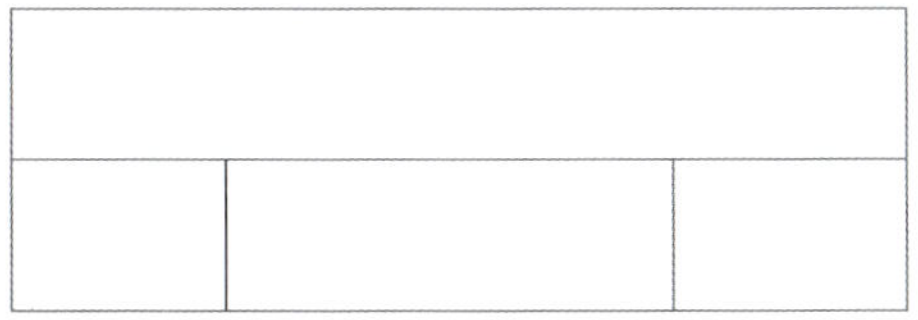

CALCULS

PHRASE : ..........................................................................

**4** Le village de Sauzon en Bretagne compte 996 habitants.
C'est 967 habitants de plus que le Mont-Saint-Michel.
**Combien d'habitants y a-t-il au Mont-Saint-Michel ?**

SCHÉMA

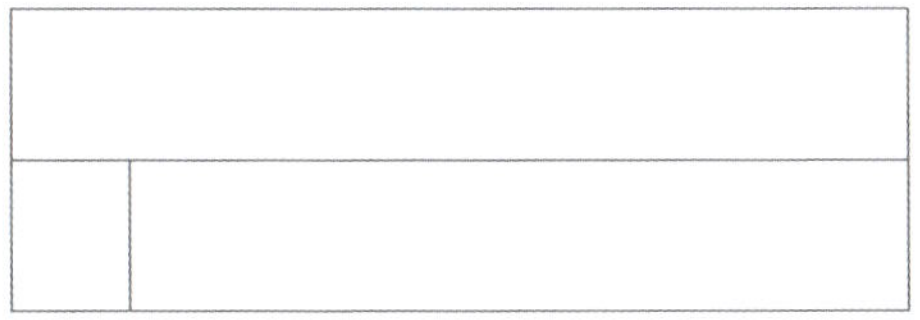

CALCULS

PHRASE : ..........................................................................

Prénom : ..................... Date : .....................

**5** Il y a 280 élèves en tout dans cette école.
**La barre d'effectif des CM2 a été oubliée, dessine-la.**

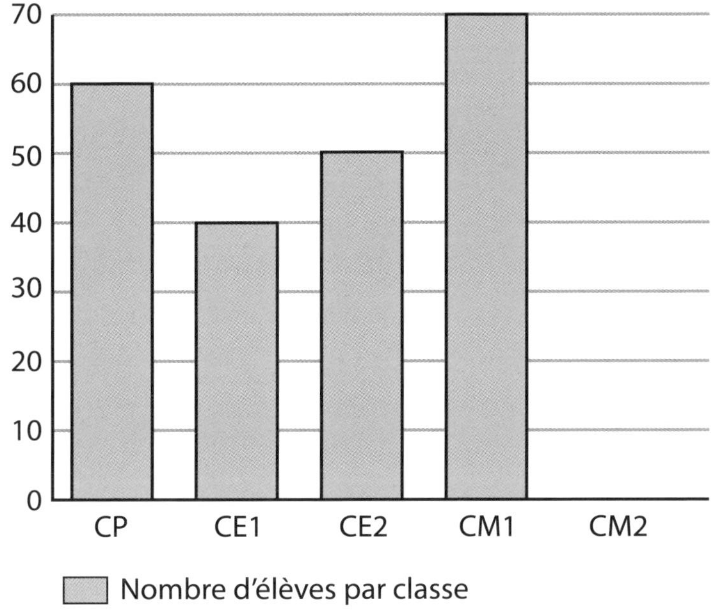


SCHÉMA

CALCULS

**6** Voici la carte d'un restaurant avec les prix du menu du jour.
À une table, le montant de l'addition s'élève à 66 €.
**Combien de personnes y avait-il sachant que tous ont pris le menu complet ?**

**Menu du jour**

Entrée : salade de légumes 5 €

Plat : burger végétarien 8 €

Dessert : mousse au chocolat 3 €

Boisson au choix 4 €

Café 2 €

CALCULS

PHRASE : .....................

# Période 2 Semaine 2

Prénom : ............ Date : ............

**1** Le pont de l'ile de Ré a une longueur de 2 926,5 m.
C'est 466,5 m de plus que le viaduc de Millau.
**Quelle est la longueur du viaduc de Millau ?**

SCHÉMA

CALCULS

PHRASE : ............

**2** Un pilote d'avion a effectué le parcours suivant : Paris – New York – Los Angeles – Tokyo pour un total de 18 635 km.
Sachant que la distance Paris – New York est de 5 836 km et que celle de New York – Los Angeles est de 3 984 km, **combien de km a-t-il parcourus entre Los Angeles et Tokyo ?**

SCHÉMA

CALCULS

PHRASE : ............

**3** Après 2 jours de précipitations, le récupérateur d'eau de pluie contient maintenant 450 L. 224,5 L ont été récupérés le premier jour et 119,5 L le deuxième.
**Combien de litres d'eau y avait-il déjà dans le récupérateur avant ces précipitations ?**

SCHÉMA

CALCULS

PHRASE : ............

**4** La ville de La Rochelle compte 77 205 habitants, c'est 30 402 habitants de plus que la ville de Saint-Malo.
**Combien d'habitants y a-t-il à Saint-Malo ?**

SCHÉMA

CALCULS

PHRASE : ............

Prénom : ............................ Date : ............................

**5** Voici un graphique représentant le nombre d'habitants mineurs par tranche d'âge d'une petite ville. Ils sont 2 550 en tout.
**Combien de mineurs de moins de 5 ans y a-t-il ?**
**Dessine la barre manquante.**

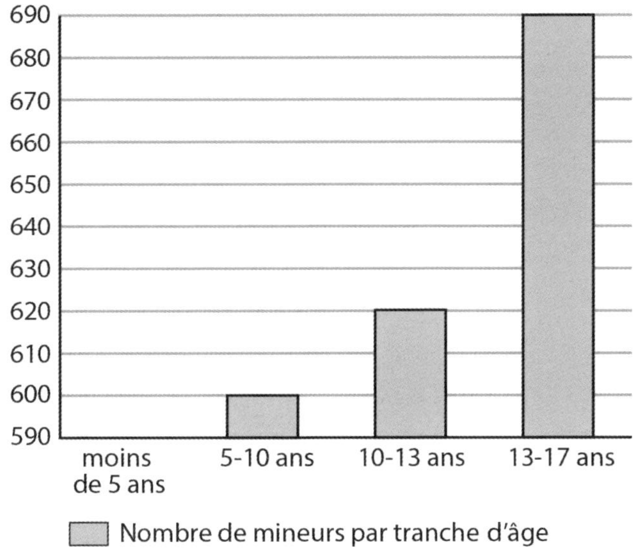


SCHÉMA

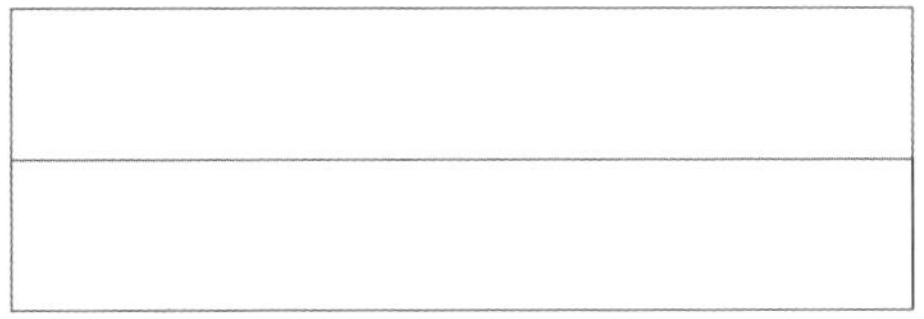

CALCULS

PHRASE : ............................

............................

**6** Voici la carte d'un restaurant avec les prix du menu du jour.
À une table, le montant de l'addition s'élève à 120 €.
**Combien de personnes y avait-il sachant que tous ont pris le menu complet ?**

**Menu du jour**

Entrée : salade de légumes 5,50 €

Plat : burger végétarien 8 €

Dessert : mousse au chocolat 4,40 €

Boisson au choix 4,10 €

Café 2 €

CALCULS

PHRASE : ............................

............................

## Période 2 Semaine 3

Prénom : ........................ Date : ........................

**1** Emma a acheté un billet d'avion pour Londres et a dépensé 171 €. Thomas a également acheté un billet pour la même destination, mais grâce à une promotion, il l'a obtenu pour 49 €.
**Combien Thomas a-t-il payé de moins par rapport à Emma ?**

SCHÉMA

CALCULS

Thomas a payé ........................ € de moins qu'Emma.

**2** Tom a 100 cartes dans sa collection. Il en a 50 de moins que sa sœur Lisa. Lisa a 20 cartes de plus que leur petit frère Paul.
**Combien de cartes a Paul ?**

SCHÉMA

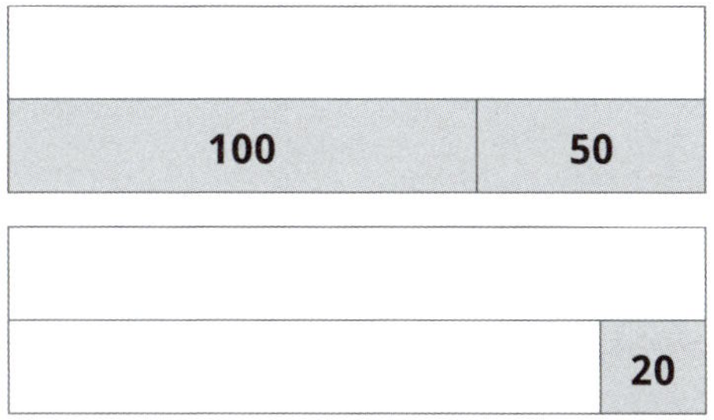


CALCULS

Paul a ........................ cartes.

**3** Sonia a 1 kg de farine en réserve. Elle en utilise pour faire 4 gâteaux identiques. Il ne lui reste ensuite plus rien.
**Quelle était la quantité de farine nécessaire pour faire un gâteau ?**

SCHÉMA

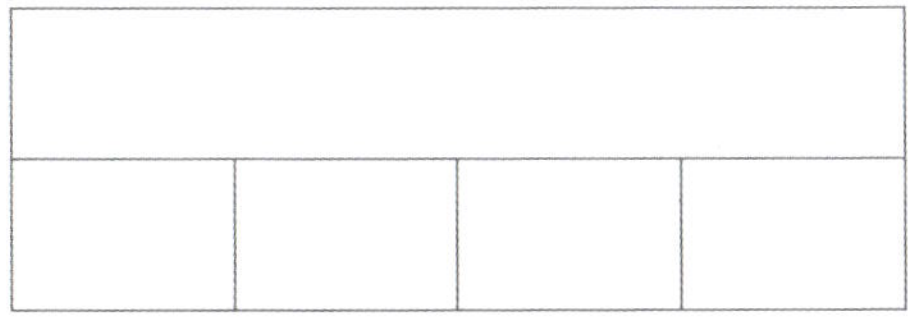

CALCULS

Pour faire un gâteau, il fallait ........................ g de farine.

**4** Enzo et Inès ont fait un trajet en voiture d'Orléans à Paris. Inès a parcouru 126 km. Enzo a choisi un autre itinéraire et a parcouru 135 km. **Combien de km en plus Enzo a-t-il parcourus par rapport à Inès ?**

SCHÉMA

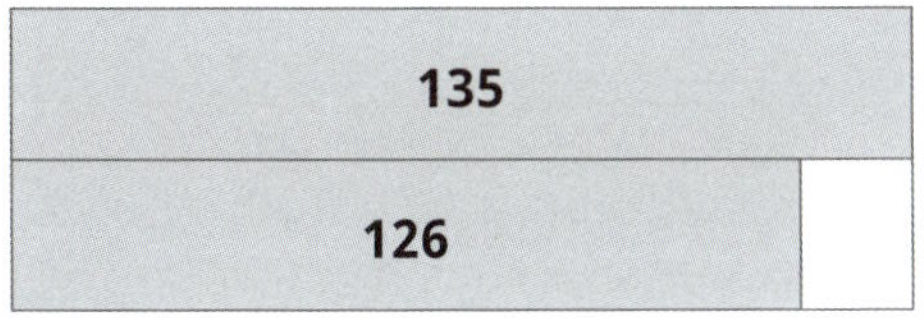


CALCULS

Enzo a parcouru ........................ km de plus qu'Inès.

Prénom : .................... Date : ....................

**5** **Quelle est la différence de hauteur entre la tour Part-Dieu et la tour Montparnasse ?**

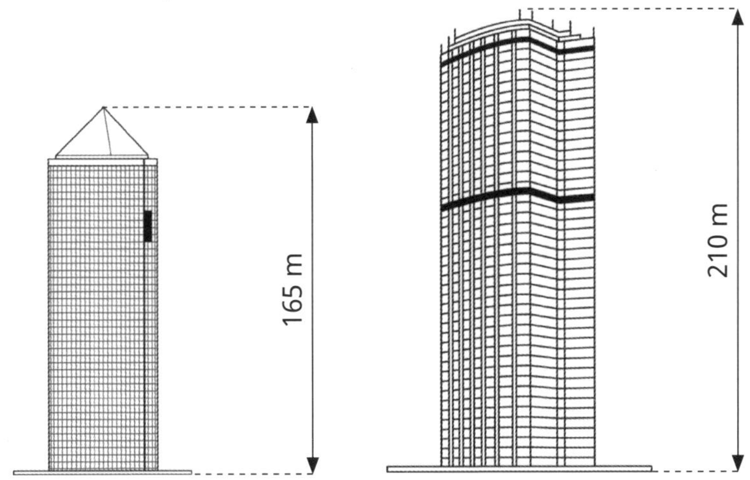


Tour Part-Dieu

Tour Montparnasse

SCHÉMA

| | |
|---|---|
| 210 | |
| 165 | |

CALCULS

Il y a .................... m de différence entre la tour Part-Dieu et la tour Montparnasse.

**6** **Complète ce tableau récapitulant le kilométrage et les différents couts pour un trajet Caen-Cabourg en voiture.**

| | Trajet simple | Trajet aller-retour |
|---|---|---|
| Nombre de km | 33 km | .................... |

| | | |
|---|---|---|
| Cout de l'essence | 6 € | .................... |
| Cout du péage | 2 € | .................... |
| Total | .................... | .................... |

CALCULS

**Période 2 Semaine 3** ★★

Prénom : ........................ Date : ........................

**1** Emma a acheté un billet d'avion pour New York à 571 €.
Tao a également acheté un billet mais grâce à une promotion, il l'a obtenu pour 449 €.
**Combien Tao a-t-il payé de moins par rapport à Emma ?**

SCHÉMA

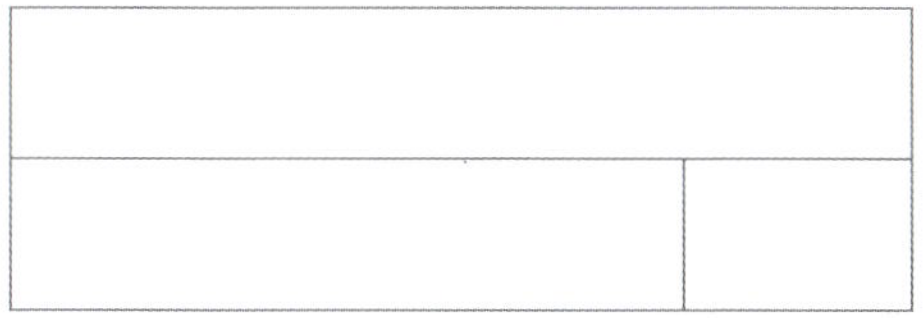

CALCULS

PHRASE : ........................

**2** Tom a 235 cartes dans sa collection. Il en a 65 de moins que sa sœur Lisa. Lisa a 120 cartes de plus que leur petit frère Paul.
**Combien de cartes a Paul ?**

SCHÉMA

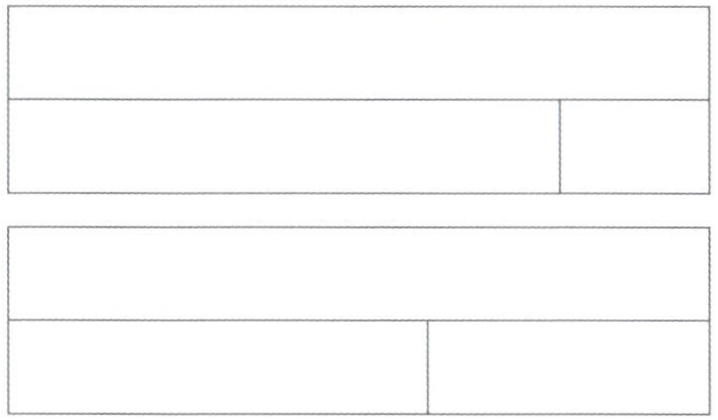

CALCULS

PHRASE : ........................

**3** Sonia a 1 kg de farine. Elle en utilise pour faire 2 gâteaux identiques.
Il ne lui reste ensuite plus que 500 g.
**Quelle était la quantité de farine nécessaire pour faire un gâteau ?**

SCHÉMA

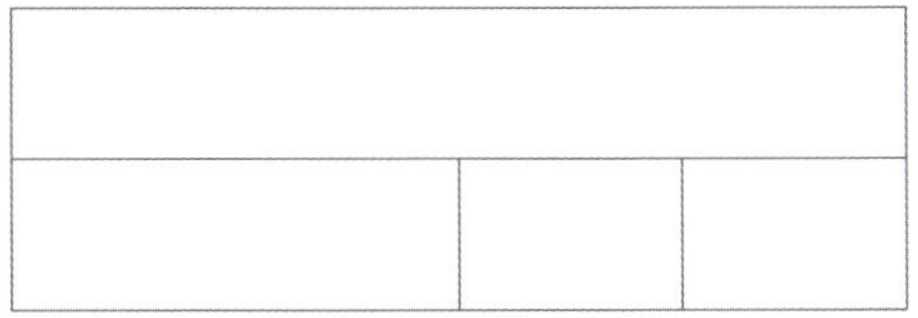

CALCULS

PHRASE : ........................

**4** Enzo et Inès ont fait un trajet en voiture d'Orléans à Bordeaux.
Inès a parcouru 443 km. Enzo a choisi un autre itinéraire et a parcouru 462 km.
**Combien de km en plus Enzo a-t-il parcourus par rapport à Inès ?**

SCHÉMA

CALCULS

PHRASE : ........................

Prénom : .................................... Date : ....................

**5** **Quelle est la différence de hauteur entre la tour Eiffel et la tour One World Trade Center ?**

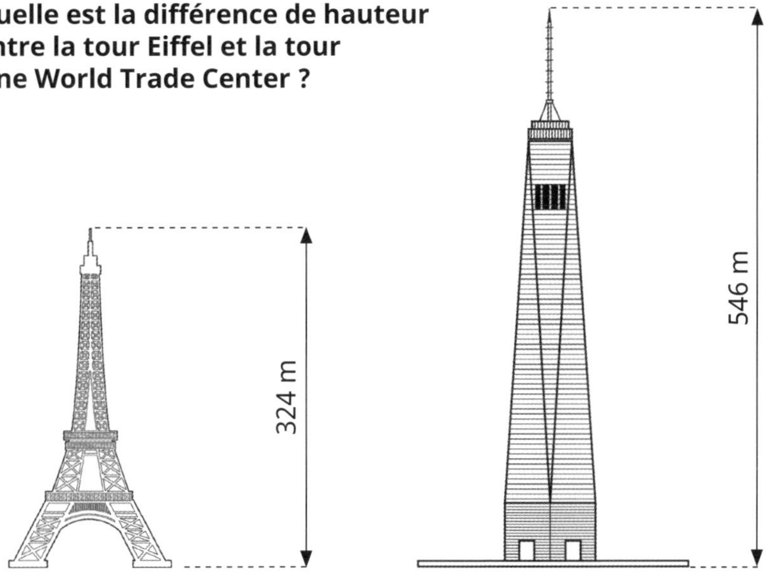


Tour Eiffel

Tour One World Trade Center

SCHÉMA

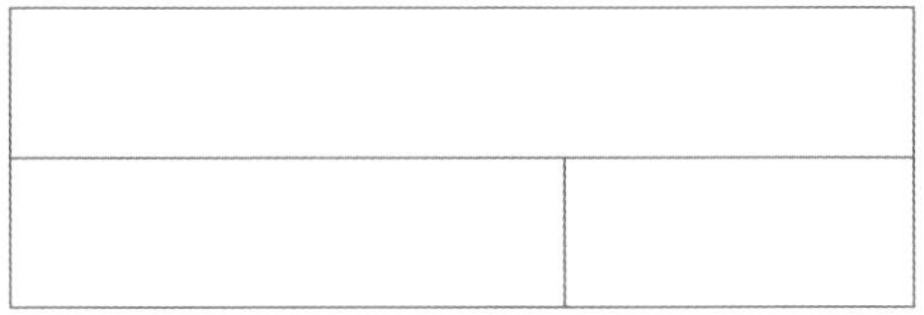

CALCULS

PHRASE : ....................................

....................................

**6** **Complète ce tableau récapitulant le kilométrage et les différents couts pour un trajet Paris–Lille en voiture.**

| | Trajet simple | Trajet aller-retour |
|---|---|---|
| **Nombre de km** | 220 km | .................... |

| | | |
|---|---|---|
| **Cout de l'essence** | 25 € | .................... |
| **Cout du péage** | 17 € | .................... |
| **Total** | .................... | .................... |

CALCULS

## Période 2 Semaine 3

★ ★ ★

Prénom : ............ Date : ............

**1** Emma a acheté un billet d'avion pour New York et a dépensé 571,90 €. Thomas a également acheté un billet pour la même destination, mais l'a obtenu pour 449,50 €.
**Combien Thomas a-t-il payé de moins par rapport à Emma ?**

SCHÉMA

CALCULS

PHRASE : ............

**2** Tom a récolté 35,20 € pour la tombola de l'école. C'est 4,80 € de moins que sa sœur Lisa. Lisa a récolté 20,50 € de plus que leur petit frère Paul.
**Combien d'argent Paul a-t-il récolté ?**

SCHÉMA

CALCULS

PHRASE : ............

**3** Sonia a 1,5 kg de farine en réserve. Elle en utilise pour faire 4 gâteaux identiques. Il ne lui reste ensuite plus que 500 g.
**Quelle était la quantité de farine nécessaire pour faire un gâteau ?**

SCHÉMA

CALCULS

PHRASE : ............

**4** Enzo et Inès font tous les deux un trajet en voiture d'Orléans à Bordeaux. Inès parcourt 443 km. Enzo choisit un autre itinéraire et parcourt 462 km. Ce trajet leur coute 0,10 € d'essence par km parcouru.
**Quel est le cout supplémentaire pour Enzo ?**

SCHÉMA

CALCULS

PHRASE : ............

Prénom : .................... Date : ....................

**5** **Quelle est la différence de longueur entre le pont de Brooklyn et le pont du Golden Gate ?**

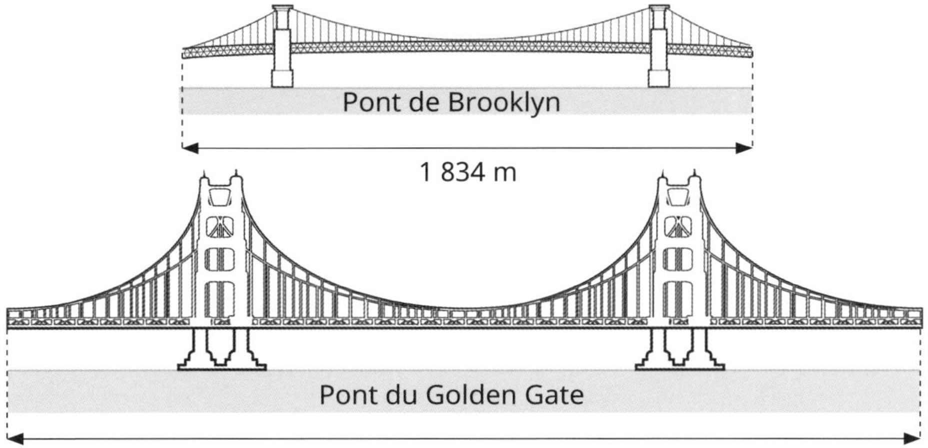


SCHÉMA

CALCULS

PHRASE : ....................

....................

**6** **Complète ce tableau récapitulant le kilométrage et les différents couts pour un trajet en voiture Paris – Marseille.**

| | Trajet simple | Trajet aller-retour |
|---|---|---|
| Nombre de km | 775,2 km | .......... |

| | | |
|---|---|---|
| Cout de l'essence | 75,90 € | .......... |
| Cout du péage | 61,70 € | .......... |
| Total | .......... | .......... |

CALCULS

## Période 2 Semaine 4

Prénom : ........................................ Date : ........................

**1** La directrice de l'école commande pour les CM2 20 dictionnaires à 12 € l'unité. **Quel est le montant total de cette commande ?**

SCHÉMA

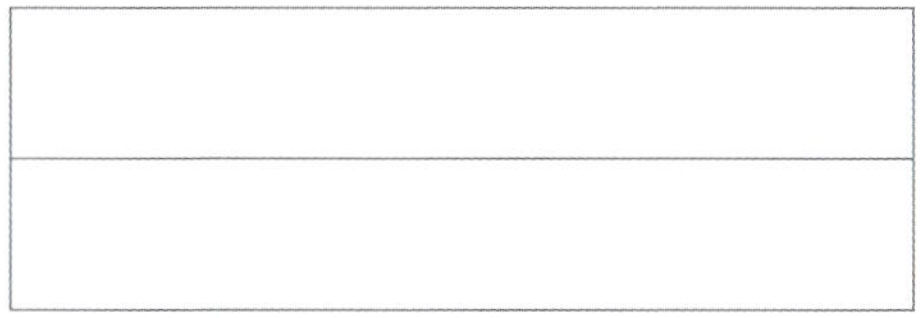

CALCULS

Le montant total de la commande est de .................... €.

**2** La tour Montparnasse mesure 210 m de haut. C'est 152 m de plus que la tour de Pise. La tour de Pise mesure 107 m de moins que la tour Part-Dieu.
**Quelle est la hauteur de la tour Part-Dieu ?**

SCHÉMA

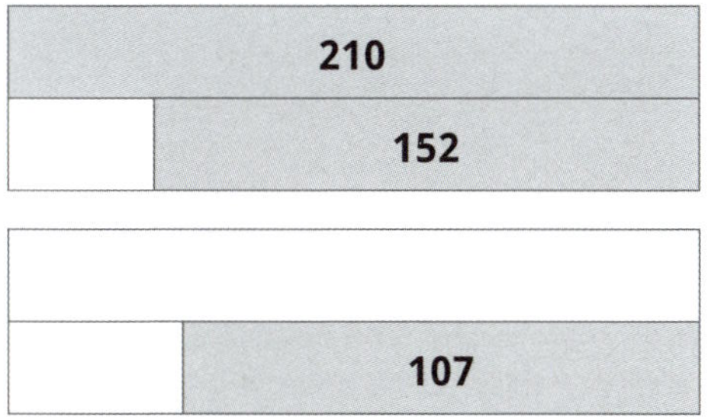


CALCULS

La tour Part-Dieu mesure .................... m de haut.

**3** Pour équiper son nouvel appartement, Jeanne a dépensé 777 € en tout. Elle a acheté un réfrigérateur à 299 €, un lave-linge à 249 € et un lave-vaisselle. **Quel était le prix du lave-vaisselle ?**

SCHÉMA

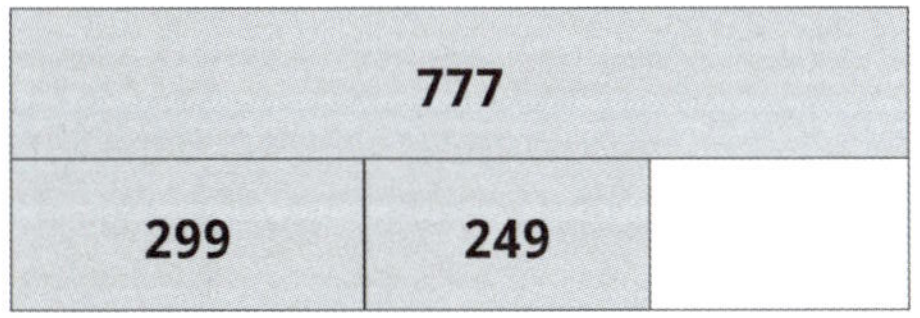


CALCULS

Le prix du lave-vaisselle était de .................... €.

**4** Une usine automobile a produit aujourd'hui 30 voitures.
**Combien de pneus ont été utilisés ?**

SCHÉMA

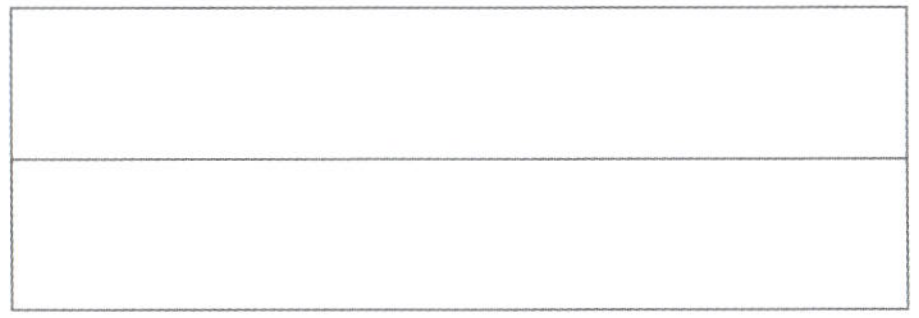

CALCULS

.................... pneus ont été utilisés.

Prénom : .................................... Date : ....................

**5** **Quel a été pour l'école le cout total d'achat des cahiers sachant qu'un cahier coute 3 € ?**

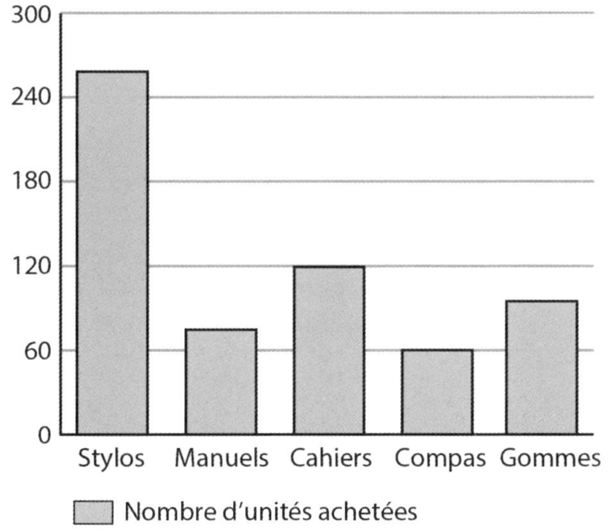


SCHÉMA

CALCULS

Le cout total d'achat des cahiers est de .................... € .

**6** **Complète ce tableau récapitulant le prix à payer en fonction du nombre de litres d'essence achetés.**

| Nombre de litres achetés | 2 L | 4 L | 6 L | 8 L | 10 L |
|---|---|---|---|---|---|
| Prix total | 3 € | .......... | .......... | .......... | .......... |

CALCULS

## Période 2 Semaine 4

Prénom : .................................... Date : ....................

**1** La directrice de l'école commande pour les CM2 50 dictionnaires à 12 € l'unité. **Quel est le montant total de cette commande ?**

SCHÉMA

CALCULS

PHRASE : ..............................................................................

**2** La tour Burj Khalifa mesure 828 m de haut. C'est 504 m de plus que la tour Eiffel. La tour Eiffel mesure 57 m de moins que l'Empire State Building.
**Quelle est la hauteur de l'Empire State Building ?**

SCHÉMA

CALCULS

PHRASE : ..............................................................................

**3** Pour équiper son nouvel appartement, Jeanne a dépensé 936 € en tout. Elle a acheté un réfrigérateur à 299 €, un lave-linge à 249 €, un four à 159 € et un lave-vaisselle. **Quel était le prix du lave-vaisselle ?**

SCHÉMA

CALCULS

PHRASE : ..............................................................................

**4** Une usine automobile a produit aujourd'hui 65 voitures.
**Combien de pneus ont été utilisés ?**

SCHÉMA

CALCULS

PHRASE : ..............................................................................

Prénom : .................... Date : ....................

**5** **Quel a été pour l'école le cout total d'achat des cahiers sachant qu'un cahier coute 3 € ?**

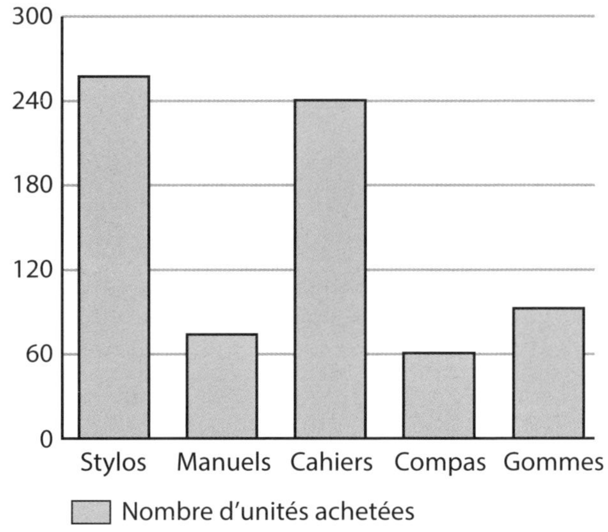


SCHÉMA

CALCULS

PHRASE : ....................

....................

**6** **Complète ce tableau récapitulant le prix à payer en fonction du nombre de litres d'essence achetés.**

| Nombre de litres achetés | 5 L | 10 L | 20 L | 40 L | 80 L |
|---|---|---|---|---|---|
| Prix total | 9 € | .......... | .......... | .......... | .......... |

CALCULS

**Période 2 Semaine 4** ★★★

Prénom : ..................................... Date : ....................

**1** La directrice de l'école commande pour les CM2 50 dictionnaires à 12,50 € l'unité. **Quel est le montant total de cette commande ?**

SCHÉMA

CALCULS

PHRASE : ..........................................................

**2** Le pont de Normandie mesure 2 141 m. C'est 721 m de plus que le pont de Tancarville. Le pont de Tancarville fait 356 m de moins que le pont d'Aquitaine. **Quelle est la longueur du pont d'Aquitaine ?**

SCHÉMA

CALCULS

PHRASE : ..........................................................

**3** Pour équiper son nouvel appartement, Jeanne a dépensé 937,80 € en tout. Elle a acheté un réfrigérateur à 299,90 €, un lave-linge à 249 €, un four à 159,90 € et un lave-vaisselle.
**Quel était le prix du lave-vaisselle ?**

SCHÉMA

CALCULS

PHRASE : ..........................................................

**4** Une usine fabriquant des vélos a produit aujourd'hui 145 bicyclettes. Sachant qu'une roue contient 36 rayons, **combien de rayons ont été nécessaires pour la fabrication de ces 145 vélos ?**

SCHÉMA

CALCULS

PHRASE : ..........................................................

Prénom : .................... Date : ....................

**5** **Quel a été pour l'école le cout total d'achat des cahiers sachant qu'un cahier coute 3,50 € ?**

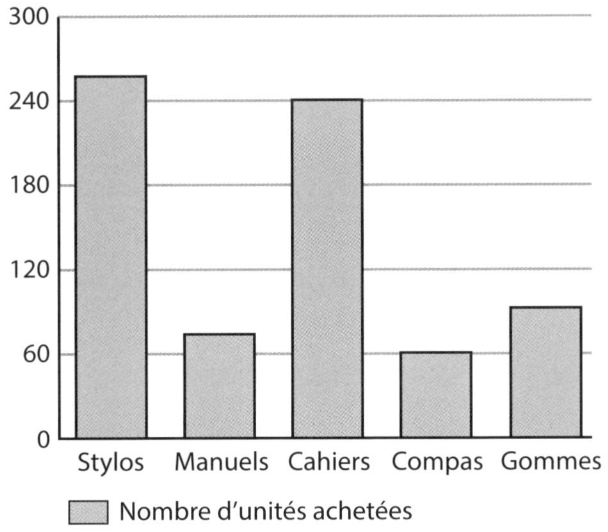


SCHÉMA

CALCULS

PHRASE : ....................

....................

**6** **Complète ce tableau récapitulant le prix à payer en fonction du nombre de litres d'essence achetés.**

| Nombre de litres achetés | 5 L | 10 L | 20 L | 40 L | 80 L |
|---|---|---|---|---|---|
| Prix total | 9,80 € | ........ | ........ | ........ | ........ |

CALCULS

**Période 2 Semaine 5**

Prénom : .................................... Date : ....................

**1** Dans un verger, un arboriculteur a planté 20 rangées de 10 pommiers.
**Combien de pommiers a-t-il plantés en tout ?**

SCHÉMA

CALCULS

L'arboriculteur a planté .................... pommiers.

**2** Léo a profité des soldes pour s'équiper en matériel de vélo. Le vélo lui a couté 470 € au lieu de 590 €. Le casque lui a couté 50 € au lieu de 69 €.
**Quel est le montant total des remises dont il a bénéficiées ?**

SCHÉMA

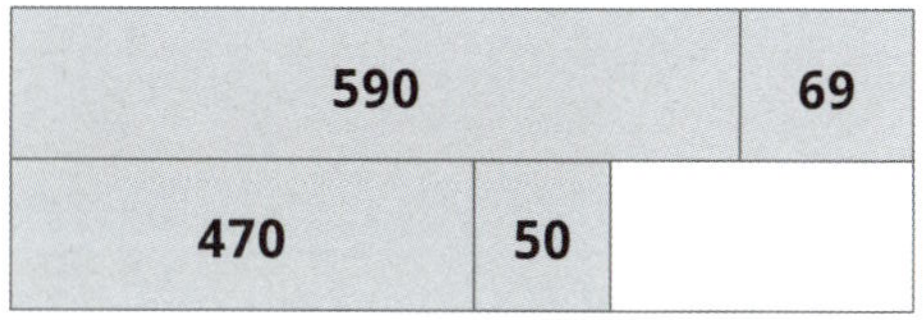


CALCULS

Léo a bénéficié de .................... € de remise.

**3** Jules achète 4 chemises à 30 € l'unité et 3 pantalons à 50 € l'unité.
**Combien dépense-t-il en tout ?**

SCHÉMA

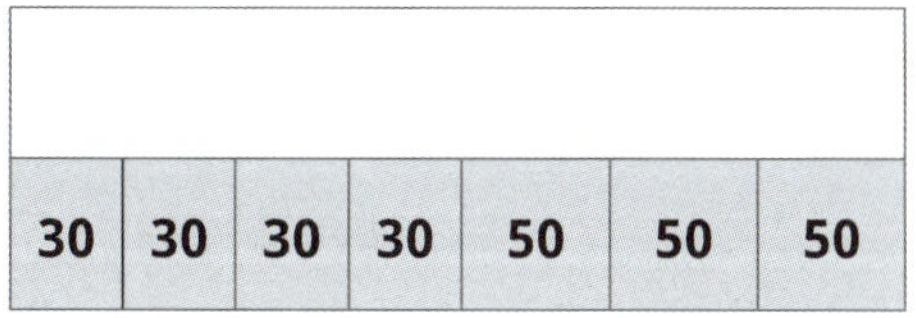


CALCULS

Jules dépense .................... € en tout.

**4** Dans un grand magasin, un carrelage a été posé au sol.
Il comporte 30 rangées de 20 carreaux.
**Combien de carreaux ont été posés en tout ?**

SCHÉMA

CALCULS

.................... carreaux ont été posés en tout.

Prénom : .................................... Date : ....................

**5** **Complète cette facture d'achat de fournitures de l'école.**

| | Prix unitaire | Quantité | Prix total |
|---|---|---|---|
| **Stylo** | 1 € | 50 | ............ |
| **Cahier** | 3 € | 40 | ............ |
| **Gomme** | 2 € | 10 | ............ |
| **Manuel** | 12 € | 10 | ............ |
| **Compas** | 5 € | 20 | ............ |
| | | **Total** | ............ |

SCHÉMA

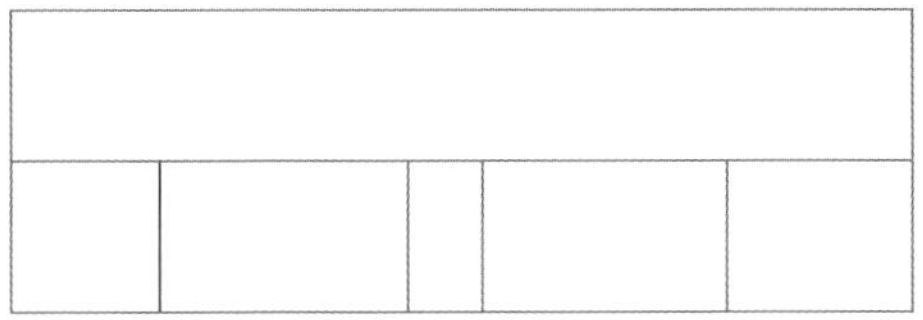

CALCULS

**6** **Complète ce graphique récapitulant le prix à payer en fonction du nombre de litres d'essence achetés.**
**Dessine la barre pour 4 L achetés et celle pour 6 L.**

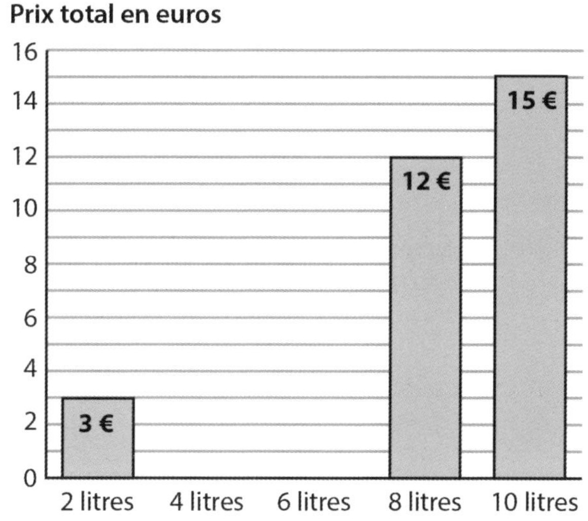


CALCULS

# Période 2 Semaine 5

Prénom : ................................ Date : ................................

**1** Dans un verger, l'arboriculteur a planté 25 rangées de 15 pommiers.
**Combien de pommiers a-t-il plantés en tout ?**

SCHÉMA

CALCULS

PHRASE : ................................

**2** Léo a profité des soldes pour s'équiper en matériel de vélo.
Le vélo lui a couté 472 € au lieu de 590 €. Le casque lui a couté 55 € au lieu de 69 €. Le kit d'éclairage lui a couté 24 € au lieu de 30 €.
**Quel est le montant total des remises dont il a bénéficiées ?**

SCHÉMA

CALCULS

PHRASE : ................................

**3** Jules achète 4 chemises à 35 € l'unité et 3 pantalons à 55 € l'unité.
**Combien dépense-t-il en tout ?**

SCHÉMA

CALCULS

PHRASE : ................................

**4** Dans un grand magasin, un carrelage a été posé au sol.
Il comporte 35 rangées de 25 carreaux.
**Combien de carreaux ont été posés en tout ?**

SCHÉMA

CALCULS

PHRASE : ................................

Prénom : ........................ Date : ........................

## 5 Complète cette facture d'achat de fournitures de l'école.

| | Prix unitaire | Quantité | Prix total |
|---|---|---|---|
| **Stylo** | 1 € | 50 | .......... |
| **Cahier** | 3 € | 65 | .......... |
| **Gomme** | 2 € | 15 | .......... |
| **Manuel** | 12 € | 20 | .......... |
| **Compas** | 5 € | 25 | .......... |
| **Règle** | 2 € | 60 | .......... |
| **Équerre** | 2 € | 45 | .......... |
| | | **Total** | .......... |

SCHÉMA

CALCULS

## 6 Complète ce graphique récapitulant le prix à payer en fonction du nombre de litres d'essence achetés. Dessine la barre pour 10 L achetés et celle pour 20 L.

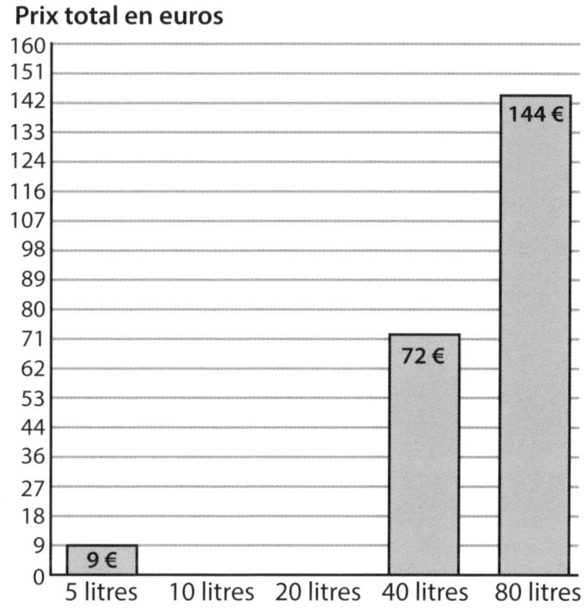


CALCULS

## Période 2 Semaine 5

Prénom : ............ Date : ............

**1** Dans son champ, un agriculteur a semé 350 graines de maïs par rang sur 250 rangs.
**Combien de graines de maïs a-t-il semées en tout ?**

SCHÉMA

CALCULS

PHRASE : ............

**2** Léo a profité des soldes pour s'équiper en matériel de vélo. Le vélo lui a couté 472,90 € au lieu de 590 €. Le casque lui a couté 55,50 € au lieu de 69,50 €. Le kit d'éclairage lui a couté 23,90 € au lieu de 30,50 €.
**Quel est le montant total des remises dont il a bénéficiées ?**

SCHÉMA

CALCULS

PHRASE : ............

**3** Jules achète 4 chemises à 35,90 € l'unité et 3 pantalons à 55,50 € l'unité.
**Combien dépense-t-il en tout ?**

SCHÉMA

CALCULS

PHRASE : ............

**4** Dans un grand magasin, un carrelage a été posé au sol.
Il comporte 35 rangées de 25 carreaux. Chaque carreau mesure 1 m de côté. **Quelle est l'aire de la surface qui a été carrelée ?**

SCHÉMA

CALCULS

PHRASE : ............

Prénom : .................... Date : ....................

**5** **Complète cette facture d'achat de fournitures de l'école.**

| | Prix unitaire | Quantité | Prix total |
|---|---|---|---|
| **Stylo** | 1,50 € | 50 | .......... |
| **Cahier** | 3,50 € | 65 | .......... |
| **Gomme** | 2,90 € | 10 | .......... |
| **Manuel** | 12,20 € | 20 | .......... |
| **Compas** | 5,50 € | 25 | .......... |
| **Règle** | 2,90 € | 20 | .......... |
| **Équerre** | 2,90 € | 40 | .......... |
| | | **Total** | .......... |

SCHÉMA

CALCULS

**6** **Complète ce graphique récapitulant le prix à payer en fonction du nombre de litres d'essence achetés.**
**Dessine la barre pour 2 litres achetés et celle pour 8 litres.**

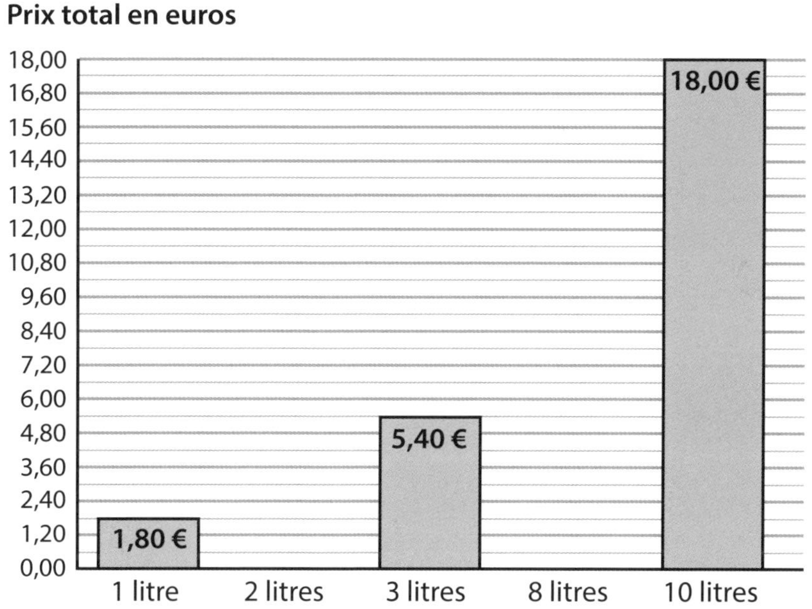


CALCULS

**Période 2 Semaine 6** ★

Prénom : .................................................. Date : ..............................

**1** Farid est facteur. En début de semaine, le compteur de sa voiture indique 200 km. Après 5 jours de tournée, le compteur indique 700 km.
**Combien de km parcourt-il chaque jour pour sa tournée ?**

SCHÉMA

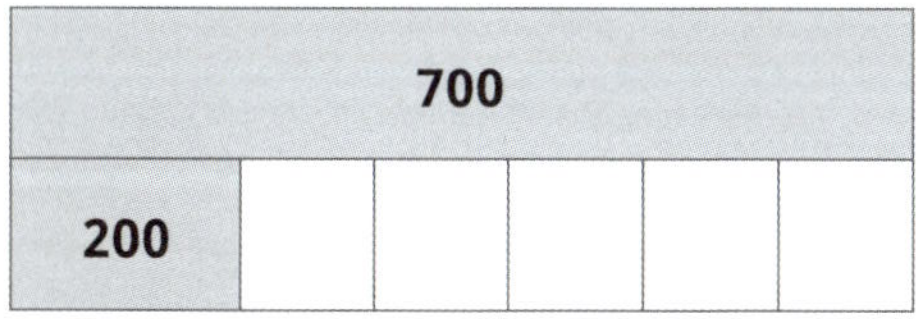


CALCULS

Farid parcourt .............................. km chaque jour.

**2** Lisa est factrice. En début de semaine, le compteur de son véhicule indique 200 km. Elle fait ensuite 5 jours de tournée en parcourant chaque jour 100 km.
**Qu'indique le compteur de son véhicule en fin de semaine ?**

SCHÉMA

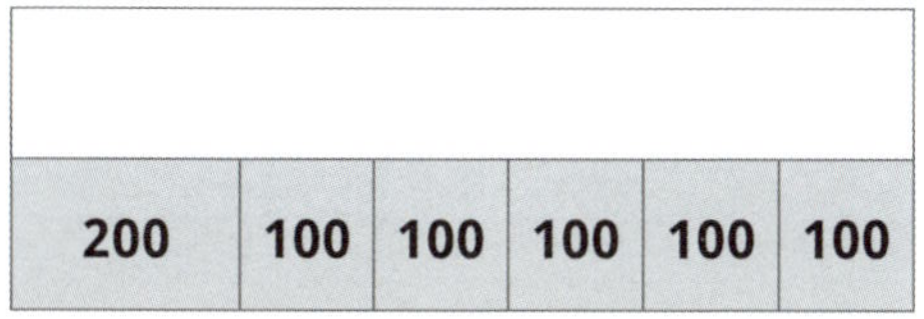


CALCULS

Le compteur de son véhicule indique .............................. km.

**3** Anissa est factrice. Après 5 jours de tournée, le compteur de son véhicule indique 900 km. Elle parcourt chaque jour 100 km.
**Qu'indiquait son compteur avant ses 5 jours de tournée ?**

SCHÉMA

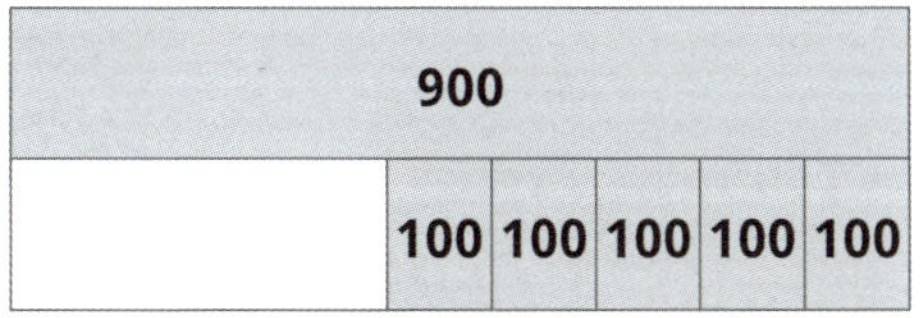


CALCULS

Son compteur indiquait .............................. km avant ses 5 jours de tournée.

**4** Cette semaine, Farid a parcouru 500 km. Il a parcouru 100 km de moins qu'Anissa. Anissa a parcouru 50 km de plus que Lisa.
**Combien de km Lisa a-t-elle parcourus ?**

SCHÉMA

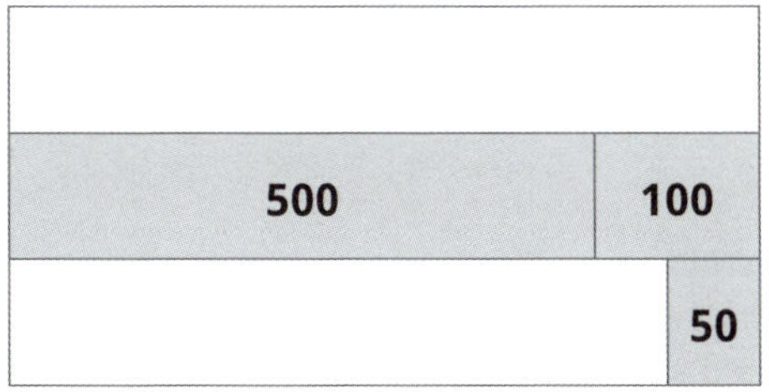


CALCULS

Lisa a parcouru .............................. km.

Prénom : .................................... Date : ....................

**5** Combien y a-t-il d'élèves en CE2 et en CM1 sachant que leurs effectifs sont identiques ?
**Dessine les barres manquantes.**

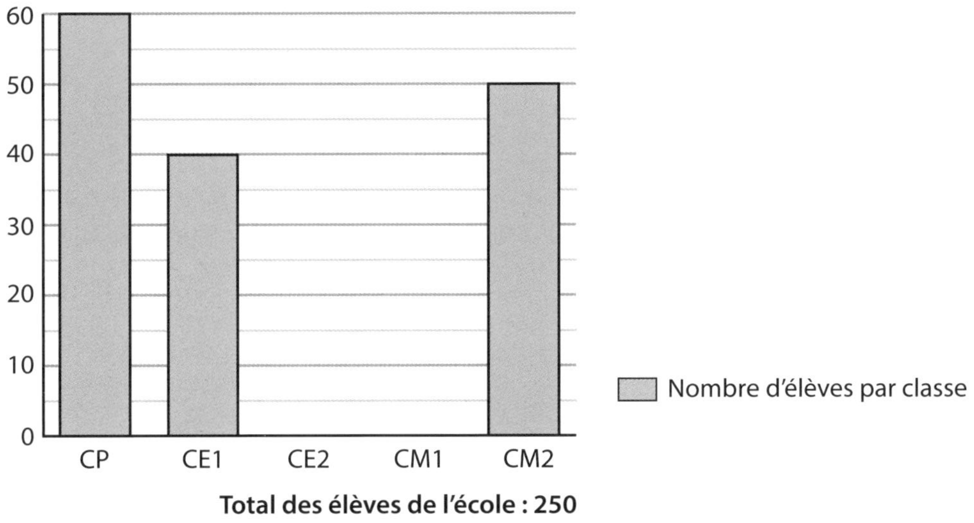


SCHÉMA

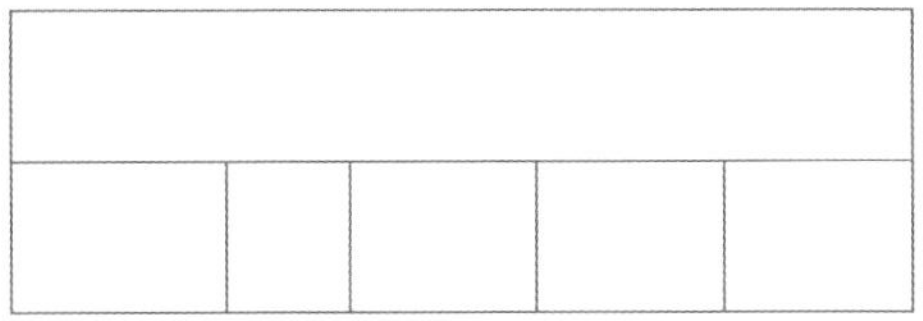

CALCULS

**PHRASE** : Il y a .................... élèves en CE2 et .................... élèves en CM1.

**6** **Dessine les deux barres manquantes sachant que chaque t-shirt est vendu à un prix identique.**

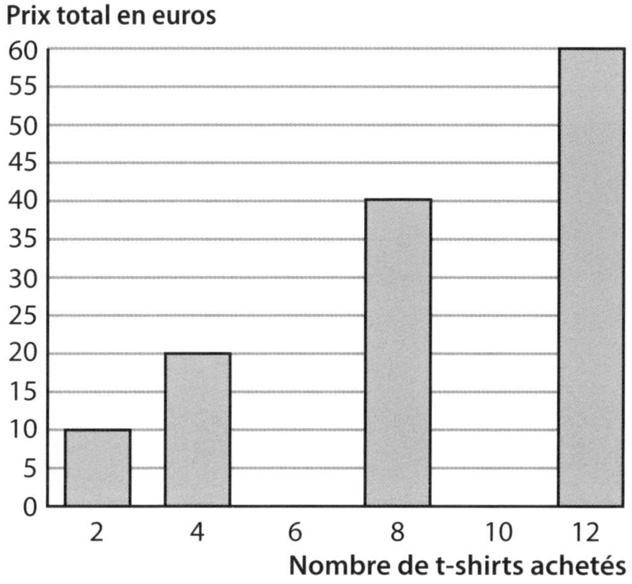


CALCULS

# Période 2 Semaine 6

Prénom : .................................... Date : ....................

**1** Arthur est facteur. En début de semaine, le compteur de sa voiture indique 200 km. Après 5 jours de tournée, le compteur indique 800 km.
**Combien de km parcourt-il chaque jour pour sa tournée ?**

SCHÉMA

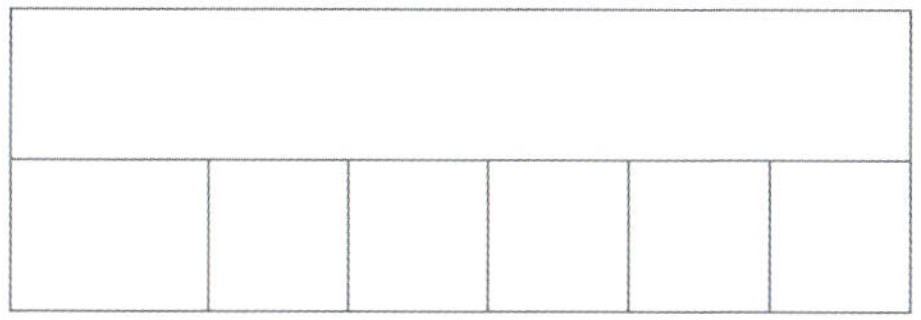

CALCULS

PHRASE : ....................................

**2** Lisa est factrice. En début de semaine, le compteur de son véhicule indique 240 km. Elle fait ensuite 5 jours de tournée en parcourant chaque jour 120 km.
**Qu'indique le compteur de son véhicule en fin de semaine ?**

SCHÉMA

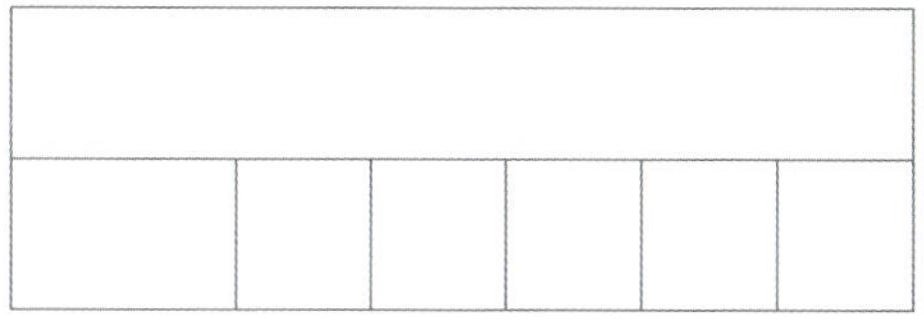

CALCULS

PHRASE : ....................................

**3** Anissa est factrice. Après 5 jours de tournée, le compteur de son véhicule indique 950 km. Elle parcourt chaque jour 150 km.
**Qu'indiquait son compteur avant ses 5 jours de tournée ?**

SCHÉMA

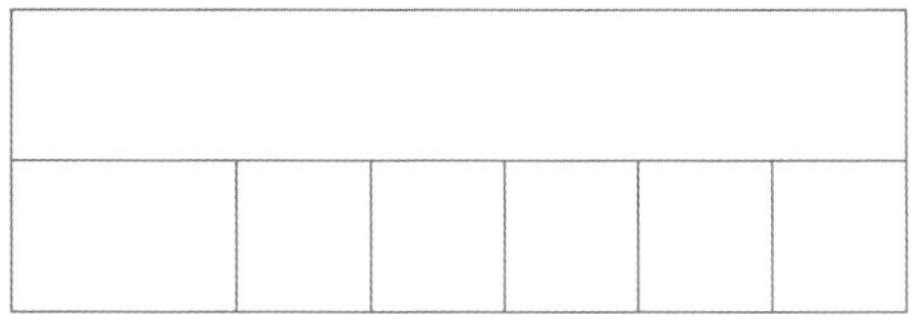

CALCULS

PHRASE : ....................................

**4** Cette semaine, Arthur a parcouru 800 km. Il a parcouru 150 km de moins qu'Anissa. Anissa a parcouru 110 km de plus que Lisa.
**Combien de km Lisa a-t-elle parcourus ?**

SCHÉMA

CALCULS

PHRASE : ....................................

Prénom : ............ Date : ............

**5** Combien y a-t-il d'élèves en CE2 et en CM1 sachant que leurs effectifs sont identiques ?
**Dessine les barres manquantes.**

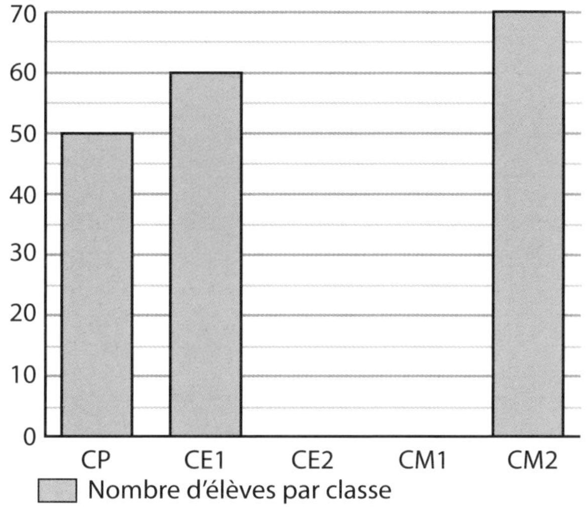


**Total des élèves de l'école : 250**

SCHÉMA

CALCULS

PHRASE : ............

............

**6** **Dessine les deux barres manquantes sachant que chaque t-shirt est vendu à un prix identique.**

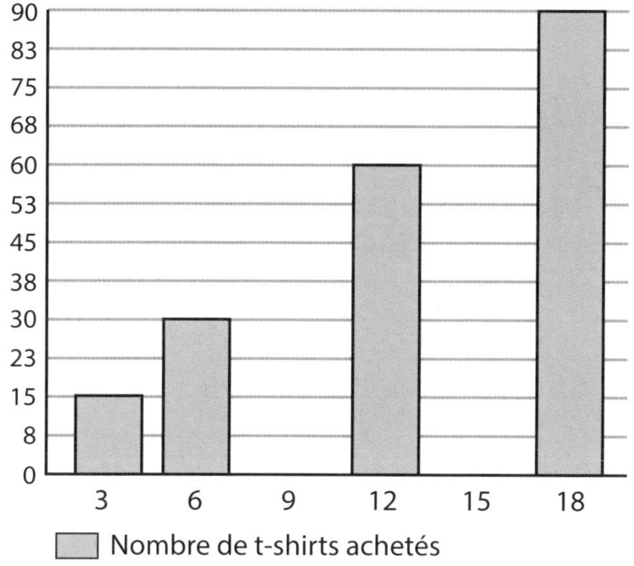


CALCULS

## Période 2 Semaine 6 ★★★

Prénom : ........................ Date : ........................

**1** Arthur est facteur. En début de semaine, le compteur de sa voiture indique 200,5 km. Après 5 jours de tournée, le compteur indique 803 km. **Combien de km parcourt-il chaque jour pour sa tournée ?**

SCHÉMA

CALCULS

PHRASE : ........................

**2** Lisa est factrice. En début de semaine, le compteur de son véhicule indique 240 km. Elle fait ensuite 5 jours de tournée en parcourant chaque jour 120,5 km.
**Qu'indique le compteur de son véhicule en fin de semaine ?**

SCHÉMA

CALCULS

PHRASE : ........................

**3** Anissa est factrice. Après 5 jours de tournée, le compteur de son véhicule indique 950,5 km. Elle parcourt chaque jour 150,5 km.
**Qu'indiquait son compteur avant ses 5 jours de tournée ?**

SCHÉMA

CALCULS

PHRASE : ........................

**4** Cette semaine, Arthur a parcouru 803 km. Il a parcouru 147,5 km de moins qu'Anissa. Anissa a parcouru 108 km de plus que Lisa.
**Combien de km Lisa a-t-elle parcourus ?**

SCHÉMA

CALCULS

PHRASE : ........................

Prénom : ........................ Date : ........................

**5** **Combien y a-t-il d'élèves en CE2 et en CM1 sachant que les CM1 sont 3 fois plus nombreux que les CE2 ?**
**Dessine les barres manquantes.**

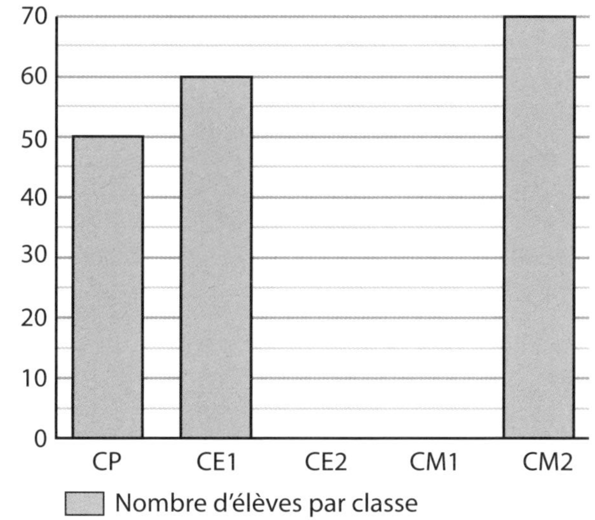


**Total des élèves de l'école : 260**

SCHÉMA

CALCULS

PHRASE : ........................................................

........................................................

**6** **Dessine les quatre barres manquantes sachant que le prix du t-shirt reste identique quelle que soit la quantité achetée.**

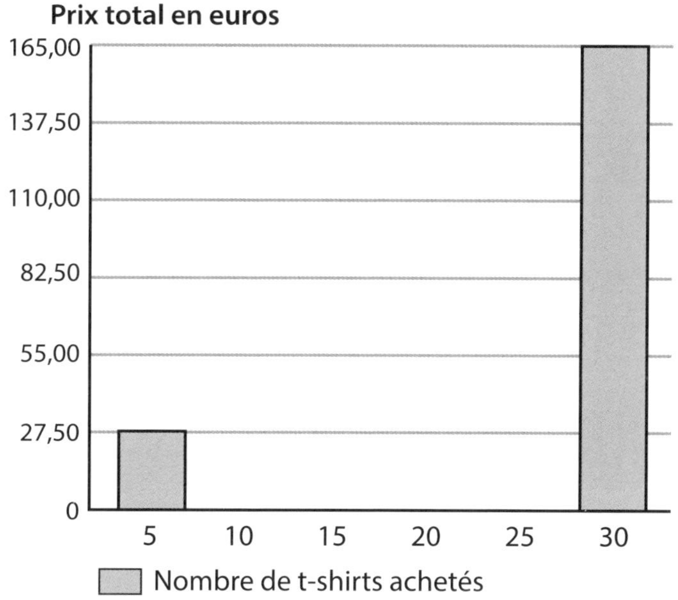


CALCULS

**Période 2 Série 1**

Prénom : ........................ Date : ........................

**1** Sur un parking, il y a des voitures et des motos.
On compte 20 véhicules et 70 roues.
**Combien y a-t-il de voitures ? Combien y a-t-il de motos ?**

PHRASE : ..............................................

..............................................

**2** Éloïse a un cube rouge, un cube bleu et un cube vert.
**Colorie les cubes pour montrer tous les empilements différents possibles.**

Prénom : ........................ Date : ........................

**3** Une cliente souhaite retirer 50 € à la banque. Elle ne peut obtenir que des billets identiques (mais pas de billet de 50 €).
**De combien de possibilités dispose-t-elle ? Trouve-les toutes.**

PHRASE : ........................

........................

**4** Un torréfacteur a préparé 3 kg de café. Il les conditionne en paquets de 1 kg ou de 500 g. Les clients achètent autant de paquets de 1 kg que de paquets de 500 g.
**Combien de paquets de chaque doit-il préparer avec ces 3 kg ?**

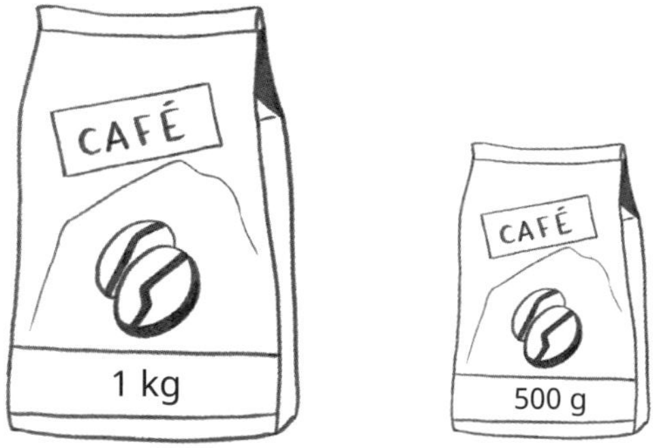


PHRASE : ........................

........................

Période 2 Série 1

Prénom : ..................... Date : .....................

1 Sur un parking, il y a des voitures et des motos.
On compte 50 véhicules et 180 roues.
**Combien y a-t-il de voitures ? Combien y a-t-il de motos ?**

PHRASE : .....................

2 Wen a un cube rouge, un cube bleu et un cube vert.
**Colorie-les. Combien d'empilements différents peut-elle faire ?**

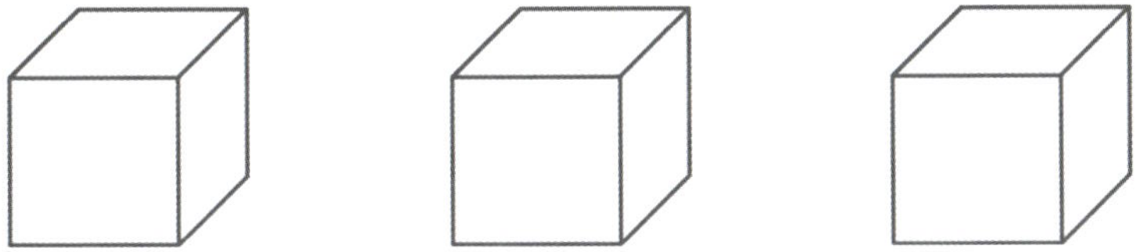

PHRASE : .....................

Prénom : ........................ Date : ........................

**3** Un client souhaite retirer 100 € à la banque. Il ne peut obtenir que des billets identiques (mais pas de billet de 100 €).
**De combien de possibilités dispose-t-il ? Trouve-les toutes.**

PHRASE : ........................

........................

**4** Un torréfacteur a préparé 15 kg de café. Il les conditionne en paquets de 1 kg ou de 500 g. Les clients achètent autant de paquets de 1 kg que de paquets de 500 g.
**Combien de paquets de chaque doit-il préparer avec ces 15 kg ?**

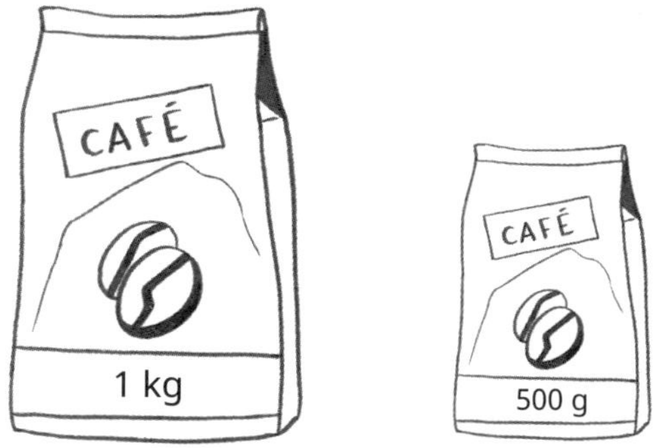


PHRASE : ........................

........................

## Période 2 Série 1

Prénom : .................................... Date : ....................

**1** Un magasin de vélos pour enfants a en stock 60 cycles, comprenant des bicyclettes et des tricycles. Il y a 5 fois plus de bicyclettes que de tricycles. On compte en tout 130 roues.
**Combien de bicyclettes y a-t-il ? Combien de tricycles y a-t-il ?**

PHRASE : ....................................................................................

**2** Éloïse a un cube rouge, un cube bleu, un cube jaune et un cube vert. Colorie-les.
**Combien d'empilements différents peut-elle faire ?**

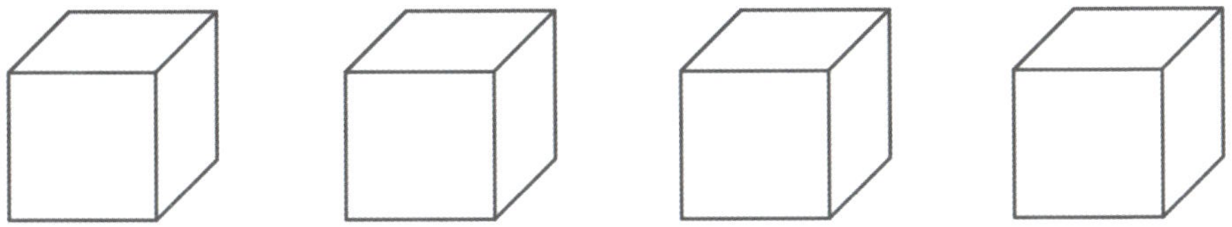

PHRASE : ....................................................................................

Prénom : .................................................. Date : ..............................

**3** Une cliente souhaite retirer 500 € à la banque. Elle ne peut obtenir que des billets identiques (mais pas de billet de 500 €).
**De combien de possibilités dispose-t-elle ? Trouve-les toutes.**

PHRASE : ..................................................

..................................................

**4** Un torréfacteur a préparé 15 kg de café. Il les conditionne en paquets de 1,5 kg, 1 kg ou 500 g. Les clients achètent autant de paquets de 1,5 kg que de paquets de 1 kg ou même 500 g.
**Combien de paquets de chaque doit-il préparer avec ces 15 kg ?**

PHRASE : ..................................................

..................................................

**Période 2** Série 2

Prénom : ........................ Date : ........................

**1** Paolo a 9 billes en tout (des vertes, des bleues et des rouges).
Il a deux fois plus de billes bleues que de billes vertes
et il a 1 bille verte de moins que de billes rouges.
**Combien a-t-il de billes vertes, de billes bleues et de billes rouges ?**

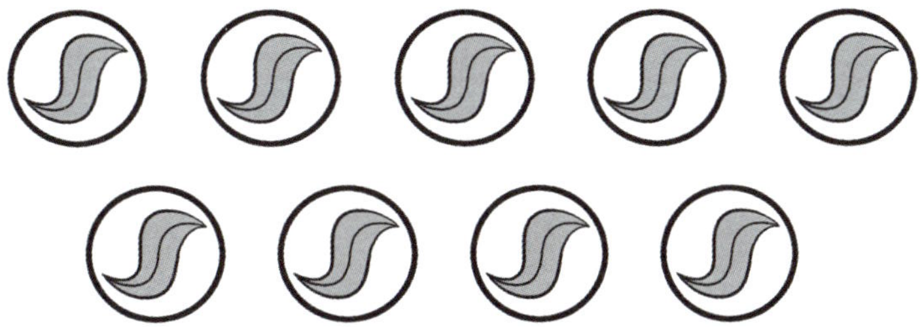

PHRASE : ........................

**2** **Combien de nombres à deux chiffres peux-tu écrire en utilisant uniquement les chiffres 5, 6 et 7 ?**
**Fais-en la liste complète.**

| | | |
|---|---|---|
| 5 | 6 | 7 |

PHRASE : ........................

Prénom : .................................... Date : ....................

**3** Dans ce jeu, tu dois récupérer les 8 cailloux.
Tu ne peux les piocher que par paquets de 2 ou de 3.
**Combien de combinaisons possibles y a-t-il pour récupérer tous les cailloux en 3 coups ?**

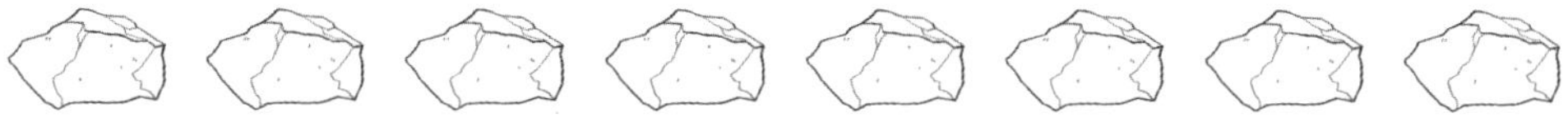

PHRASE : ....................................

....................................

**4** Pour traverser une rivière, une barque compte 4 places adultes et 2 places enfants. Un groupe de 12 adultes et 6 enfants se présente.
**Combien de trajets faut-il prévoir pour tous les faire traverser ?**

PHRASE : ....................................

....................................

## Période 2 Série 2

Prénom : ........................ Date : ........................

**1** Paolo a 30 billes en tout (des vertes, des bleues et des rouges). Il a trois fois plus de billes bleues que de billes vertes et il a 5 billes vertes de moins que de billes rouges. **Combien a-t-il de billes vertes, de billes bleues et de billes rouges ?**

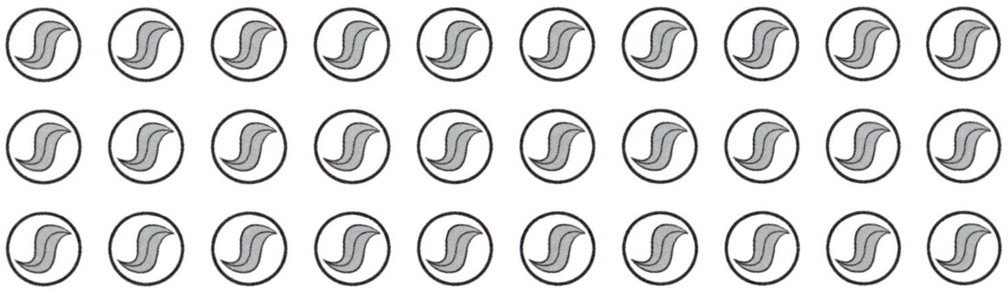

PHRASE : ........................

........................

**2** **Combien de nombres à deux chiffres peux-tu écrire en utilisant uniquement les chiffres 5, 6, 7 et 8 ? Fais-en la liste complète.**

| 5 | 6 | 7 | 8 |
|---|---|---|---|

PHRASE : ........................

........................

Prénom : ................................ Date : ................

**3** Dans ce jeu, tu dois récupérer les 11 cailloux.
Tu ne peux les piocher que par paquets de 2 ou de 3.
**Combien de combinaisons possibles y a-t-il pour récupérer les cailloux en 4 coups ?**

PHRASE : ................................................................

................................................................

**4** Pour traverser une rivière, une barque compte 4 places adultes et 2 places enfants. Un groupe de 24 adultes et 14 enfants se présente.
**Combien de trajets faut-il prévoir pour tous les faire traverser ?**

PHRASE : ................................................................

................................................................

**Période 2** **Série 2**

Prénom : ..........................................................

Date : ..............................

**1** Paolo a 100 billes en tout (des vertes, des bleues et des rouges).
Il a trois fois plus de billes bleues que de billes vertes
et il a autant de billes vertes que de billes rouges.
**Combien a-t-il de billes vertes, de billes bleues et de billes rouges ?**

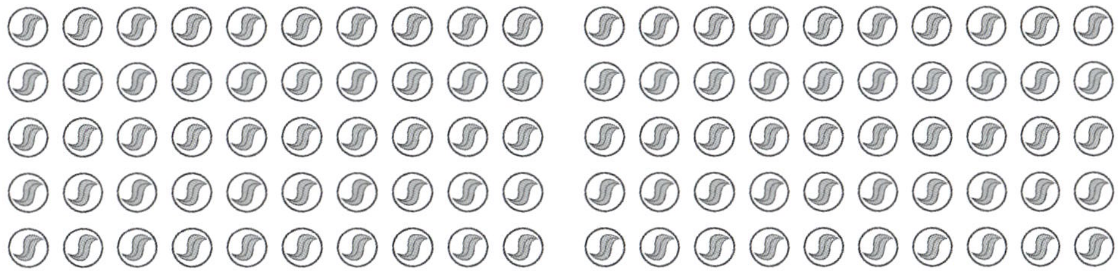

PHRASE : ..........................................................

..........................................................

**2** Combien de nombres à deux chiffres peux-tu écrire
en utilisant uniquement les chiffres 4, 5, 6, 7 et 8 ?
**Fais-en la liste complète.**

| 4 | 5 | 6 | 7 | 8 |
|---|---|---|---|---|

PHRASE : ..........................................................

..........................................................

Prénom : ........................ Date : ........................

**3** Dans ce jeu, tu dois récupérer les 10 cailloux.
Tu ne peux les piocher que par paquets de 2 ou de 3.
**Combien de combinaisons possibles y a-t-il pour récupérer tous les cailloux en 4 coups ?**

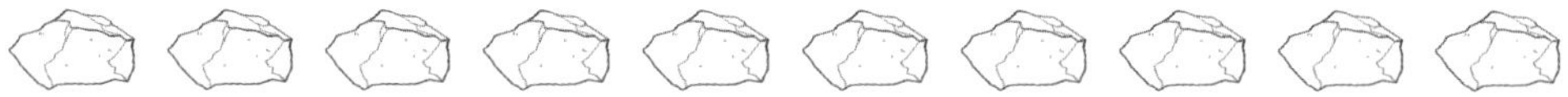

PHRASE : ........................

........................

**4** Pour traverser une rivière, une barque compte 8 places adultes et 4 places enfants. Un groupe de 48 adultes et 26 enfants se présente.
**Combien de trajets faut-il prévoir pour tous les faire traverser ?**

PHRASE : ........................

........................

# Période 2 Évaluation

| Compétences évaluées | Exercices | NA | PA | A | D |
|---|---|---|---|---|---|
| Résoudre un problème de composition (recherche d'une partie) | 1 | | | | |
| Résoudre un problème de transformation (recherche d'état final) | 2 | | | | |
| Résoudre un problème de transformation (recherche de la transformation) | 3 | | | | |
| Résoudre un problème de comparaison (recherche de l'un des états) | 4 | | | | |
| Résoudre un problème de comparaison (recherche de la comparaison) | 5 | | | | |
| Résoudre un problème de proportionnalité | 6 | | | | |

**1** Assiya a lu un livre de 320 pages en 3 semaines.
Elle a lu 140 pages la première semaine et 95 la deuxième.
**Combien de pages a-t-elle lues la troisième semaine ?**

SCHÉMA

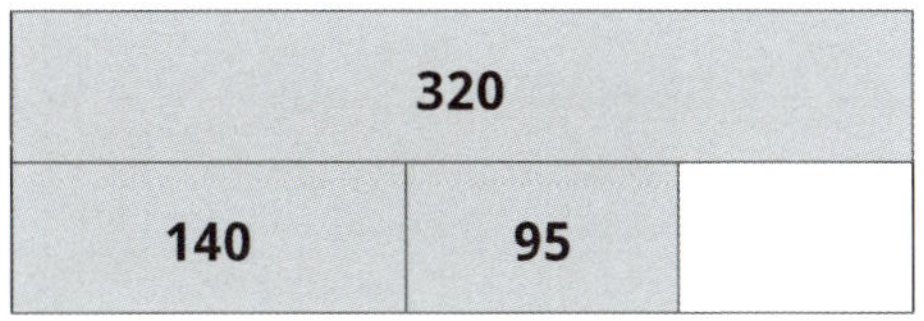


CALCULS

Elle a lu .......................... pages.

Prénom : .......................... Date : ..........................

**2** Lucas a 500 g de sucre en réserve. Il utilise 80 g pour réaliser un gâteau au chocolat, puis encore 150 g pour faire un flan.
**Quelle quantité de sucre lui reste-t-il ?**

SCHÉMA

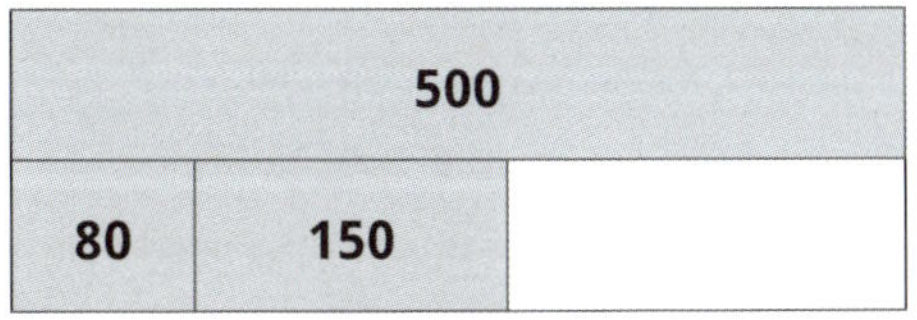


CALCULS

Il lui reste .......................... g de sucre.

**3** Le boulanger vient de sortir 100 croissants du four.
Une heure après il n'en reste plus que 49.
**Combien de croissants ont déjà été vendus ?**

SCHÉMA

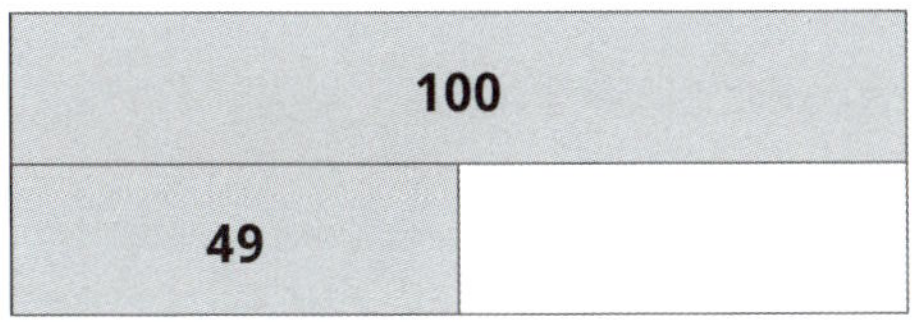


CALCULS

.......................... croissants ont été vendus.

Prénom : ................................ Date : ................................

**4** Samuel a consommé 60 L d'eau en prenant sa douche.
C'est 120 L de moins que Mathis qui a pris un bain.
**Quelle quantité d'eau Mathis a-t-il utilisée pour prendre son bain ?**

SCHÉMA

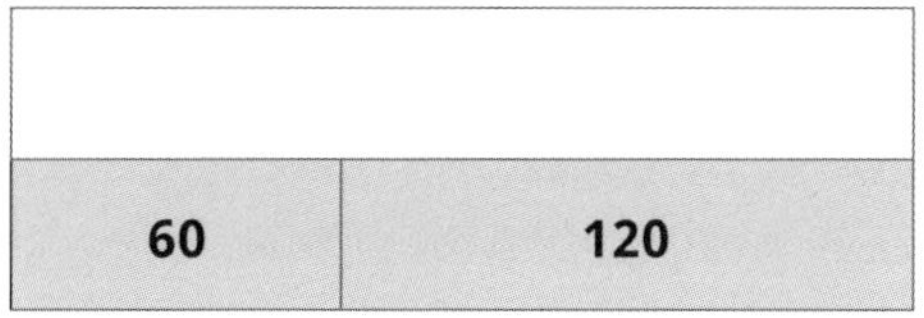


CALCULS

Mathis a utilisé ................................ L d'eau.

**5** Un client profite des soldes pour s'équiper en électroménager.
Il achète un four pour 249 € au lieu de 399 €.
**Quel est le montant de la remise ?**

SCHÉMA

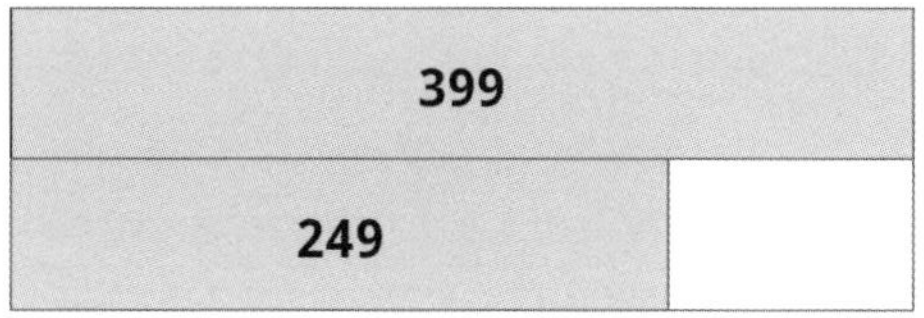


CALCULS

Le montant de la remise est de ................................ €.

**6** Une voiture consomme 7 L d'essence pour faire 100 km.
**Dessine la barre manquante sur le graphique qui indique la consommation en fonction du nombre de kilomètres parcourus.**

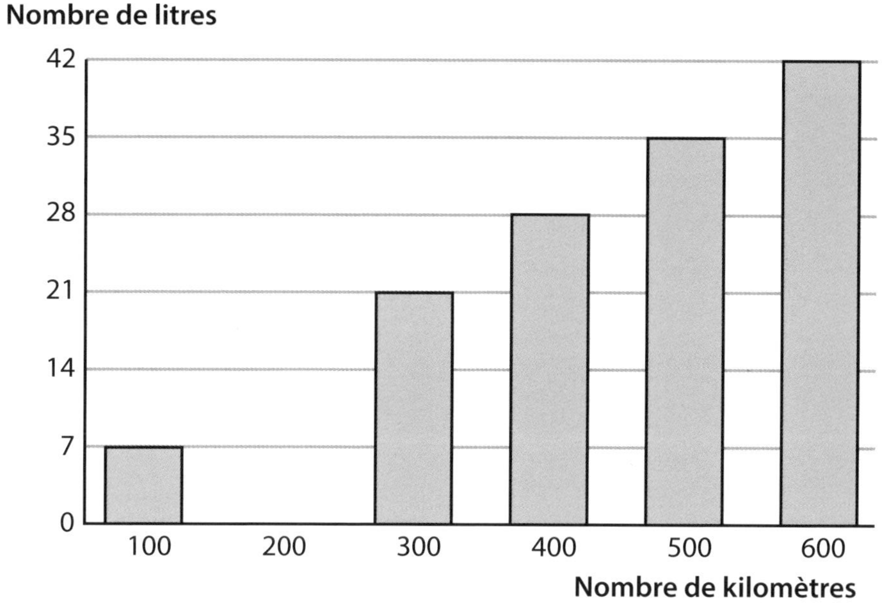


CALCULS

# Période 2 Évaluation

Prénom : ............................ Date : ............................

| Compétences évaluées | Exercices | NA | PA | A | D |
|---|---|---|---|---|---|
| Résoudre un problème de composition (recherche d'une partie) | 1 | | | | |
| Résoudre un problème de transformation (recherche d'état final) | 2 | | | | |
| Résoudre un problème de transformation (recherche de la transformation) | 3 | | | | |
| Résoudre un problème de comparaison (recherche de l'un des états) | 4 | | | | |
| Résoudre un problème de comparaison (recherche de la comparaison) | 5 | | | | |
| Résoudre un problème de proportionnalité | 6 | | | | |

**1** 319 passagers sont montés à bord d'un train de 4 wagons. 85 se sont installés dans le premier wagon, 68 dans le second et 93 dans le troisième.
**Combien de passagers se sont installés dans le quatrième wagon ?**

SCHÉMA

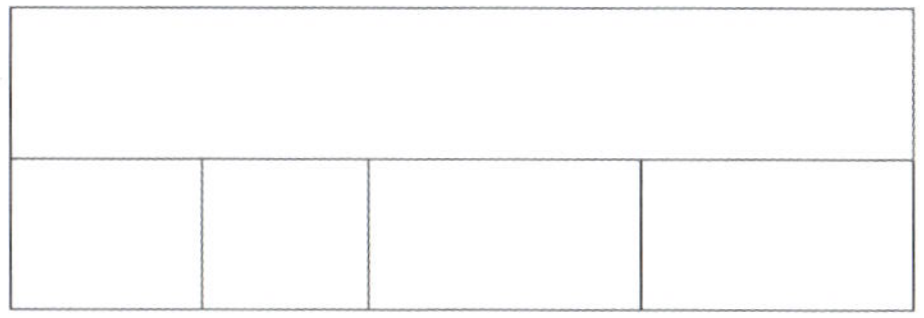

CALCULS

PHRASE : ............................

**2** Louna décide de réaliser le parcours de « La Loire à Vélo » d'Orléans à Nantes pour un total de 385 km. Elle parcourt 63 km le premier jour, 44 km le deuxième jour puis 58 le troisième.
**Combien de km lui reste-t-il ensuite à parcourir ?**

SCHÉMA

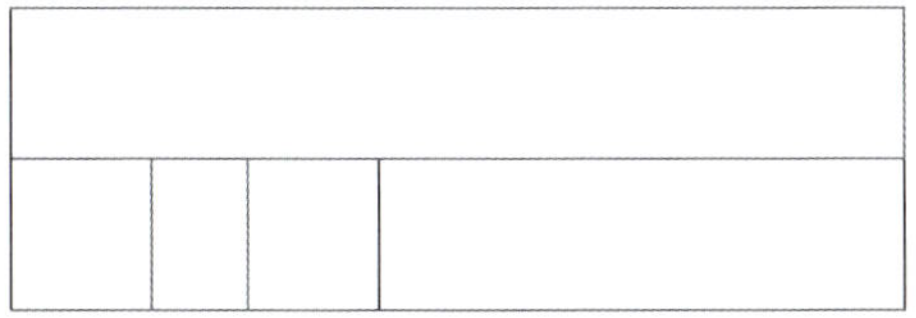

CALCULS

PHRASE : ............................

**3** Un libraire a reçu 900 exemplaires d'un manga très célèbre. Après le premier jour de vente, il ne lui reste déjà plus que 549 exemplaires.
**Combien en a-t-il vendu dès ce premier jour ?**

SCHÉMA

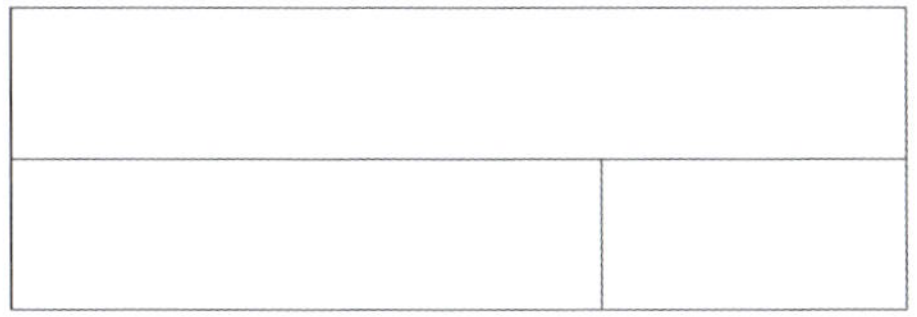

CALCULS

PHRASE : ............................

Prénom : ........................ Date : ........................

**4** La Terre fait le tour du Soleil en 365 jours. C'est 304 jours de moins que pour la planète Mars.
**En combien de jours la planète Mars fait-elle le tour du Soleil ?**

SCHÉMA

CALCULS

PHRASE : ........................

**5** Un client profite des soldes pour s'équiper en électroménager.
Il achète un four pour 249 € au lieu de 399 € ainsi qu'un réfrigérateur pour 389 € au lieu de 539 €.
**De quelle remise totale bénéficie-t-il ?**

SCHÉMA

CALCULS

PHRASE : ........................

**6** Une voiture consomme 7 L d'essence pour faire 100 km.
**Dessine les barres manquantes sur le graphique qui indique la consommation en fonction du nombre de kilomètres parcourus.**

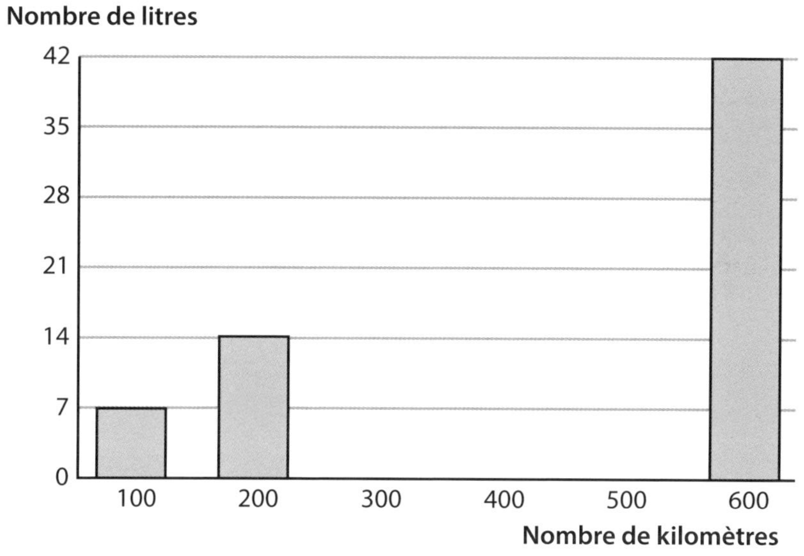


CALCULS

# Période 2 Évaluation

Prénom : .................................... Date : ....................

| Compétences évaluées | Exercices | NA | PA | A | D |
|---|---|---|---|---|---|
| Résoudre un problème de composition (recherche d'une partie) | 1 | | | | |
| Résoudre un problème de transformation (recherche d'état final) | 2 | | | | |
| Résoudre un problème de transformation (recherche de la transformation) | 3 | | | | |
| Résoudre un problème de comparaison (recherche de l'un des états) | 4 | | | | |
| Résoudre un problème de comparaison (recherche de la comparaison) | 5 | | | | |
| Résoudre un problème de proportionnalité | 6 | | | | |

**1** La commande de fournitures de l'école représente un total de 949,90 €. 351,50 € ont été utilisés pour du matériel, 289 € pour l'achat de manuels et le reste pour l'achat de cahiers.
**Quel était le cout d'achat des cahiers ?**

SCHÉMA

CALCULS

PHRASE : ....................................

**2** La caisse d'un épicerie contient 589,80 € à l'ouverture. 764,69 € sont encaissés dans la journée. Après la fermeture, l'épicier enlève 500 € de la caisse pour les déposer à la banque.
**Combien reste-t-il dans la caisse ?**

SCHÉMA

CALCULS

PHRASE : ....................................

**3** Arthur ouvre une bouteille d'un litre d'eau. Il l'utilise pour remplir 2 verres identiques. Il ne reste ensuite plus que 50 cL dans la bouteille.
**Quelle quantité d'eau contient chaque verre ?**

SCHÉMA

CALCULS

PHRASE : ....................................

Prénom : ............................................ Date : ............................

**4** Le mont Blanc mesure 4 807,8 m. C'est 4 041,2 m de moins que l'Everest. L'Everest mesure 5 073 m de plus que le mont Fuji.
**À quelle altitude culmine le mont Fuji ?**

SCHÉMA

CALCULS

PHRASE : ..............................................................................

**5** Un client a profité des soldes pour acheter un réfrigérateur et un four. Le réfrigérateur coûtait 390,50 € au lieu de 499,90 €. Le four coûtait 99 € au lieu de 129 €.
**Combien a-t-il économisé en tout ?**

SCHÉMA

CALCULS

PHRASE : ..............................................................................

**6** Complète ce graphique récapitulant le prix à payer en fonction du nombre de litres d'huile de tournesol achetés.
**Dessine la barre pour 3 L achetés et celle pour 5 L.**

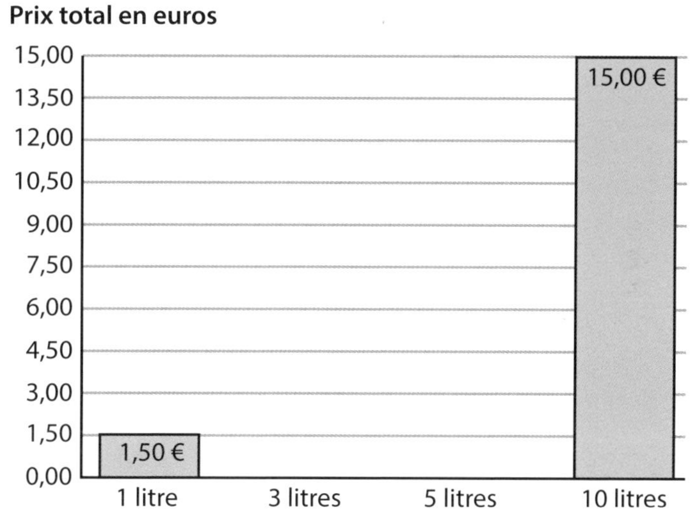


CALCULS

## Période 3 Semaine 1

Prénom : ............................ Date : ............................

**1** Le directeur de l'école a reçu 3 cartons contenant chacun 200 cahiers.
**Combien de cahiers a-t-il reçus en tout ?**

SCHÉMA

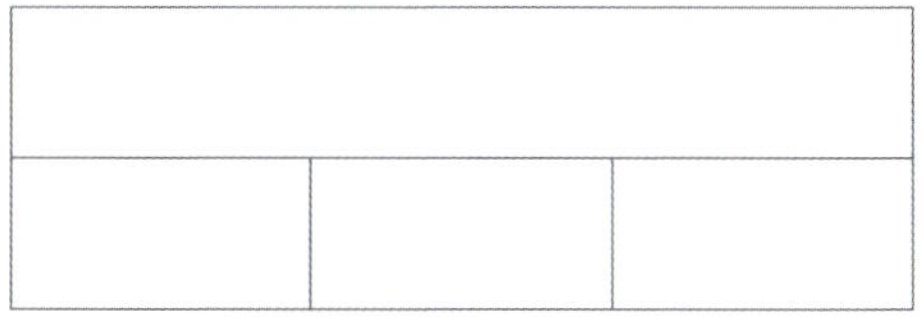

CALCULS

PHRASE : ............................

**2** Le directeur de l'école a reçu 600 cahiers en tout. Ils sont répartis dans 3 cartons identiques.
**Combien de cahiers y a-t-il dans chaque carton ?**

SCHÉMA

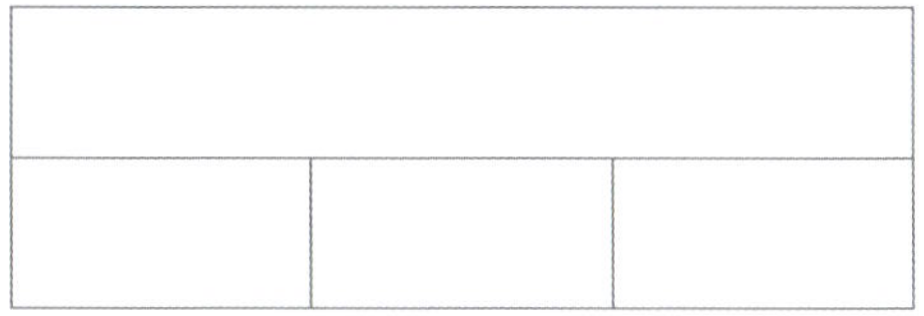

CALCULS

PHRASE : ............................

**3** Un conducteur de poids lourd a fait le même trajet pendant 3 jours.
Il a parcouru 900 km en tout.
**Combien de kilomètres a-t-il parcourus par jour ?**

SCHÉMA

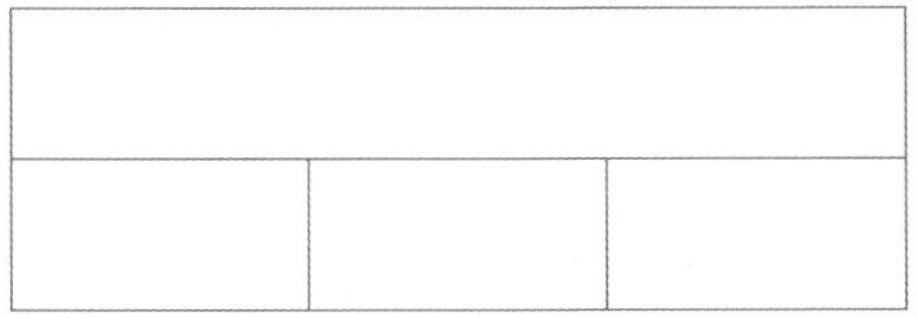

CALCULS

PHRASE : ............................

**4** Dans une épicerie, un client achète un paquet de pâtes à 1,50 € et une bouteille d'eau à 0,50 €.
**Combien dépense-t-il en tout ?**

SCHÉMA

CALCULS

PHRASE : ............................

Prénom : ........................ Date : ........................

**5** **Combien d'habitants ce village a-t-il perdus entre 1980 et 2000 ?**

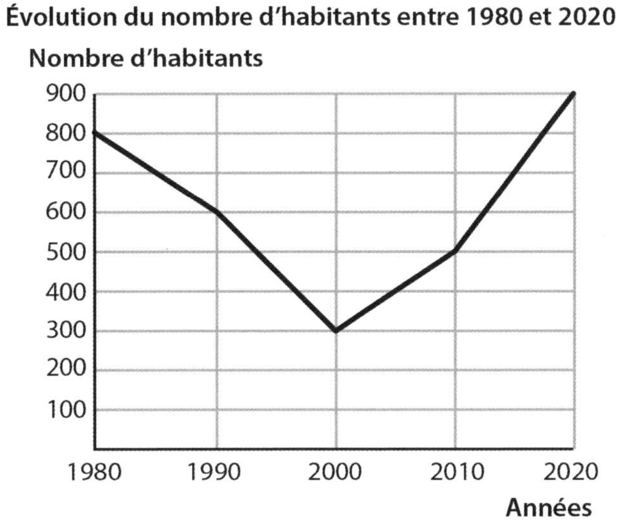


SCHÉMA

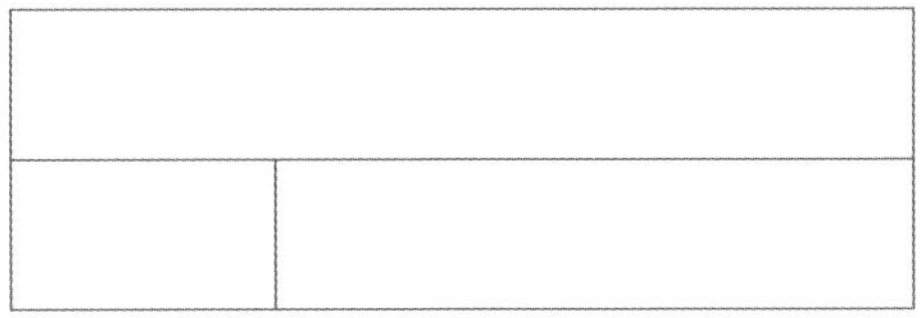

CALCULS

PHRASE : ........................

........................

**6** Voici un tableau indiquant la consommation d'eau d'une douche.
**Complète les données manquantes.**

| 1 min | 2 min | 4 min | 5 min | 10 min |
| --- | --- | --- | --- | --- |
| 10 L | ........ | ........ | ........ | ........ |

CALCULS

## Période 3 Semaine 1

Prénom : ........................ Date : ........................

**1** Le directeur de l'école a reçu 3 cartons contenant chacun 500 cahiers.
**Combien de cahiers a-t-il reçus en tout ?**

SCHÉMA

CALCULS

PHRASE : ........................

**2** Le directeur de l'école a reçu 1 500 cahiers en tout.
Ils sont répartis dans 3 cartons identiques.
**Combien de cahiers y a-t-il dans chaque carton ?**

SCHÉMA

CALCULS

PHRASE : ........................

**3** Un conducteur de poids lourd a fait le même trajet pendant 3 jours.
Il a parcouru 2 100 km en tout.
**Combien de kilomètres a-t-il parcourus par jour ?**

SCHÉMA

CALCULS

PHRASE : ........................

**4** Dans une épicerie, un client achète un paquet de biscuits à 2,50 €, une bouteille d'eau à 50 centimes et un paquet de pâtes à 1,50 €.
**Combien dépense-t-il en tout ?**

SCHÉMA

CALCULS

PHRASE : ........................

Prénom : ........................ Date : ........................

**5** **Combien d'habitants cette ville a-t-elle perdus entre 1980 et 2000 ?**

**Évolution du nombre d'habitants entre 1980 et 2020**

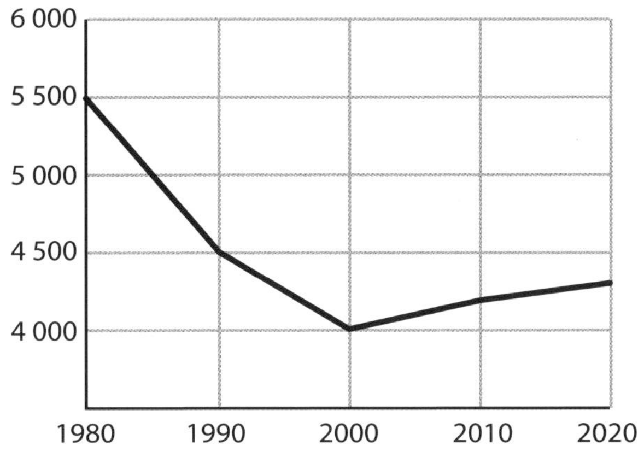


SCHÉMA

CALCULS

PHRASE : ........................

........................

**6** Voici un tableau indiquant la consommation d'eau d'une douche.
**Complète les données manquantes.**

| 1 min | 10 min | 15 min | 30 min | 1 heure |
|---|---|---|---|---|
| 10 L | ........ | ........ | ........ | ........ |

CALCULS

# Période 3 Semaine 1

Prénom : ..................................... Date : ....................

**1** Le directeur de l'école a reçu 25 cartons contenant chacun 5 paquets de 500 feuilles pour la photocopieuse.
**Combien de feuilles cela représente-t-il en tout ?**

SCHÉMA

CALCULS

PHRASE : .....................................

**2** Le directeur de l'école a reçu pour la photocopieuse 62 500 feuilles en tout. Elles sont réparties dans 25 cartons identiques.
**Combien de feuilles y a-t-il dans chaque carton ?**

SCHÉMA

CALCULS

PHRASE : .....................................

**3** Un conducteur de poids lourd fait le même trajet pendant 46 semaines par an. Il parcourt en tout sur l'année 96 600 km.
**Combien de kilomètres fait-il chaque semaine ?**

SCHÉMA

CALCULS

PHRASE : .....................................

**4** Dans une épicerie, un client achète 11 paquets de biscuits à 2,50 € l'unité, 5 bouteilles d'eau à 0,50 € l'unité et 5 paquets de pâtes à 1,50 € l'unité. **Combien dépense-t-il en tout ?**

SCHÉMA

CALCULS

PHRASE : .....................................

Prénom : ............ Date : ............

**5** **Combien d'habitants la ville de Montpellier a-t-elle gagnés entre 1990 et 2019 ?**

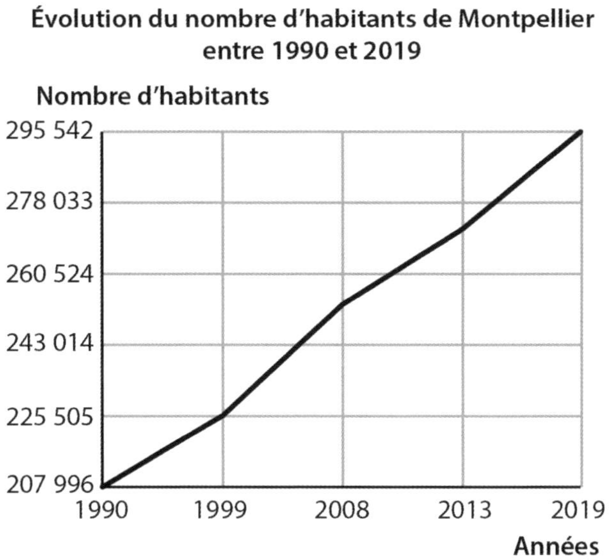


SCHÉMA

CALCULS

PHRASE : ............

............

**6** Voici un tableau indiquant la consommation d'eau d'une douche.
**Complète les données manquantes.**

| 1 min | 10 min | 15 min | 30 min | 1 heure |
|---|---|---|---|---|
| 10,5 L | ............ | ............ | ............ | ............ |

CALCULS

## Période 3 Semaine 2

Prénom : ........................ Date : ........................

**1** Le directeur de l'école a reçu 600 cahiers répartis dans des cartons en contenant chacun 200.
**Combien de cartons a-t-il reçus ?**

SCHÉMA

CALCULS

PHRASE : ........................

**2** Il y a 216 habitants sur l'ile d'Houat. C'est 236 habitants de moins que l'ile de Batz. L'ile de Batz compte 381 habitants de moins que l'ile d'Ouessant.
**Combien d'habitants y a-t-il sur l'ile d'Ouessant ?**

SCHÉMA

CALCULS

PHRASE : ........................

**3** Le fermier a ramassé 60 œufs dans son poulailler.
Il les dispose sur des plateaux contenant 30 alvéoles.
**Combien de plateaux peut-il remplir ?**

SCHÉMA

CALCULS

PHRASE : ........................

**4** Dans une épicerie, un client achète un paquet de pâtes à 1,50 € et une bouteille d'eau à 0,50 €. Il paye avec un billet de 5 €.
**Combien lui rend l'épicier ?**

SCHÉMA

CALCULS

PHRASE : ........................

Prénom : ................................ Date : ................................

**5** Voici la répartition des effectifs d'une école de 100 élèves.
**Combien d'élèves y a-t-il dans chaque classe de CM ?**

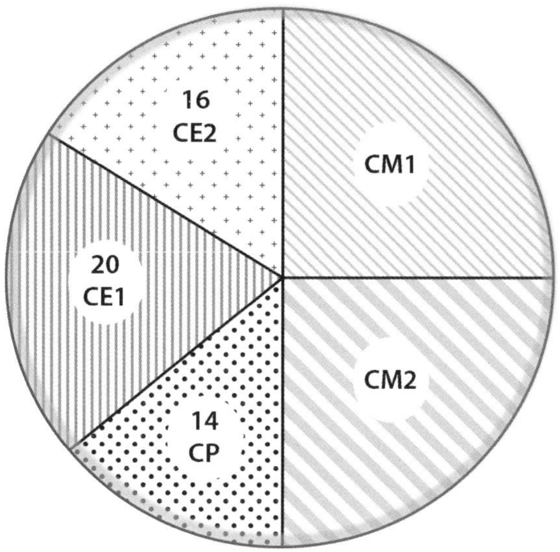


SCHÉMA

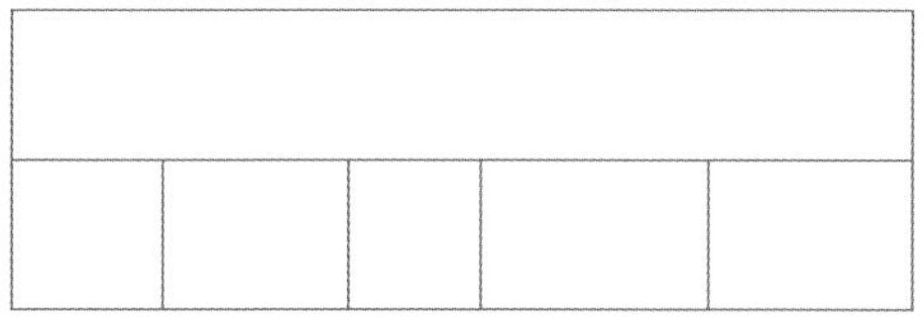

CALCULS

PHRASE : ................................

................................

**6** **Complète le tableau du cout d'achat de cahiers.**

| Nombre de cahiers | Cout total |
|---|---|
| 1 | 0,50 € |
| 2 | ........ |
| 3 | ........ |
| 4 | ........ |
| 5 | ........ |
| 6 | ........ |
| 7 | ........ |
| 8 | ........ |
| 9 | ........ |
| 10 | ........ |

CALCULS

## Période 3 Semaine 2

Prénom : ..................................... Date : .....................

**1** Le directeur de l'école a reçu 1 500 cahiers répartis dans des cartons en contenant chacun 500.
**Combien de cartons a-t-il reçus ?**

SCHÉMA

CALCULS

PHRASE : .....................................................................

**2** Il y a 1 711 habitants à Houlgate. C'est 1 847 habitants de moins qu'à Cabourg. Cabourg compte 7 habitants de moins que Deauville.
**Combien d'habitants y a-t-il à Deauville ?**

SCHÉMA

CALCULS

PHRASE : .....................................................................

**3** Le fermier a ramassé 150 œufs dans son poulailler.
Il les dispose sur des plateaux contenant 30 alvéoles.
**Combien de plateaux peut-il remplir ?**

SCHÉMA

CALCULS

PHRASE : .....................................................................

**4** Dans une épicerie, un client achète un paquet de biscuits à 2,50 €, une bouteille d'eau à 50 centimes et un paquet de pâtes à 1,50 €.
Il paye avec un billet de 5 €.
**Combien lui rend l'épicier ?**

SCHÉMA

CALCULS

PHRASE : .....................................................................

Prénom : ........................ Date : ........................

**5** Voici la répartition des effectifs d'une école de 112 élèves.
**Combien d'élèves y a-t-il dans chaque classe de CM ?**

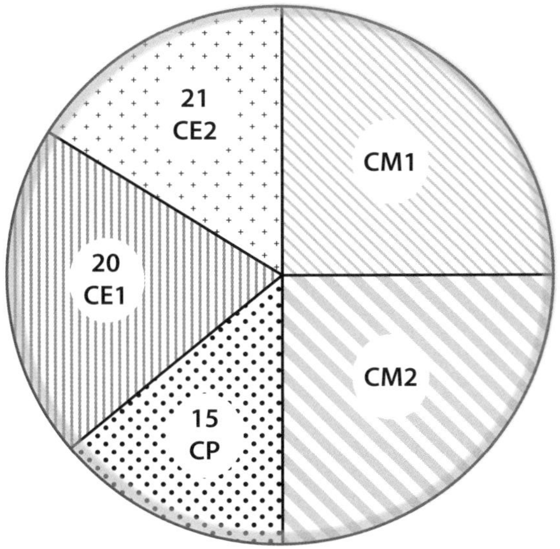


SCHÉMA

CALCULS

PHRASE : ........................................

........................................

**6** **Complète le tableau du cout d'achat de cahiers.**

| Nombre de cahiers | Cout total |
|---|---|
| 1 | 1,50 € |
| 2 | ........ |
| 3 | ........ |
| 4 | ........ |
| 5 | ........ |
| 6 | ........ |
| 7 | ........ |
| 8 | ........ |
| 9 | ........ |
| 10 | ........ |

CALCULS

## Période 3 Semaine 2

Prénom : ............................ Date : ............................

**1** Pour la photocopieuse, le directeur de l'école a reçu 62 500 feuilles réparties dans des cartons contenant chacun 5 paquets de 500 feuilles.
**Combien de cartons a-t-il reçus ?**

SCHÉMA

CALCULS

PHRASE : ............................

**2** Il y a 116 269 habitants à Orléans. C'est 144 689 habitants de moins qu'à Bordeaux. Bordeaux compte 232 507 habitants de moins que Toulouse.
**Combien d'habitants y a-t-il à Toulouse ?**

SCHÉMA

CALCULS

PHRASE : ............................

**3** Une fermière a ramassé 1 057 œufs dans son poulailler.
Elle les répartit dans des boites de 6 œufs.
**Combien de boites peut-elle remplir ? Combien d'œufs restera-t-il ?**

SCHÉMA

CALCULS

PHRASE : ............................

**4** Dans une épicerie, un client achète 11 paquets de biscuits à 2,50 € l'unité, 5 bouteilles d'eau à 0,50 € l'unité et 5 paquets de pâtes à 1,50 € l'unité. Il paie avec un billet de 50 €.
**Combien lui rend l'épicier ?**

SCHÉMA

CALCULS

PHRASE : ............................

Prénom : ........................ Date : ........................

**5** Un client a dépensé 100 € pour des fournitures scolaires.
**À l'aide de ce diagramme, retrouve le montant dépensé pour les cahiers, les feuilles et les colles.**

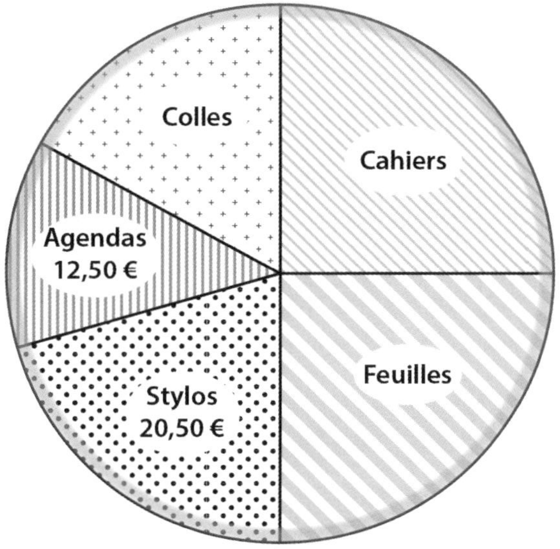


SCHÉMA

CALCULS

PHRASE : ........................

........................

**6** **Complète le tableau du prix d'achat de cahiers.**

| Nombre de cahiers | Prix total |
|---|---|
| 1 | ........................ |
| 2 | ........................ |
| 3 | ........................ |
| 4 | ........................ |
| 5 | ........................ |
| 6 | ........................ |
| 7 | ........................ |
| 8 | 14 € |
| 9 | ........................ |
| 10 | ........................ |

CALCULS

**Période 3** Semaine 3

Prénom : ........................ Date : ........................

**1** La mairie a acheté pour l'école 2 ordinateurs à 350 € l'unité ainsi qu'une imprimante à 69 €.
**Combien a-t-elle dépensé en tout ?**

SCHÉMA

CALCULS

PHRASE : ........................

**2** La coopérative de l'école disposait de 425 € en début d'année. 212 € ont été utilisés pour les sorties et 63 € pour acheter des jeux de cour.
**Combien d'argent reste-t-il ?**

SCHÉMA

CALCULS

PHRASE : ........................

**3** Un parking compte 750 places en tout. Il y a 150 places par étage.
**Combien d'étages y a-t-il dans ce parking ?**

SCHÉMA

CALCULS

PHRASE : ........................

**4** Aujourd'hui, une boutique de souvenirs a encaissé 228 € le matin et 172 € l'après-midi. À la fermeture, il y a en tout 520 € dans la caisse.
**Combien y avait-il déjà dans la caisse à l'ouverture de la boutique ?**

SCHÉMA

CALCULS

PHRASE : ........................

Prénom : ........................ Date : ........................

**5** Voici la répartition des effectifs d'une école de 60 élèves.
**Combien d'élèves y a-t-il en CP, en CE1 et en CE2 ?**

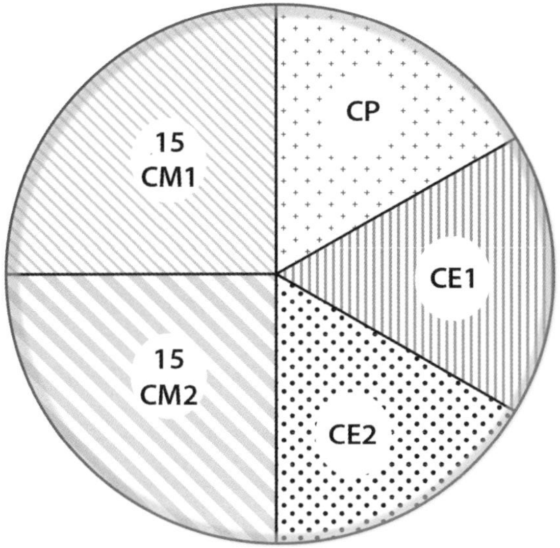


SCHÉMA

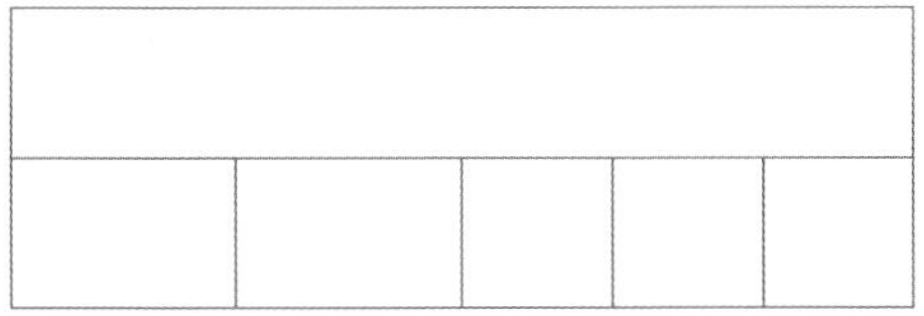

CALCULS

PHRASE : ........................

........................

**6** **Complète le tableau du cout d'achat de stylos.**

| Nombre de stylos | Cout total |
|---|---|
| 1 | ........ |
| 2 | 1 € |
| 3 | 1,50 € |
| 4 | ........ |
| 5 | 2,50 € |
| 6 | 3 € |
| 7 | ........ |
| 8 | ........ |
| 9 | ........ |
| 10 | ........ |

CALCULS

## Période 3 Semaine 3

Prénom : ................................ Date : ................................

**1** La mairie a acheté 3 ordinateurs à 450 € l'unité ainsi que 2 imprimantes à 69 € l'unité.
**Combien a-t-elle dépensé en tout ?**

SCHÉMA

CALCULS

PHRASE : ................................

**2** La coopérative de l'école disposait de 2 425 € en début d'année. 512 € ont été utilisés pour les sorties et 213 € pour acheter des jeux.
**Combien d'argent reste-t-il ?**

SCHÉMA

CALCULS

PHRASE : ................................

**3** Un parking compte 1 350 places en tout. Il y a 450 places par étage.
**Combien d'étages y a-t-il dans ce parking ?**

SCHÉMA

CALCULS

PHRASE : ................................

**4** Aujourd'hui, une boutique de souvenirs a encaissé 2 028 € le matin et 3 172 € l'après-midi. À la fermeture, il y a en tout 5 759 € dans la caisse.
**Combien y avait-il déjà dans la caisse à l'ouverture de la boutique ?**

SCHÉMA

CALCULS

PHRASE : ................................

Prénom : ........................ Date : ........................

**5** Voici la répartition des effectifs d'une école de 120 élèves.
**Combien d'élèves y a-t-il en CP, en CE1 et en CE2 ?**

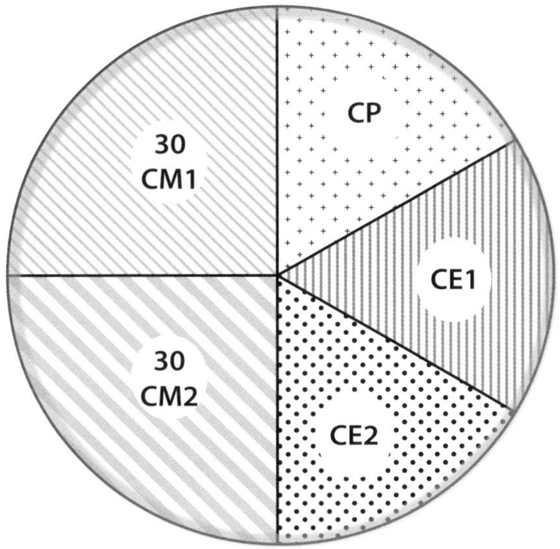


SCHÉMA

CALCULS

PHRASE : ........................................................................

........................................................................

**6** **Complète le tableau du cout d'achat de stylos.**

| Nombre de stylos | Cout total |
|---|---|
| 1 | ........................ |
| 2 | ........................ |
| 3 | ........................ |
| 4 | ........................ |
| 5 | 2,50 € |
| 6 | ........................ |
| 7 | ........................ |
| 8 | ........................ |
| 9 | ........................ |
| 10 | ........................ |

CALCULS

**Période 3 Semaine 3** ★★★

Prénom : ........................ Date : ........................

**1** Pour équiper les écoles de sa ville, une mairie a acheté 55 ordinateurs à 449,90 € l'unité, 30 tablettes à 229,90 € l'unité ainsi que 10 imprimantes à 69,90 € l'unité.
**Combien a-t-elle dépensé en tout ?**

SCHÉMA

CALCULS

PHRASE : ........................

**2** La coopérative de l'école disposait de 2 425,50 € en début d'année. 512,80 € ont été utilisés pour les sorties et 213,90 € pour acheter des jeux de cour.
**Combien d'argent reste-t-il ?**

SCHÉMA

CALCULS

PHRASE : ........................

**3** Un aéroport compte 4 050 places de parking en tout.
Celles-ci sont réparties sur 3 bâtiments identiques comportant chacun 450 places par étage.
**Combien d'étages y a-t-il dans chaque bâtiment du parking ?**

SCHÉMA

CALCULS

PHRASE : ........................

**4** Aujourd'hui, une boutique de souvenirs a encaissé 2 028,70 € le matin et 3 172,90 € l'après-midi. À la fermeture, il y a en tout 5 759,40 € dans la caisse.
**Combien y avait-il dans la caisse à l'ouverture de la boutique ?**

SCHÉMA

CALCULS

PHRASE : ........................

Prénom : ........................ Date : ........................

**5** Voici la répartition des effectifs d'une école de 120 élèves.
**Combien d'élèves y a-t-il en CM1, en CM2 et en CP ?**

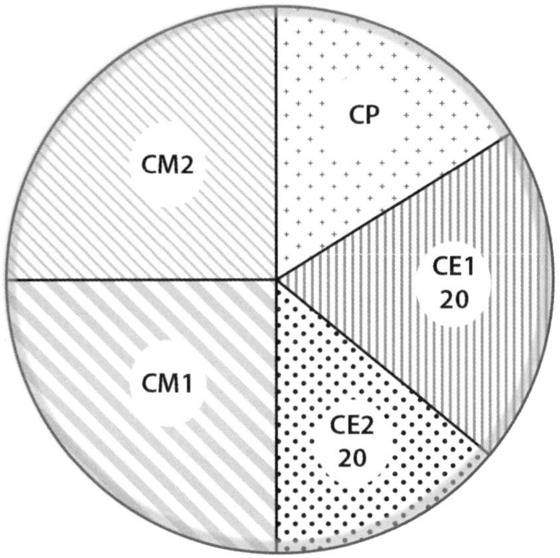


SCHÉMA

CALCULS

PHRASE : ........................

........................

**6** **Complète le tableau du cout d'achat de stylos.**

| Nombre de stylos | Cout total |
|---|---|
| 1 | ........ |
| 2 | ........ |
| 3 | ........ |
| 4 | ........ |
| 5 | 2,80 € |
| 6 | ........ |
| 7 | ........ |
| 8 | ........ |
| 9 | ........ |
| 10 | ........ |

CALCULS

**Période 3 Semaine 4**

Prénom : ........................ Date : ........................

**1** L'année dernière, un arboriculteur a récolté 200 kg de cerises.
Cette année, il en a récolté 3 fois plus.
**Combien de kg de cerises a-t-il récoltés cette année ?**

SCHÉMA

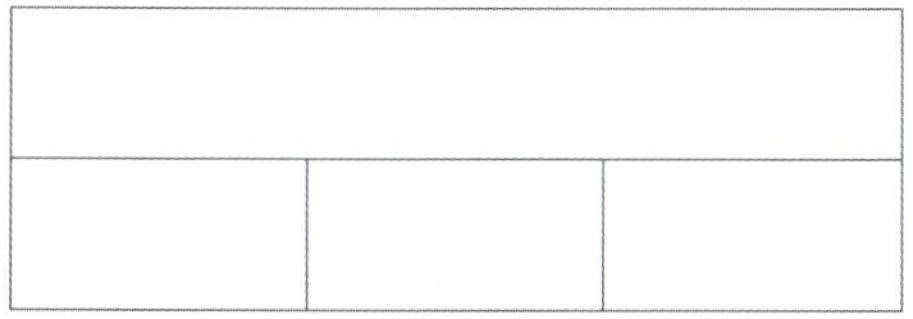

CALCULS

PHRASE : ........................

**2** Un arboriculteur a récolté 800 kg de cerises.
Il les vend par lots de 200 kg aux magasins du coin.
**Combien de lots peut-il faire ?**

SCHÉMA

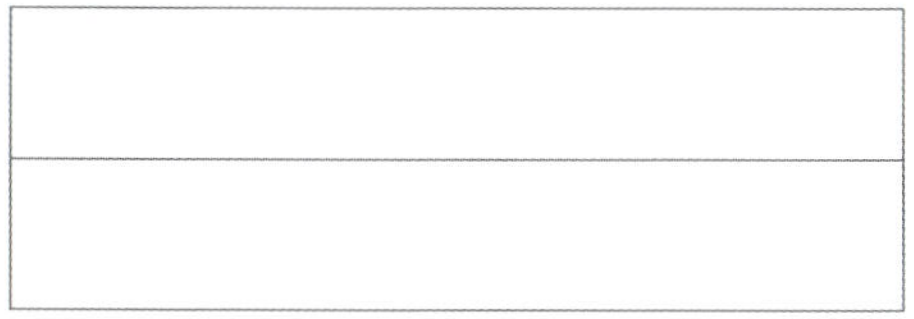

CALCULS

PHRASE : ........................

**3** Cette année, un magasin a acheté à un arboriculteur 4 lots de 200 kg de cerises.
**Combien de kg de cerises a-t-il achetés ?**

SCHÉMA

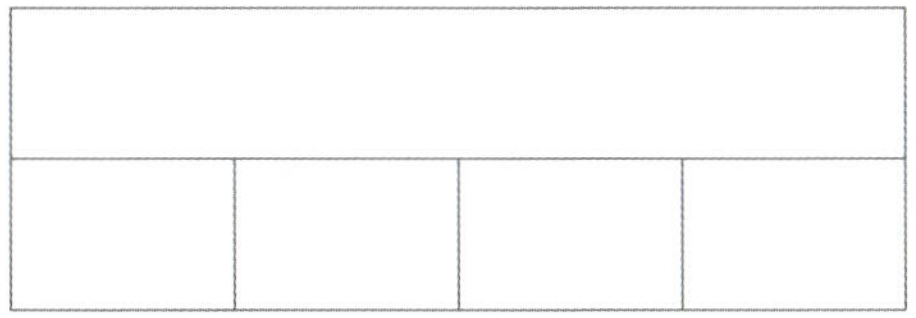

CALCULS

PHRASE : ........................

**4** L'année dernière, un arboriculteur a récolté 600 kg de cerises.
Cette année, il a en a récolté 3 fois moins.
**Combien de kg de cerises a-t-il récoltés cette année ?**

SCHÉMA

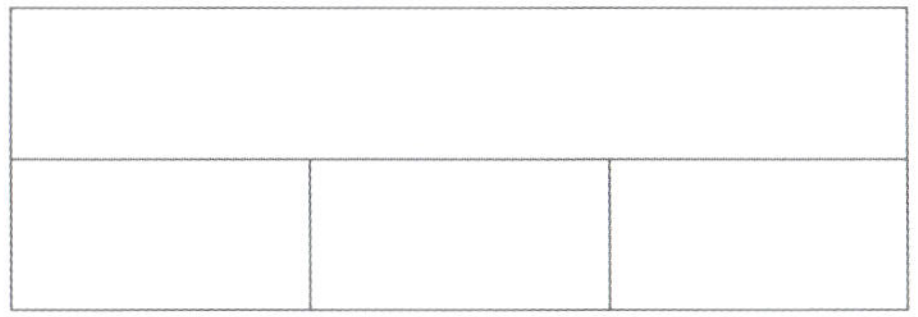

CALCULS

PHRASE : ........................

Prénom : ............................................ Date : ............................

**5** Fatou veut équiper son nouvel appartement. Elle a réalisé un tableau comparatif des prix de deux magasins différents.
**Quel magasin lui coutera le moins cher ? Combien économisera-t-elle ?**

| **Magasin A** | |
|---|---|
| Canapé | 399 € |
| Table | 149 € |
| Réfrigérateur | 289 € |
| **Total** | .................... |

| **Magasin B** | |
|---|---|
| Canapé | 349 € |
| Table | 219 € |
| Réfrigérateur | 279 € |
| **Total** | .................... |

SCHÉMA

CALCULS

PHRASE : ........................................................................................................

........................................................................................................

**6** **Complète ce tableau indiquant le poids total des billes.**

| | |
|---|---|
|  | .................... |
| 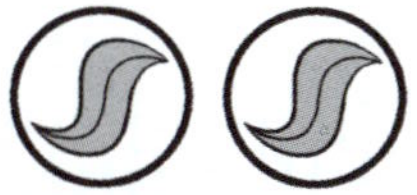 | 10 g |
|  | .................... |
| 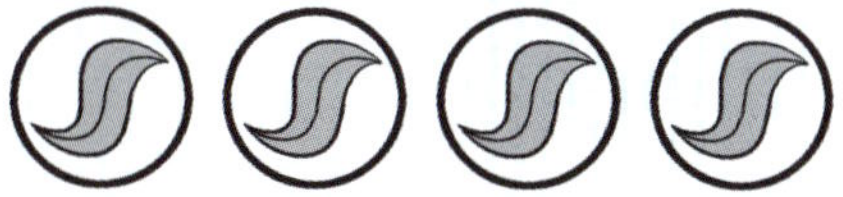 | .................... |

CALCULS

## Période 3 Semaine 4

Prénom : ..................................... Date : .....................

**1** L'année dernière, un arboriculteur a récolté 300 kg de cerises.
Cette année, il en a récolté 4 fois plus.
**Combien de kg de cerises a-t-il récoltés cette année ?**

SCHÉMA

CALCULS

PHRASE : ..........................................................................

**2** Un arboriculteur a récolté 1 500 kg de cerises.
Il les vend par lots de 300 kg.
**Combien de lots peut-il faire ?**

SCHÉMA

CALCULS

PHRASE : ..........................................................................

**3** Cette année, un magasin a acheté à un arboriculteur 5 lots de 300 kg de cerises.
**Combien de kg de cerises a-t-il achetés ?**

SCHÉMA

CALCULS

PHRASE : ..........................................................................

**4** L'année dernière, un arboriculteur a récolté 1 200 kg de cerises.
Cette année, il a en a récolté 4 fois moins.
**Combien de kg de cerises a-t-il récoltés cette année ?**

SCHÉMA

CALCULS

PHRASE : ..........................................................................

Prénom : ........................ Date : ........................

**5** Fatou veut équiper son nouvel appartement. Elle a réalisé un tableau comparatif des prix de deux magasins différents.
**Quel magasin lui coutera le moins cher ? Combien économisera-t-elle ?**

| Magasin A | |
|---|---|
| Canapé | 599 € |
| Table | 249 € |
| Réfrigérateur | 389 € |
| Lave-linge | 289 € |
| **Total** | .................... |

| Magasin B | |
|---|---|
| Canapé | 559 € |
| Table | 319 € |
| Réfrigérateur | 379 € |
| Lave-linge | 309 € |
| **Total** | .................... |

SCHÉMA

CALCULS

PHRASE : ..........................................................................

..........................................................................

**6** **Complète ce tableau indiquant le poids total des billes.**

| | |
|---|---|
|  | .................... |
| 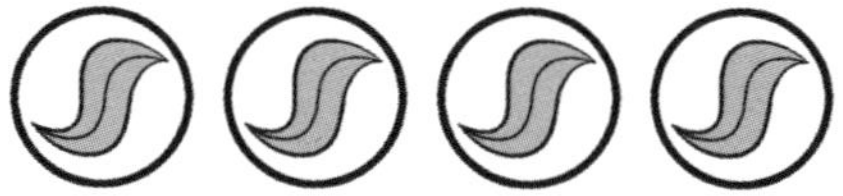 | 20 g |
|  | .................... |
| 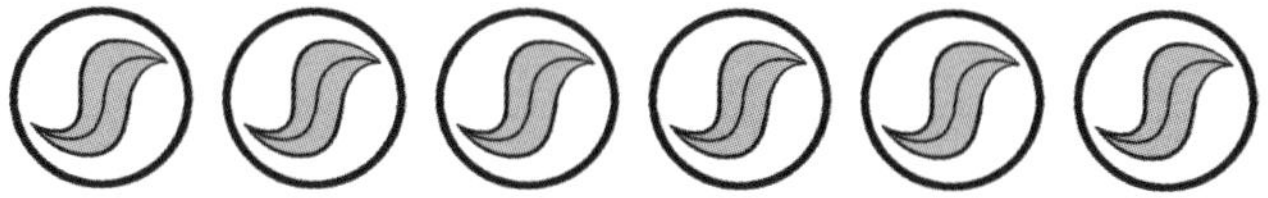 | .................... |

CALCULS

## Période 3 Semaine 4 ★★★

Prénom : ........................ Date : ........................

**1** L'année dernière, un arboriculteur a récolté 398,9 kg de cerises.
Cette année, il en a récolté 4 fois plus.
**Combien de kg de cerises a-t-il récoltés cette année ?**

SCHÉMA

CALCULS

PHRASE : ........................

**2** Un arboriculteur a récolté 1 595,6 kg de cerises.
Il les vend par lots de 300 kg aux magasins du coin.
**Combien de lots peut-il faire ? Quelle quantité de cerises restera-t-il ?**

SCHÉMA

CALCULS

PHRASE : ........................

**3** Cette année, un magasin a acheté à un arboriculteur 4 lots de 300 kg de cerises. Le kilo était vendu à 5,90 €.
**Quelle somme a dépensé le magasin ?**

SCHÉMA

CALCULS

PHRASE : ........................

**4** L'année dernière, un arboriculteur a récolté 1 595,6 kg de cerises.
Cette année, il a en a récolté 4 fois moins.
**Combien de kg de cerises a-t-il récoltés cette année ?**

SCHÉMA

CALCULS

PHRASE : ........................

Prénom : ........................ Date : ........................

**5** Fatou veut équiper son nouvel appartement. Elle a réalisé un tableau comparatif des prix de deux magasins différents.
**Quel magasin lui coutera le moins cher ? Combien économisera-t-elle ?**

| **Magasin A** | |
|---|---|
| Canapé | 599,90 € |
| Table | 249,89 € |
| Réfrigérateur | 389,90 € |
| Lave-linge | 289,98 € |
| **Total** | .................... |

| **Magasin B** | |
|---|---|
| Canapé | 559,50 € |
| Table | 319,90 € |
| Réfrigérateur | 379,90 € |
| Lave-linge | 309 € |
| **Total** | .................... |

SCHÉMA

CALCULS

PHRASE : ....................................................................

....................................................................

**6** **Complète ce tableau indiquant le poids total des billes.**

| | |
|---|---|
|  | .................... |
| 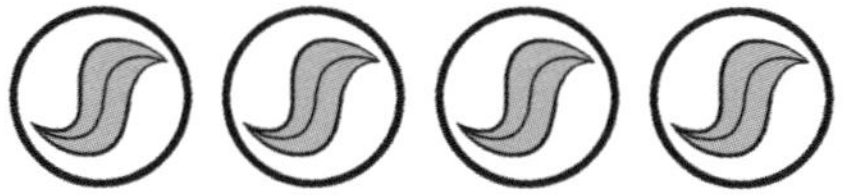 | 21,2 g |
|  | .................... |
| 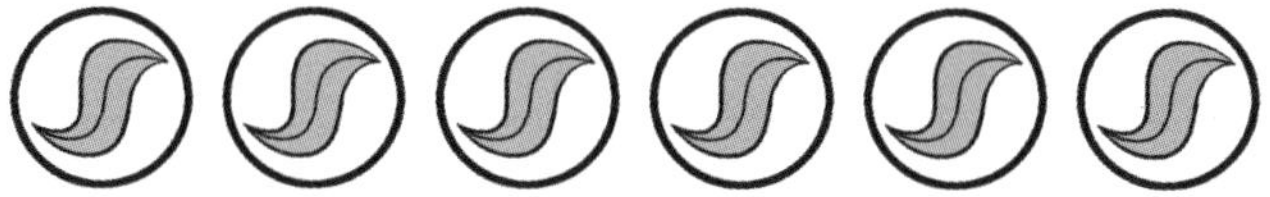 | .................... |

CALCULS

## Période 3 Semaine 5

Prénom : ..................................................... Date : ..............................

**1** Un agriculteur a récolté 450 kg de pommes de terre.
Après en avoir vendu 3 caisses identiques, il lui reste 300 kg.
**Quel était le poids de chaque caisse ?**

SCHÉMA

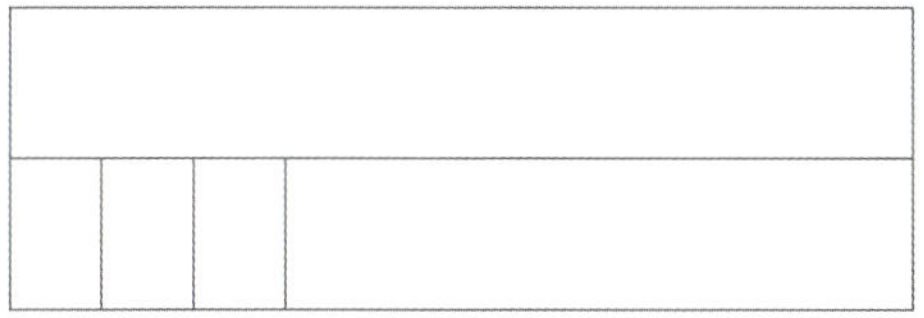

CALCULS

PHRASE : ..........................................................................................

**2** Inès a dépensé en tout 5 € à la papeterie.
Elle a acheté un cahier à 3,50 € et 3 stylos identiques.
**Quel était le prix d'un stylo ?**

SCHÉMA

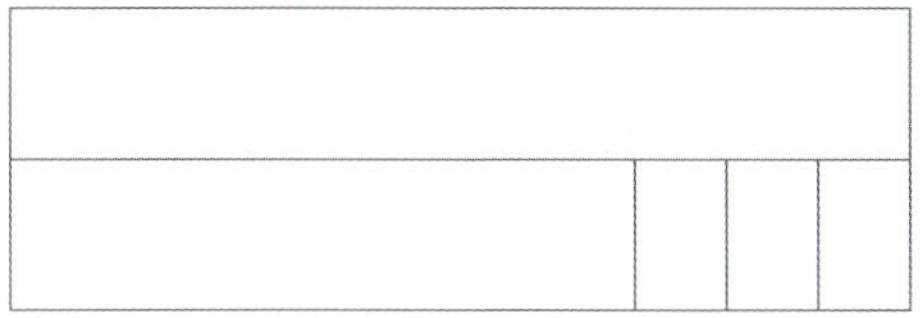

CALCULS

PHRASE : ..........................................................................................

**3** Un parpaing a une longueur de 50 cm.
**Combien de parpaings faut-il pour obtenir une rangée de 5 m ?**

SCHÉMA

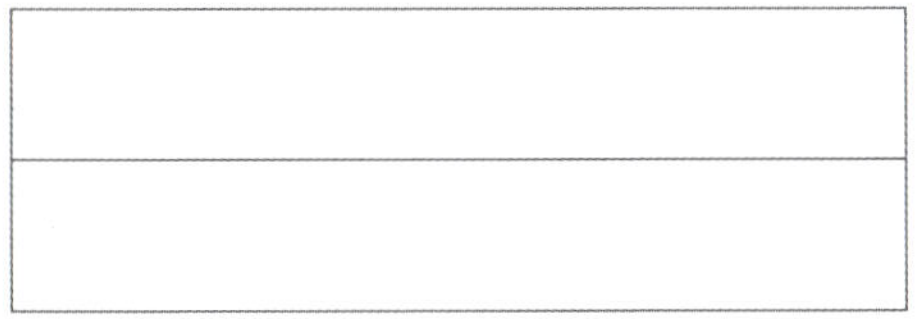

CALCULS

PHRASE : ..........................................................................................

**4** Un maçon a aligné 10 parpaings de 50 cm pour construire un mur.
**Quelle sera en mètres la longueur totale de ce mur ?**

SCHÉMA

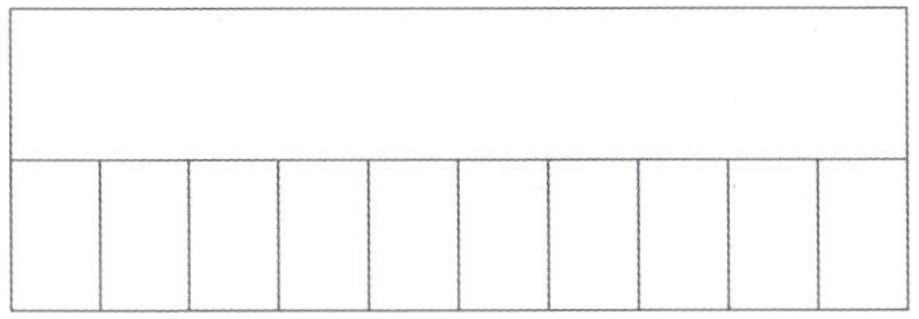

CALCULS

PHRASE : ..........................................................................................

Prénom : ........................ Date : ........................

**5** **Quel est le prix d'un kilo de cacao ?**

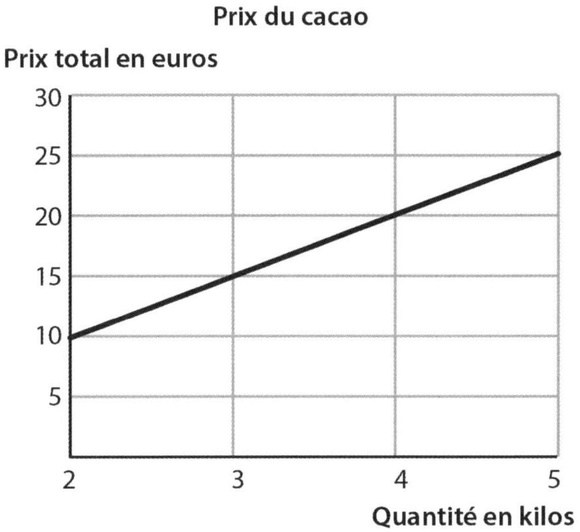


CALCULS

PHRASE : ........................

........................

**6** Observe la liste des ingrédients pour faire 1 gâteau au chocolat.
**Complète la liste des ingrédients nécessaires pour en faire 2.**

| | Pour 1 gâteau | Pour 2 gâteaux |
|---|---|---|
| **Chocolat** | 250 g | ........................ |
| **Beurre** | 175 g | ........................ |
| **Sucre** | 125 g | ........................ |
| **Farine** | 75 g | ........................ |
| **Œufs** | 5 | ........................ |

CALCULS

## Période 3 Semaine 5

Prénom : .................................................. Date : ..........................

**1** Un agriculteur a récolté 4 500 kg de pommes de terre.
Après en avoir vendu 3 caisses identiques, il lui reste 3 000 kg.
**Quel était le poids de chaque caisse ?**

SCHÉMA

CALCULS

PHRASE : ..................................................

**2** Inès a dépensé 10 € à la papeterie. Elle a acheté un cahier à 2,60 €, un calendrier à 1,40 €, une trousse à 4,50 € et 3 stylos identiques.
**Quel était le prix d'un stylo ?**

SCHÉMA

CALCULS

PHRASE : ..................................................

**3** Un parpaing a une longueur de 50 cm.
**Combien de parpaings faut-il pour obtenir une rangée de 15 m ?**

SCHÉMA

CALCULS

PHRASE : ..................................................

**4** Un maçon a aligné 20 parpaings de 50 cm pour construire un mur.
**Quelle sera en mètres la longueur totale de ce mur ?**

SCHÉMA

CALCULS

PHRASE : ..................................................

Prénom : ............................ Date : ............................

**5** **Quel est le prix d'une tonne de blé ?**

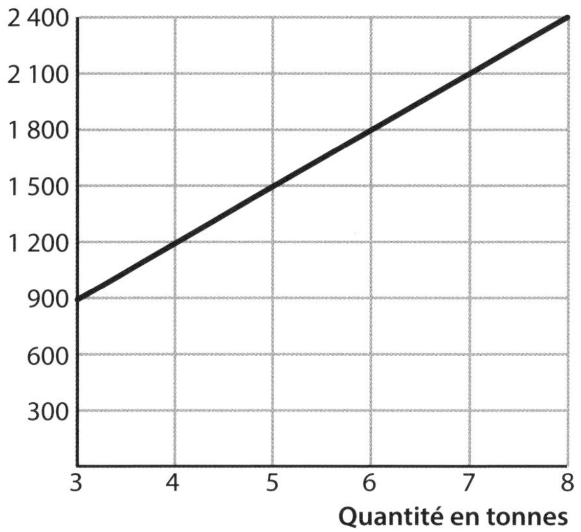


CALCULS

PHRASE : ............................

............................

**6** Observe la liste des ingrédients pour faire 1 gâteau au chocolat.
**Complète la liste des ingrédients nécessaires pour en faire 2 puis 3.**

| | Pour 1 gâteau | Pour 2 gâteaux | Pour 3 gâteaux |
|---|---|---|---|
| **Chocolat** | 250 g | ............ | ............ |
| **Beurre** | 175 g | ............ | ............ |
| **Sucre** | 125 g | ............ | ............ |
| **Farine** | 75 g | ............ | ............ |
| **Œufs** | 5 | ............ | ............ |

CALCULS

## Période 3 Semaine 5

★★★

Prénom : ............................ Date : ............................

**1** Une agricultrice a récolté 4 500 kg de pommes de terre.
Après en avoir vendu 3 caisses identiques, il lui reste 3 028,5 kg.
**Quel était le poids de chaque caisse ?**

SCHÉMA

CALCULS

PHRASE : ............................

**2** Inès a dépensé en tout 23,30 € à la papeterie. Elle a acheté 4 cahiers à 2,60 € chacun, un calendrier à 1,40 €, une trousse à 4,50 € et 5 stylos identiques.
**Quel était le prix d'un stylo ?**

SCHÉMA

CALCULS

PHRASE : ............................

**3** Une brique de Lego® a une longueur de 3,18 cm.
**Combien de briques faut-il pour construire un mur de 15,9 cm de long ?**

SCHÉMA

CALCULS

PHRASE : ............................

**4** Hugo a aligné 5 briques de Lego® de 3,18 cm pour construire un mur.
**Quelle sera en millimètres la longueur totale de ce mur ?**

SCHÉMA

CALCULS

PHRASE : ............................

Prénom : ............ Date : ............

**5** **Quel est le prix d'une tonne de blé ?**

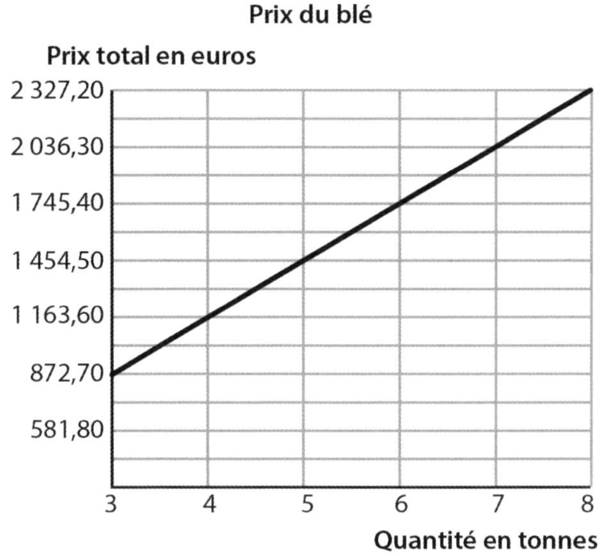


CALCULS

PHRASE : ............

............

**6** Observe la liste des ingrédients pour faire 3 gâteaux au chocolat.
**Complète la liste des ingrédients nécessaires pour en faire 9 puis 12.**

| | Pour 3 gâteaux | Pour 9 gâteaux | Pour 12 gâteaux |
|---|---|---|---|
| **Chocolat** | 750 g | ............ | ............ |
| **Beurre** | 525 g | ............ | ............ |
| **Sucre** | 355 g | ............ | ............ |
| **Farine** | 225 g | ............ | ............ |
| **Œufs** | 15 | ............ | ............ |

CALCULS

**Période 3 Semaine 6** ★

Prénom : .................................................. Date : ..............................

**1** Wen n'a plus que 280 € d'économies. Elle vient d'acheter un canapé à 450 € et un fauteuil à 80 €.
**Combien avait-elle avant d'effectuer ses achats ?**

SCHÉMA

CALCULS

PHRASE : ..................................................

**2** Inès a 10 €. À la papeterie, elle achète un cahier à 3,50 € et 3 stylos à 0,50 € l'unité.
**Combien lui reste-t-il après ses achats ?**

SCHÉMA

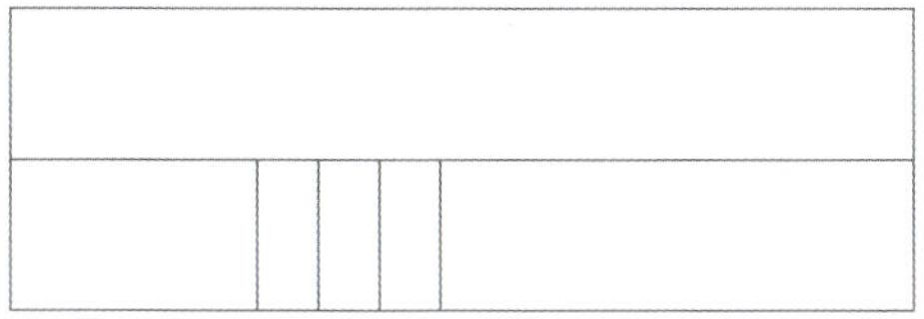

CALCULS

PHRASE : ..................................................

**3** Dans une salle de bains, un artisan a posé 40 rangées de 20 carreaux chacune. **Combien de carreaux a-t-il posés en tout ?**

SCHÉMA

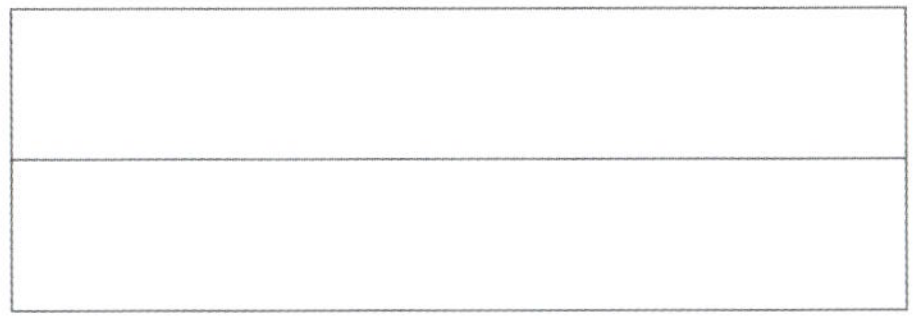

CALCULS

PHRASE : ..................................................

**4** **Combien de pièces de 50 centimes peut-on obtenir contre un billet de 10 € ?**

SCHÉMA

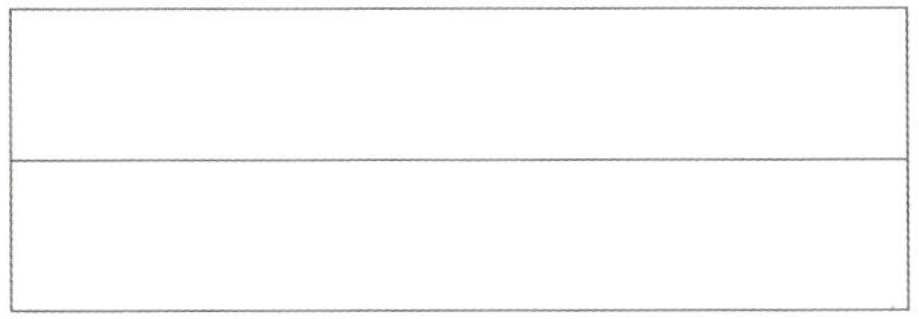

CALCULS

PHRASE : ..................................................

Prénom : .................................... Date : ....................

**5** **Indique les prix manquants sur le graphique.**

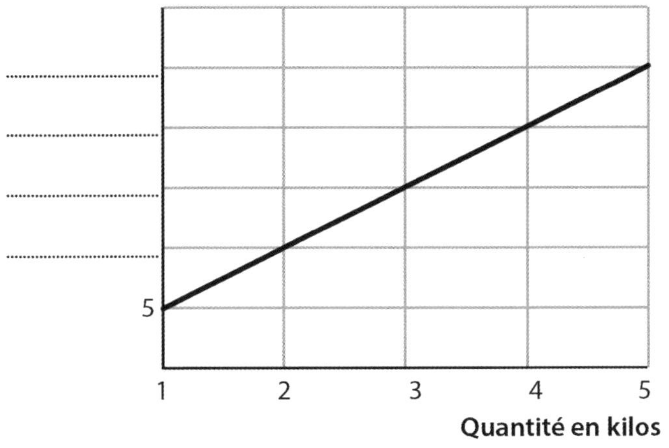


CALCULS

**6** Observe la liste des ingrédients pour faire 2 gâteaux au chocolat.
**Complète la liste des ingrédients nécessaires pour en faire 1.**

| | Pour 1 gâteau | Pour 2 gâteaux |
|---|---|---|
| **Chocolat** | .................... | 500 g |
| **Beurre** | .................... | 350 g |
| **Sucre** | .................... | 250 g |
| **Farine** | .................... | 150 g |
| **Œufs** | .................... | 10 |

CALCULS

## Période 3 Semaine 6

Prénom : ..................... Date : .....................

**1** Wen n'a plus que 580 € d'économies. Elle vient d'acheter un canapé à 590 € et 2 fauteuils à 79 € l'unité.
**Combien avait-elle avant d'effectuer ses achats ?**

SCHÉMA

CALCULS

PHRASE : .....................

**2** Inès a 15 €. À la papeterie, elle achète un cahier à 2,60 €, un calendrier à 1,40 €, une trousse à 4,50 € et 3 stylos à 50 centimes l'unité.
**Combien lui reste-t-il après ses achats ?**

SCHÉMA

CALCULS

PHRASE : .....................

**3** Dans une salle de bains, un artisan a posé 54 rangées de 25 carreaux chacune. **Combien de carreaux a-t-il posés en tout ?**

SCHÉMA

CALCULS

PHRASE : .....................

**4** **Combien de pièces de 50 centimes peut-on obtenir contre un billet de 20 € ?**

SCHÉMA

CALCULS

PHRASE : .....................

Prénom : .................... Date : ....................

**5** **Indique les prix manquants sur le graphique.**

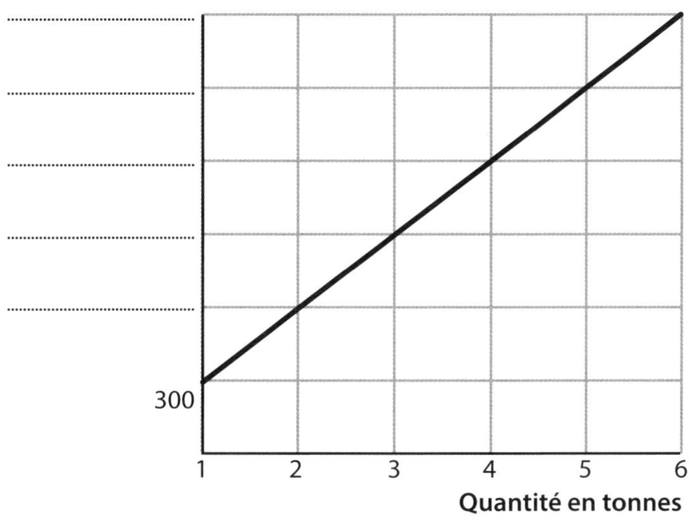


CALCULS

**6** Observe la liste des ingrédients pour faire 2 gâteaux au chocolat.
**Complète la liste des ingrédients nécessaires pour en faire 1 puis 3.**

| | Pour 1 gâteau | Pour 2 gâteaux | Pour 3 gâteaux |
|---|---|---|---|
| **Chocolat** | .................... | 500 g | .................... |
| **Beurre** | .................... | 350 g | .................... |
| **Sucre** | .................... | 250 g | .................... |
| **Farine** | .................... | 150 g | .................... |
| **Œufs** | .................... | 10 | .................... |

CALCULS

## Période 3 Semaine 6

Prénom : ............................ Date : ............................

**1** Éloïse n'a plus que 580,50 € d'économies. Elle vient d'acheter un canapé à 590,90 € et 2 fauteuils à 79,80 € l'unité.
**Combien avait-elle avant d'effectuer ses achats ?**

SCHÉMA

CALCULS

PHRASE : ............................

**2** Inès a 30 €. À la papeterie, elle achète 4 cahiers à 2,60 €, un calendrier à 1,40 €, une trousse à 4,50 € et 5 stylos à 1,40 € l'unité.
**Combien lui reste-t-il après ses achats ?**

SCHÉMA

CALCULS

PHRASE : ............................

**3** Dans une salle de bains, un artisan a posé sur une surface rectangulaire 50 rangées de 25 carreaux chacune. Chaque carreau mesure 5 cm de côté.
**Quel est le périmètre de la surface carrelée ?**

SCHÉMA

CALCULS

PHRASE : ............................

**4** **Combien de pièces de 50 centimes peut-on obtenir contre un billet de 200 € ?**

SCHÉMA

CALCULS

PHRASE : ............................

Prénom : .................................... Date : ....................

**5** **Indique les prix manquants sur le graphique.**

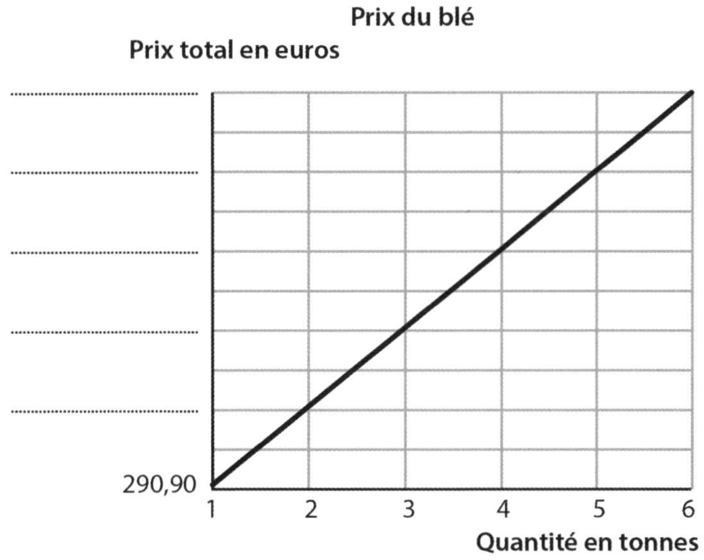


CALCULS

**6** Observe la liste des ingrédients pour faire 12 gâteaux au chocolat.
**Complète la liste des ingrédients nécessaires pour en faire 3 puis 9.**

| | Pour 3 gâteaux | Pour 9 gâteaux | Pour 12 gâteaux |
|---|---|---|---|
| **Chocolat** | .......... | .......... | 3 kg |
| **Beurre** | .......... | .......... | 2,1 kg |
| **Sucre** | .......... | .......... | 1,5 kg |
| **Farine** | .......... | .......... | 900 g |
| **Œufs** | .......... | .......... | 60 |

CALCULS

Période 3 Série 1

Prénom : ........................ Date : ........................

**1** Arthur s'est amusé à capturer des araignées et des coccinelles.
Il compte en tout 10 petites bêtes et 70 pattes.
**Combien d'araignées y a-t-il ? Combien de coccinelles y a-t-il ?**

PHRASE : ..............................

..............................

**2** Ce cadenas a un code à 2 chiffres. L'un de ces chiffres est 5.
**Combien de combinaisons possibles y a-t-il ?**

PHRASE : ..............................

..............................

Prénom : ............ Date : ............

**3** Léon doit payer 1 € à la boulangerie.
Il n'a que des pièces de 50 centimes et de 20 centimes.
**Trouve toutes les combinaisons de paiement qu'il peut réaliser.**
**Combien y en a-t-il ?**

PHRASE : ............

............

**4** Pour réaliser un bouquet de Saint-Valentin, le fleuriste utilise 2 anémones et 10 roses. Il a en stock 8 anémones et 30 roses.
**Combien de bouquets peut-il réaliser ?**

PHRASE : ............

............

## Période 3 Série 1

Prénom : ..................................... Date : .....................

**1** Arthur s'est amusé à capturer des araignées et des coccinelles.
Il compte en tout 20 petites bêtes et 140 pattes.
**Combien d'araignées y a-t-il ? Combien de coccinelles y a-t-il ?**

PHRASE : ......................................................................

......................................................................

**2** Ce cadenas a un code à 2 chiffres.
**Combien de combinaisons possibles y a-t-il ?**

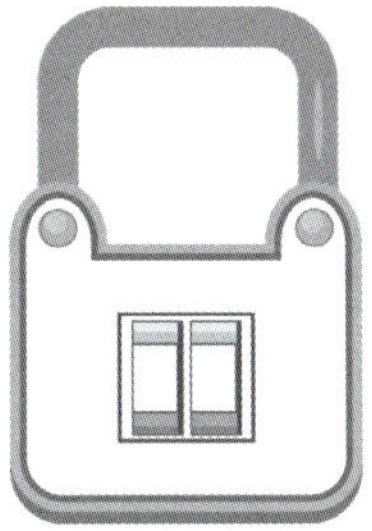

PHRASE : ......................................................................

......................................................................

Prénom : ........................ Date : ........................

**3** Tao doit payer 3 € à la boulangerie. Il n'a que des pièces de 50 centimes et de 20 centimes. Trouve toutes les combinaisons de paiement qu'il peut réaliser.
**Combien y en a-t-il ?**

PHRASE : ........................

........................

**4** Pour réaliser un bouquet de Saint-Valentin, le fleuriste utilise 2 anémones, 10 roses, et 8 tulipes.
Il a en stock 12 anémones, 40 roses et 48 tulipes.
**Combien de bouquets peut-il réaliser ?**

PHRASE : ........................

........................

## Période 3 Série 1 ★★★

Prénom : ..................................... Date : .....................

**1** Arthur s'est amusé à capturer des araignées, des coccinelles et des crabes. Il compte en tout 25 petites bêtes et 190 pattes.
**Combien d'araignées y a-t-il ? Combien de coccinelles y a-t-il ? Combien de crabes y a-t-il ?**

PHRASE : .....................................................

.....................................................

**2** Ce cadenas a un code à 3 chiffres.
**Combien de combinaisons possibles y a-t-il ?**

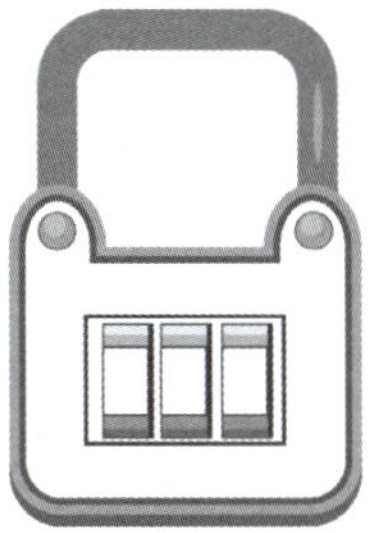

PHRASE : .....................................................

.....................................................

Prénom : ..................................... Date : ....................

**3** Léon doit payer 3,50 € à la boulangerie.
Il n'a que des pièces de 50 centimes et de 20 centimes.
**Trouve toutes les combinaisons de paiement qu'il peut réaliser.**
**Combien y en a-t-il ?**

PHRASE : ..........................................

..........................................

**4** Pour réaliser un bouquet de Saint-Valentin, le fleuriste utilise 2 anémones, 10 roses, 8 tulipes et 5 narcisses. Il a en stock 24 anémones, 120 roses, 96 tulipes et 50 narcisses.
**Combien de bouquets peut-il réaliser ?**

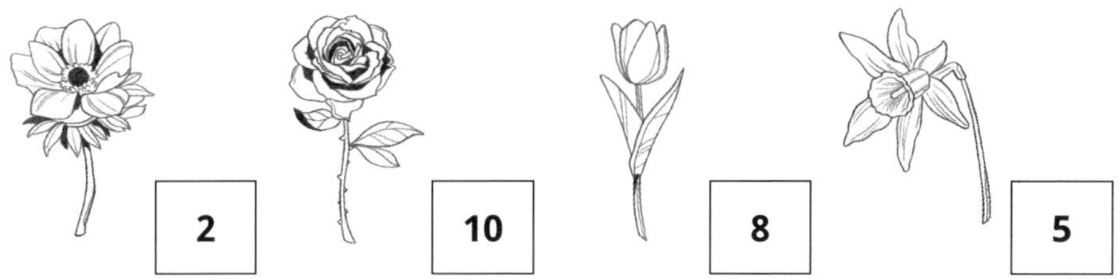


PHRASE : ..........................................

..........................................

## Période 3 Série 2

Prénom : ........................ Date : ........................

**1** L'épicier a 30 pommes sur son étal (des rouges et des vertes).
Il y a 5 fois plus de pommes rouges que de vertes.
**Combien a-t-il de pommes rouges ?**
**Combien a-t-il de pommes vertes ?**

PHRASE : ........................

........................

**2** Alex hésite entre acheter un vélo ou une trottinette.
Le vélo et la trottinette qui l'intéressent sont disponibles dans 2 coloris : bleu et vert. Il a également le choix entre un casque rouge et un casque jaune.
**Combien de choix différents peut-il faire ?**

PHRASE : ........................

........................

Prénom : ............ Date : ............

**3** Trouve toutes les solutions possibles permettant de compléter cette pyramide additive sachant que tu ne peux utiliser que des dizaines entières (nombre 0 interdit).
**Combien y en a-t-il ?**

| 100 | |
|---|---|
| | |

PHRASE : ............

............

**4** Un automobiliste doit parcourir 110 km sur l'autoroute.
Il a 1 heure pour effectuer le trajet.
**À quelle vitesse doit-il rouler ?**

PHRASE : ............

............

## Période 3 Série 2

Prénom : ..................................... Date : .....................

**1** L'épicier a 40 pommes sur son étal (des rouges, des vertes et des jaunes). Il y a 5 fois plus de pommes rouges que de vertes et il y a 2 pommes vertes de plus que de pommes jaunes.
**Combien a-t-il de pommes rouges, de pommes vertes et de pommes jaunes ?**

PHRASE : ..........................................................

..........................................................

**2** Alex hésite entre acheter un vélo ou une trottinette.
Le vélo et la trottinette qui l'intéressent sont disponibles dans 4 coloris : bleu, vert, noir, rose. Il a également le choix entre un casque rouge et un casque jaune.
**Combien de choix différents peut-il faire ?**

PHRASE : ..........................................................

..........................................................

Prénom : ..................................... Date : .....................

**3** Trouve toutes les solutions possibles permettant de compléter cette pyramide additive sachant que tu ne peux utiliser que des dizaines entières.
**Combien y en a-t-il ?**

| | | |
|---|---|---|
| | 100 | |
| | | |
| 50 | | |

PHRASE : .....................................

.....................................

**4** Un automobiliste doit parcourir 220 km sur l'autoroute.
Il doit effectuer ce trajet en 2 h maximum.
**À quelle vitesse doit-il rouler ?**

PHRASE : .....................................

.....................................

**Période 3 Série 2** ★★★

Prénom : ........................ Date : ..................

**1** L'épicier a 60 pommes sur son étal (des rouges, des jaunes et des vertes). Il y a 5 fois plus de pommes rouges que de vertes et il y a 4 pommes vertes de moins que de pommes jaunes.
**Combien a-t-il de pommes de chaque couleur ?**

PHRASE : ..................................................

..................................................

**2** Alex hésite entre acheter un vélo ou une trottinette.
Le vélo et la trottinette qui l'intéressent sont disponibles dans 4 coloris : bleu, rose, noir et vert.
Pour le casque, il a également le choix entre ces 4 coloris.
**Combien de choix différents peut-il faire ?**

PHRASE : ..................................................

..................................................

Prénom : ............................ Date : ............................

**3** Trouve toutes les solutions possibles permettant de compléter cette pyramide additive sachant que tu ne peux utiliser que des dizaines entières (nombre 0 interdit).
**Combien y en a-t-il ?**

| | | |
|---|---|---|
| | 100 | |
| | | |
| 10 | | |

PHRASE : ............................

............................

**4** Un coureur cycliste doit parcourir une étape du tour de France de 200 km. Son objectif est de la réaliser en 5 heures.
**À quelle vitesse moyenne doit-il rouler pour atteindre cet objectif ?**

PHRASE : ............................

............................

# Période 3 Évaluation

| Compétences évaluées | Exercices | NA | PA | A | D |
|---|---|---|---|---|---|
| Résoudre un problème de composition (recherche d'une partie) | 1 | | | | |
| Résoudre un problème de transformation (recherche d'état initial) | 2 | | | | |
| Résoudre un problème de comparaison (recherche de l'un des états) | 3 | | | | |
| Résoudre un problème de multiplication (addition réitérée) | 4 | | | | |
| Résoudre un problème de division (partition) | 5 | | | | |
| Résoudre un problème de proportionnalité | 6 | | | | |

**1** Un client a dépensé 100 € dans une boutique de vêtements.
Il a acheté un pantalon à 50 € et 2 chemises identiques.
**Quel était le prix d'une chemise ?**

SCHÉMA

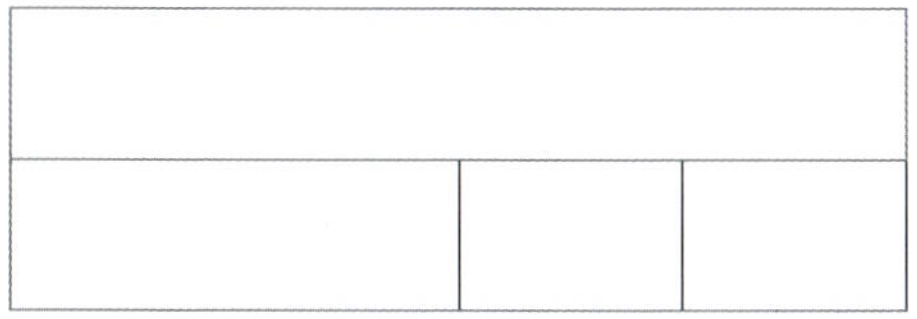

CALCULS

PHRASE : ..................................................

Prénom : .................................... Date : ....................

**2** Aujourd'hui, le boulanger a vendu 150 croissants le matin et 40 l'après-midi. Il lui en reste 10 en fin de journée.
**Combien de croissants avait-il faits ?**

SCHÉMA

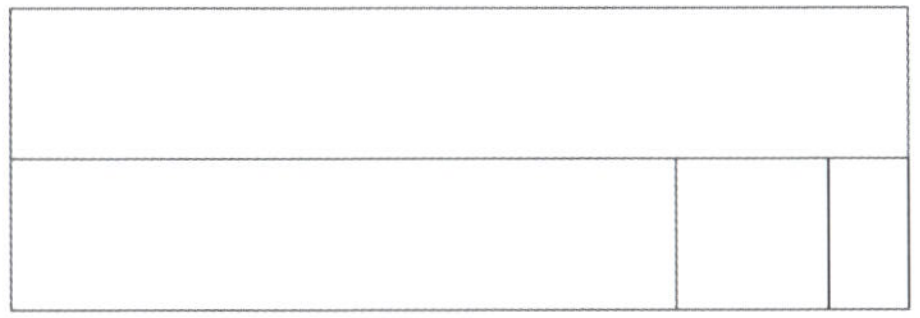

CALCULS

PHRASE : ..................................................

**3** Paul a utilisé 1 500 L d'eau cette semaine.
Son voisin en a utilisé 3 fois moins.
**Quelle quantité d'eau son voisin a-t-il utilisée ?**

SCHÉMA

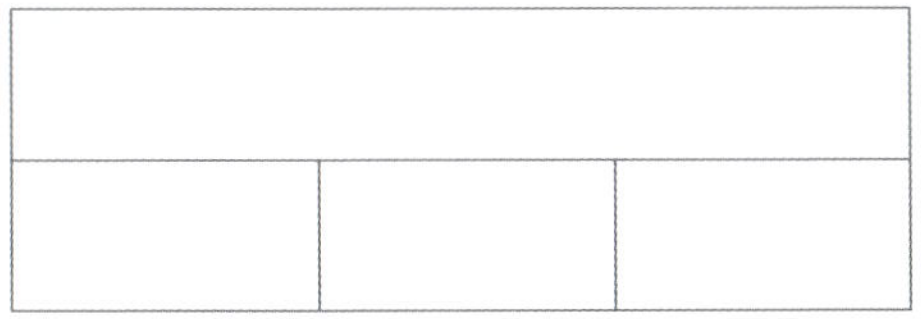

CALCULS

PHRASE : ..................................................

Prénom : ........................ Date : ........................

**4** Cette année, un cycliste a effectué 50 sorties sur un trajet identique de 10 km.
**Combien de km a-t-il parcourus en tout ?**

SCHÉMA

CALCULS

PHRASE : ........................

**5** La directrice de l'école reçoit une commande de 600 stylos.
Elle les répartit équitablement entre les 3 classes de l'école.
**Combien de stylos récupère chaque classe ?**

SCHÉMA

CALCULS

PHRASE : ........................

**6** **Complète ce tableau indiquant le prix total payé en fonction du nombre de bouteilles achetées.**

| Nombre de bouteilles | Prix total |
|---|---|
|  | 0,50 € |
|  | ........ |
|  | ........ |
|  | ........ |

CALCULS

# Période 3 Évaluation ★★

| Compétences évaluées | Exercices | NA | PA | A | D |
|---|---|---|---|---|---|
| Résoudre un problème de composition (recherche d'une partie) | 1 | | | | |
| Résoudre un problème de transformation (recherche d'état initial) | 2 | | | | |
| Résoudre un problème de comparaison (recherche de l'un des états) | 3 | | | | |
| Résoudre un problème de multiplication (addition réitérée) | 4 | | | | |
| Résoudre un problème de division (partition) | 5 | | | | |
| Résoudre un problème de proportionnalité | 6 | | | | |

**1** Ce midi, Adam a dépensé en tout 10 € pour son repas. Il a pris un sandwich à 5,50 €, une boisson à 1,50 € ainsi qu'une pâtisserie.
**Quel était le prix de la pâtisserie ?**

SCHÉMA

CALCULS

PHRASE : ..............................

Prénom : .............................. Date : ..............................

**2** Le primeur vient de recevoir un stock de pommes. Il en vend 254 kg le matin et 198 kg l'après-midi. Le soir, il ne lui reste plus que 48 kg.
**Quelle quantité de pommes avait-il reçue ?**

SCHÉMA

CALCULS

PHRASE : ..............................

**3** Pour aller au travail, Ali hésite entre acheter une voiture d'occasion au prix de 4 500 € ou un vélo électrique coutant 5 fois moins cher.
**Quel est le prix du vélo électrique ?**

SCHÉMA

CALCULS

PHRASE : ..............................

Prénom : ........................ Date : ........................

**4** Une salle de spectacle a vendu 50 tickets d'entrée au tarif unique de 18 €.
**Combien a rapporté en totalité la vente des tickets ?**

SCHÉMA

CALCULS

PHRASE : ........................

**5** Pour réaliser 4 gâteaux identiques, un pâtissier a utilisé en tout 1 000 g de farine.
**Quelle quantité de farine a-t-il utilisée pour 1 gâteau ?**

SCHÉMA

CALCULS

PHRASE : ........................

**6** **Complète ce tableau indiquant la quantité d'eau achetée en fonction du nombre de bouteilles.**

| Nombre de bouteilles | Quantité d'eau totale |
|---|---|
| 1 | 1,5 L |
| 2 | .................... |
| 3 | .................... |
| 4 | .................... |
| 5 | 7,5 L |
| 6 | .................... |
| 7 | .................... |
| 8 | .................... |
| 9 | .................... |
| 10 | 15 L |

CALCULS

# Période 3 Évaluation

| Compétences évaluées | Exercices | NA | PA | A | D |
|---|---|---|---|---|---|
| Résoudre un problème de composition (recherche d'une partie) | 1 | | | | |
| Résoudre un problème de transformation (recherche d'état initial) | 2 | | | | |
| Résoudre un problème de comparaison (recherche de l'un des états) | 3 | | | | |
| Résoudre un problème de multiplication (addition réitérée) | 4 | | | | |
| Résoudre un problème de division (partition) | 5 | | | | |
| Résoudre un problème de proportionnalité | 6 | | | | |

**1** Un client dépense 98 € dans un magasin de vêtements. Il a acheté une chemise à 29,50 €, un pantalon à 49,50 € ainsi que 2 cravates à prix identiques.
**Quel était le prix d'une cravate ?**

SCHÉMA

CALCULS

PHRASE : ..........

Prénom : .......... Date : ..........

**2** Après avoir parcouru 345,75 km au mois de mars, 289,55 km au mois d'avril et 309,35 km au mois de mai, le compteur du vélo de Léa indique maintenant un total de 2 289,65 km.
**Quel kilométrage indiquait ce compteur avant le mois de mars ?**

SCHÉMA

CALCULS

PHRASE : ..........

**3** Cette année, une association caritative a récolté 1 498,80 € de dons, c'est 4 fois plus que l'année dernière.
**Quelle somme avait été récoltée l'année dernière ?**

SCHÉMA

CALCULS

PHRASE : ..........

Prénom : ............................ Date : ............................

**4** Après avoir récolté les pommes de son verger, Lily en a fait du jus et a réussi à remplir 4 cuves de 250 L. Le jus de pommes est ensuite vendu au prix de 1,59 € le litre.
**Combien lui rapporte la vente de la totalité de son jus ?**

SCHÉMA

CALCULS

PHRASE : ............................................................

**5** Une entreprise a acheté 5 ordinateurs identiques pour un montant total de 3 249,50 €.
**Quel était le prix d'un seul ordinateur ?**

SCHÉMA

CALCULS

PHRASE : ............................................................

**6** **Complète ce tableau indiquant le poids total des carrés de chocolat.**

| | |
|---|---|
|  | .................... |
| 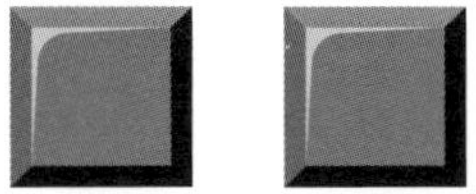 | .................... |
|  | .................... |
|  | 16,8 g |

CALCULS

# Période 4 Semaine 1

Prénom : ........................ Date : ........................

**1** Sofia a ramassé 3 000 g de fraises et Jules en a ramassé 2 kg.
**Quelle masse de fraises ont-ils ramassée à eux deux ?**

SCHÉMA

CALCULS

PHRASE : ........................

**2** Sofia a ramassé 3 000 g de fraises.
Elle les répartit dans des barquettes de 1 kg.
**Combien de barquettes peut-elle remplir ?**

SCHÉMA

CALCULS

PHRASE : ........................

**3** Il y a 100 € dans le budget de l'école.
La directrice en utilise le quart pour acheter une lampe de bureau.
**Quel est le prix de la lampe ?**

SCHÉMA

CALCULS

PHRASE : ........................

**4** Marion est partie faire les boutiques avec 50 € en poche.
Elle a acheté une paire de chaussures à 49,50 €.
**Combien lui reste-t-il ?**

SCHÉMA

CALCULS

PHRASE : ........................

Prénom : .................................... Date : ....................................

**5** **Complète la facture en indiquant le total.**

| | |
|---|---|
| Grille-pain | 25,50 € |
| Cafetière | 35,50 € |
| Presse-agrumes | 14 € |
| Total | .................................. |

SCHÉMA

CALCULS

**6** **Complète ce tableau récapitulant le prix à payer en fonction du nombre de litres d'essence achetés.**

| **Nombre de litres** | 1 L | 2 L | 3 L | 4 L | 5 L |
|---|---|---|---|---|---|
| **Prix total** | 1,50 € | ............ | ............ | ............ | ............ |

CALCULS

## Période 4 Semaine 1

Prénom : ........................ Date : ........................

**1** Sofia a ramassé 2 500 g de fraises et Jules en a ramassé 1,5 kg.
**Quelle masse de fraises ont-ils ramassée à eux deux ?**

SCHÉMA

CALCULS

PHRASE : ........................

**2** Sofia a ramassé 4 500 g de fraises. Elle les répartit dans des barquettes de 1,5 kg.
**Combien de barquettes peut-elle remplir ?**

SCHÉMA

CALCULS

PHRASE : ........................

**3** Il y a 100 € dans le budget de l'école.
La directrice en utilise les $\frac{3}{4}$ pour acheter une imprimante.
**Quel était le prix de l'imprimante ?**

SCHÉMA

CALCULS

PHRASE : ........................

**4** Marion est partie faire les boutiques avec 100 € en poche.
Elle a acheté une paire de chaussures à 84,50 €.
**Combien lui reste-t-il ?**

SCHÉMA

CALCULS

PHRASE : ........................

Prénom : .................................... Date : ....................

**5** **Complète la facture en indiquant le total.**

| | |
|---|---|
| Grille-pain | 25,40 € |
| Cafetière | 35,60 € |
| Presse-agrumes | 14,99 € |
| Total | .................... |

SCHÉMA

CALCULS

**6** **Complète ce tableau récapitulant le prix à payer en fonction du nombre de litres d'essence achetés.**

| Nombre de litres | 1 L | 10 L | 20 L | 30 L | 40 L |
|---|---|---|---|---|---|
| Prix total | 1,70 € | .......... | .......... | .......... | .......... |

CALCULS

## Période 4 Semaine 1

Prénom : ..................................... Date : .....................

**1** Sofia a ramassé 2 780 g de fraises, Jules en a ramassé 1,535 kg et Louise en a ramassé 3,059 kg.
**Quelle masse de fraises ont-ils ramassée à eux trois ?**

SCHÉMA

CALCULS

PHRASE : .....................................

**2** Sofia a ramassé 4 732 g de fraises. Elle les répartit dans des barquettes de 1,5 kg.
**Combien de barquettes peut-elle remplir ? Quelle quantité de fraises restera-t-il ?**

SCHÉMA

CALCULS

PHRASE : .....................................

**3** Il y a 150 € dans le budget de l'école.
La directrice en utilise les $\frac{3}{4}$ pour acheter une imprimante.
**Quel était le prix de l'imprimante ?**

SCHÉMA

CALCULS

PHRASE : .....................................

**4** Marion est partie faire les boutiques avec 100 € en poche.
Elle a acheté une paire de chaussures à 64,90 € ainsi qu'une écharpe à 34,90 €.
**Combien lui reste-t-il ?**

SCHÉMA

CALCULS

PHRASE : .....................................

Prénom : ........................ Date : ........................

**5** **Complète la facture en indiquant le total.**

| | |
|---|---|
| Bureau | 490,99 € |
| Ordinateur | 699,99 € |
| Imprimante | 79,99 € |
| Tablette | 399,90 € |
| Total | .................... |

SCHÉMA

CALCULS

**6** **Complète ce tableau récapitulant le prix à payer en fonction du nombre de litres d'essence achetés.**

| Nombre de litres | 1 L | 10 L | 20 L | 30 L | 40 L |
|---|---|---|---|---|---|
| Prix total | .......... | .......... | 37,80 € | .......... | .......... |

CALCULS

**Période 4 Semaine 2** ★

Prénom : ........................ Date : ........................

**1** Lucia participe à une course d'endurance de 10 km.
Elle a déjà parcouru 9,5 km.
**Combien de kilomètres doit-elle encore parcourir ?**

SCHÉMA

CALCULS

PHRASE : ........................

**2** Yanis a acheté une brioche à 3,50 € et une viennoiserie à 1,50 €.
**Combien a-t-il payé en tout ?**

SCHÉMA

CALCULS

PHRASE : ........................

**3** Lucas a reçu 10 € pour son anniversaire. Il en utilise $\frac{5}{10}$ pour s'acheter une bande dessinée.
**Combien coute la bande dessinée ?**

SCHÉMA

CALCULS

PHRASE : ........................

**4** À la boulangerie, un client achète 10 petits pains à 0,50 €.
**Combien paie-t-il au total ?**

SCHÉMA

CALCULS

PHRASE : ........................

Prénom : ............................ Date : ............................

**5** **Complète la facture en indiquant le prix du presse-agrume.**

| | |
|---|---|
| Grille-pain | 25,50 € |
| Cafetière | 35,50 € |
| Presse-agrumes | .................... |
| Total | 75 € |

SCHÉMA

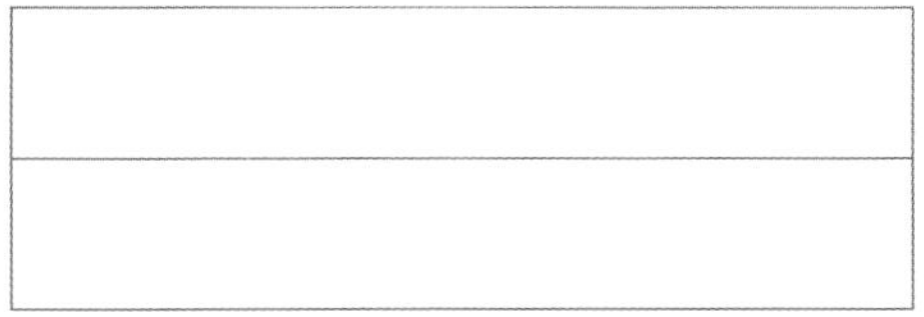

CALCULS

**6** **Complète ces étiquettes en indiquant le prix au kilo.**

1 000 g de farine
1 €
Prix au kilo : ....................

2 000 g de sucre
4 €
Prix au kilo : ....................

500 g de semoule
2 €
Prix au kilo : ....................

500 g de sel
0,50 €
Prix au kilo : ....................

CALCULS

## Période 4 Semaine 2 ★★

Prénom : .................................... Date : ....................

**1** Lucia participe à une course d'endurance de 10 km.
Elle a déjà parcouru 8,7 km.
**Combien de kilomètres doit-elle encore parcourir ?**

SCHÉMA

CALCULS

PHRASE : ........................................................................

**2** Yanis a acheté deux baguettes à 0,95 €, une brioche à 3,50 €
et une viennoiserie à 1,60 €.
**Combien a-t-il payé en tout ?**

SCHÉMA

CALCULS

PHRASE : ........................................................................

**3** Lucas a reçu 20 € pour son anniversaire.
Il en utilise $\frac{5}{10}$ pour s'acheter une bande dessinée.
**Combien coute la bande dessinée ?**

SCHÉMA

CALCULS

PHRASE : ........................................................................

**4** À la boulangerie, une cliente achète 10 baguettes à 0,90 €.
**Combien paie-t-elle au total ?**

SCHÉMA

CALCULS

PHRASE : ........................................................................

Prénom : ........................ Date : ........................

**5** **Complète la facture en indiquant le prix de la théière.**

| | |
|---|---|
| Grille-pain | 25,40 € |
| Cafetière | 35,60 € |
| Presse-agrumes | 14,99 € |
| Théière | ........................ |
| Total | 88,59 € |

SCHÉMA

CALCULS

**6** **Complète ces étiquettes en indiquant le prix au kilo.**

500 g de farine
0,50 €
Prix au kilo : ........................

250 g de sucre
0,50 €
Prix au kilo : ........................

500 g de semoule
1,50 €
Prix au kilo : ........................

100 g de sel
0,50 €
Prix au kilo : ........................

CALCULS

## Période 4 Semaine 2

Prénom : ........................ Date : ........................

**1** Lucia participe au marathon de Paris. La distance totale est de 42,195 km. Au bout d'une heure, elle a déjà parcouru 13 450 m.
**Quelle distance lui reste-t-il à parcourir ?**

SCHÉMA

CALCULS

PHRASE : ........................

**2** Yanis a acheté 15 baguettes à 0,95 € l'unité, 5 brioches à 3,49 € l'unité et 8 viennoiseries à 1,59 € l'unité.
**Combien a-t-il payé en tout ?**

SCHÉMA

CALCULS

PHRASE : ........................

**3** Grâce à son récupérateur d'eau de pluie, Lucas a recueilli 120 L d'eau. Il en utilise $\frac{5}{10}$ pour arroser son jardin.
**Quelle quantité d'eau a-t-il utilisée ?**

SCHÉMA

CALCULS

PHRASE : ........................

**4** À la boulangerie, un client achète 50 baguettes à 0,90 €. Comme c'est une grosse commande, il obtient une remise correspondant à $\frac{1}{10}$ du montant total.
**Combien paie-t-il au final ?**

SCHÉMA

CALCULS

PHRASE : ........................

Prénom : ........................ Date : ........................

## 5 Complète la facture en indiquant le prix de l'imprimante.

| | |
|---|---|
| Bureau | 490,99 € |
| Ordinateur | 699,99 € |
| Imprimante | ........................ |
| Tablette | 399,90 € |
| Total | 1 670,87 € |

SCHÉMA

CALCULS

## 6 Complète ces étiquettes en indiquant le prix au kilo.

500 g de farine
0,59 €
Prix au kilo : ........................

250 g de sucre
0,49 €
Prix au kilo : ........................

500 g de semoule
1,59 €
Prix au kilo : ........................

100 g de sel
0,45 €
Prix au kilo : ........................

CALCULS

## Période 4 Semaine 3

Prénom : ........................ Date : ........................

**1** Aujourd'hui, le pâtissier a fabriqué 150 macarons.
Ils sont vendus par lots de 3.
**Combien de lots peut-il faire ?**

SCHÉMA

CALCULS

PHRASE : ........................

**2** Aujourd'hui, le pâtissier a fabriqué 150 macarons qu'il a vendus en 50 lots.
**Combien de macarons y avait-il dans chaque lot ?**

SCHÉMA

CALCULS

PHRASE : ........................

**3** Aujourd'hui, le pâtissier a fabriqué 150 macarons.
Un client achète un tiers de cette quantité.
**Combien de macarons a-t-il achetés ?**

SCHÉMA

CALCULS

PHRASE : ........................

**4** Aujourd'hui, le pâtissier a fabriqué 150 macarons. Un client en achète un tiers et les partage entre ses 5 petits-enfants.
**Combien de macarons chaque enfant aura-t-il ?**

SCHÉMA

CALCULS

PHRASE : ........................

Prénom : .................................... Date : ....................

**5** **Trace la courbe des prix du sel sachant que 100 g coutent 0,50 €.**

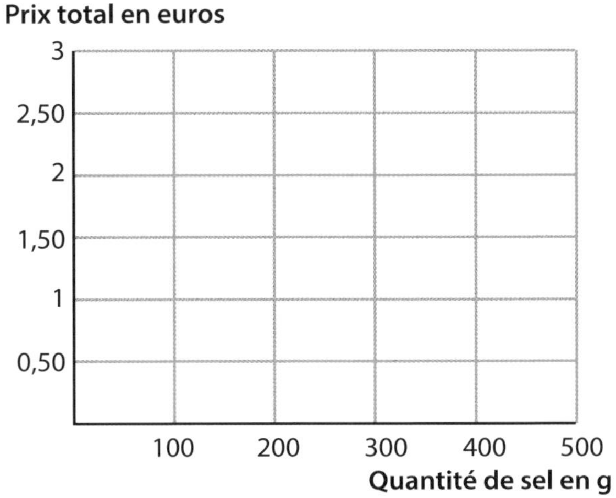


CALCULS

**6** **Complète ces étiquettes en indiquant le prix.**

1 000 g de farine
.................................... €
Prix au kilo : 1 €

2 000 g de sucre
.................................... €
Prix au kilo : 2 €

500 g de semoule
.................................... €
Prix au kilo : 4 €

500 g de sel
.................................... €
Prix au kilo : 1 €

CALCULS

# Période 4 Semaine 3

Prénom : ........................ Date : ........................

**1** Aujourd'hui, la pâtissière a fabriqué 126 macarons.
Ils sont vendus par lots de 3.
**Combien de lots peut-elle faire ?**

SCHÉMA

CALCULS

PHRASE : ........................

**2** Aujourd'hui, la pâtissière a fabriqué 126 macarons qu'elle a vendus en 42 lots.
**Combien de macarons y avait-il dans chaque lot ?**

SCHÉMA

CALCULS

PHRASE : ........................

**3** Aujourd'hui, la pâtissière a fabriqué 126 macarons.
Un client en achète les deux tiers.
**Combien de macarons a-t-il achetés ?**

SCHÉMA

CALCULS

PHRASE : ........................

**4** Aujourd'hui, la pâtissière a fabriqué 126 macarons. Un client en achète les deux tiers et les partage entre ses 6 petits-enfants.
**Combien de macarons chaque enfant aura-t-il ?**

SCHÉMA

CALCULS

PHRASE : ........................

Prénom : ............................ Date : ............................

**5** **Trace la courbe des prix du sel sachant que 100 g coutent 0,50 €.**

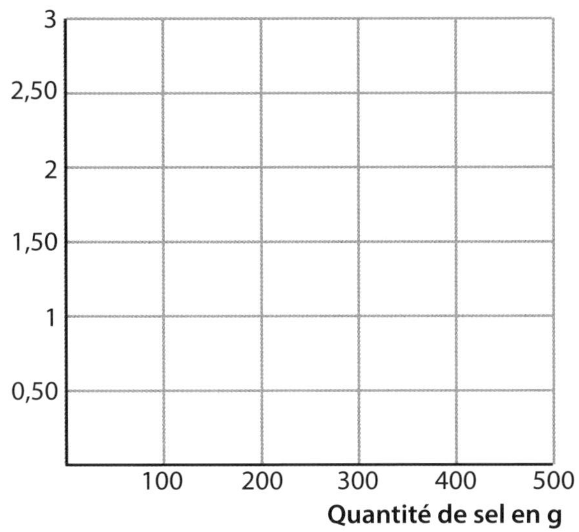


CALCULS

**6** **Complète ces étiquettes en indiquant le prix.**

500 g de farine
............................ €
Prix au kilo : 1 €

250 g de sucre
............................ €
Prix au kilo : 1 €

500 g de semoule
............................ €
Prix au kilo : 3 €

100 g de sel
............................ €
Prix au kilo : 5 €

CALCULS

# Période 4 Semaine 3

Prénom : ............ Date : ............

**1** Aujourd'hui, les pâtissiers ont fabriqué 1 262 macarons.
Ils sont vendus par lots de 30.
**Combien de lots peuvent-ils faire ? Combien restera-t-il de macarons ?**

SCHÉMA

CALCULS

PHRASE : ............

**2** Aujourd'hui, les pâtissiers doivent fabriquer 1 260 macarons avec 30 parfums différents à quantité égale.
**Combien de macarons de chaque parfum doivent-ils fabriquer ?**

SCHÉMA

CALCULS

PHRASE : ............

**3** Aujourd'hui, les pâtissiers ont fabriqué 1 260 macarons.
Un client en achète les deux tiers.
**Combien de macarons a-t-il achetés ?**

SCHÉMA

CALCULS

PHRASE : ............

**4** Aujourd'hui, les pâtissiers ont fabriqué 1 260 macarons.
Le propriétaire d'une chaine de restaurants en achète les deux tiers et les partage à quantité égale entre ses 6 points de vente.
**Combien de macarons y aura-t-il dans chaque restaurant ?**

SCHÉMA

CALCULS

PHRASE : ............

Prénom : .................................... Date : ....................

## 5 Trace la courbe des prix du sel sachant que 100 g coutent 0,49 €.

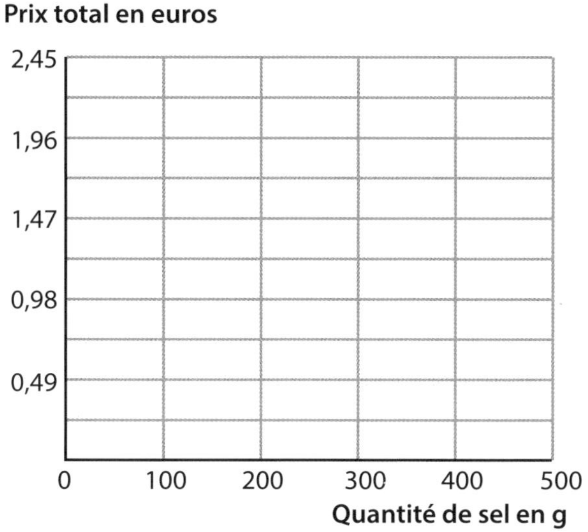


CALCULS

## 6 Complète ces étiquettes en indiquant le prix.

| | |
|---|---|
| 500 g de farine<br>.................... €<br>Prix au kilo : 1,18 € | 250 g de sucre<br>.................... €<br>Prix au kilo : 1,96 € |
| 500 g de semoule<br>.................... €<br>Prix au kilo : 3,18 € | 100 g de sel<br>.................... €<br>Prix au kilo : 4,50 € |

CALCULS

**Période 4 Semaine 4**

Prénom : ............................ Date : ............................

**1** La directrice commande 4 tablettes à 250 € l'unité.
Il ne reste ensuite plus que 500 € sur le budget annuel de l'école.
**Combien y avait-il sur ce budget avant cette commande ?**

SCHÉMA

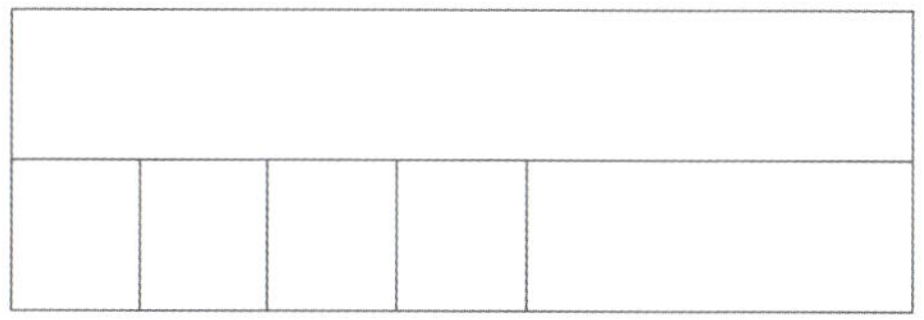

CALCULS

PHRASE : ............................

**2** Une page de petit carnet compte 20 lignes de 15 carreaux chacune.
**Combien de carreaux y a-t-il en tout sur 5 pages ?**

SCHÉMA

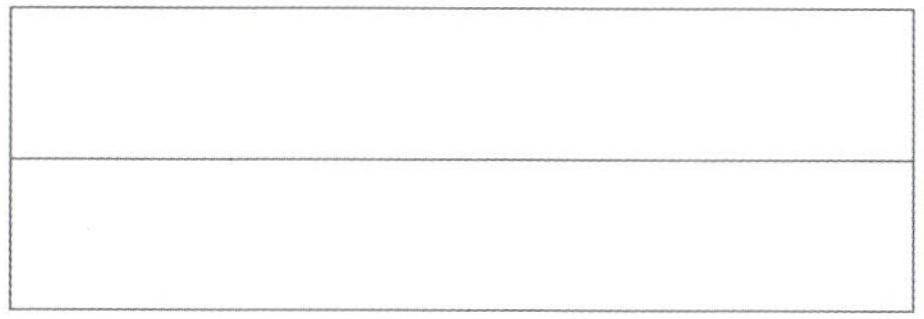

CALCULS

PHRASE : ............................

**3** Louna et Ayoub ont pressé des oranges pour faire des jus.
Ayoub a réussi à remplir 2 verres de 25 cL chacun.
Louna a rempli 4 verres de 25 cL chacun.
**Quelle quantité de jus en plus Louna a-t-elle réalisée ?**

SCHÉMA

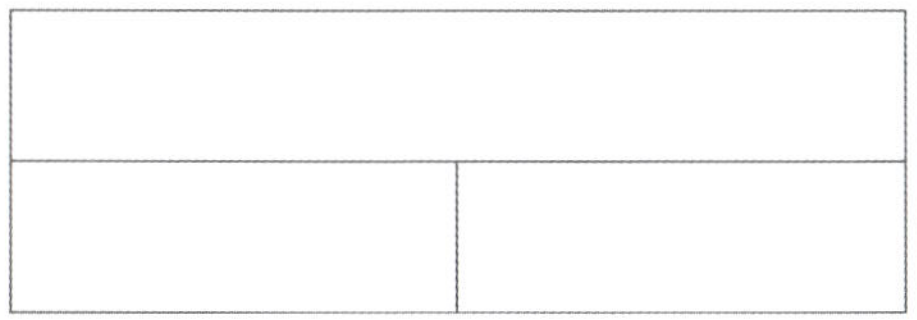

CALCULS

PHRASE : ............................

**4** Paul a 3,50 € en poche. Il veut acheter une baguette à 1 €,
un croissant à 1,50 € et un pain au chocolat à 1,50 €.
**Combien lui manque-t-il ?**

SCHÉMA

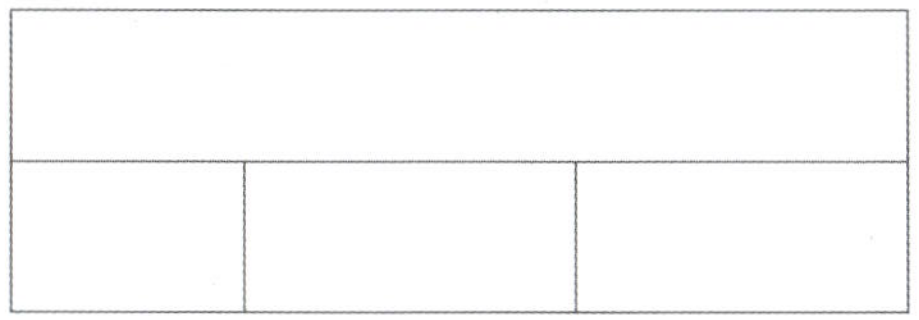

CALCULS

PHRASE : ............................

Prénom : ............ Date : ............

**5** Voici les temps moyens d'écran de Hugo pour une journée.
**Combien d'heures passe-t-il devant les écrans en une semaine ?**

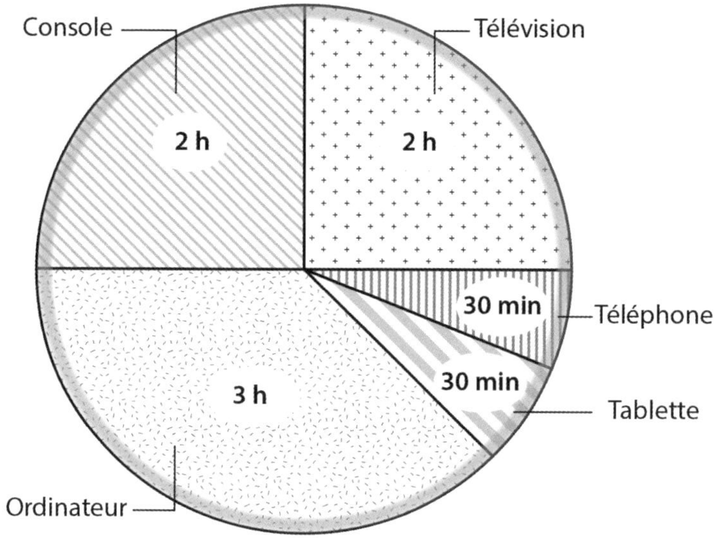

SCHÉMA

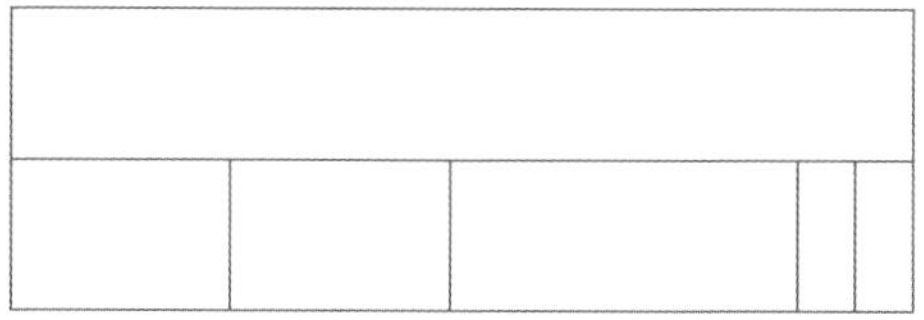

CALCULS

PHRASE : ............

............

**6** Sur autoroute, une voiture roule à 100 km/h.
Il lui faut donc 1 heure pour parcourir 100 km.
**Complète le tableau indiquant la distance parcourue en fonction du temps.**

| Distance | Temps |
|---|---|
| 50 km | ............ |
| 100 km | 1 h |
| 150 km | ............ |

CALCULS

# Période 4 Semaine 4

Prénom : ..................................... Date : .....................

**1** La directrice commande 4 tablettes à 259 € l'unité.
Il ne reste ensuite plus que 464 € sur le budget de l'école.
**Combien y avait-il sur ce budget avant cette commande ?**

SCHÉMA

CALCULS

PHRASE : .....................................

**2** Une page de cahier compte 22 lignes de 16 carreaux chacune.
**Combien de carreaux y a-t-il en tout sur 10 pages ?**

SCHÉMA

CALCULS

PHRASE : .....................................

**3** Louna et Ayoub ont pressé des oranges pour faire des jus.
Ayoub a réussi à remplir 10 verres de 25 cL chacun.
Louna a rempli 15 verres de 25 cL chacun.
**Quelle quantité de jus en plus Louna a-t-elle réalisée ?**

SCHÉMA

CALCULS

PHRASE : .....................................

**4** Paul a 3,20 € en poche. Il veut acheter une baguette à 0,95 €, un croissant à 1,30 € et un pain au chocolat à 1,50 €.
**Combien lui manque-t-il ?**

SCHÉMA

CALCULS

PHRASE : .....................................

Prénom : ........................ Date : ........................

**5** Voici les temps moyens d'écran de Hugo pour une journée.
**Combien d'heures passe-t-il devant les écrans en une année ?**

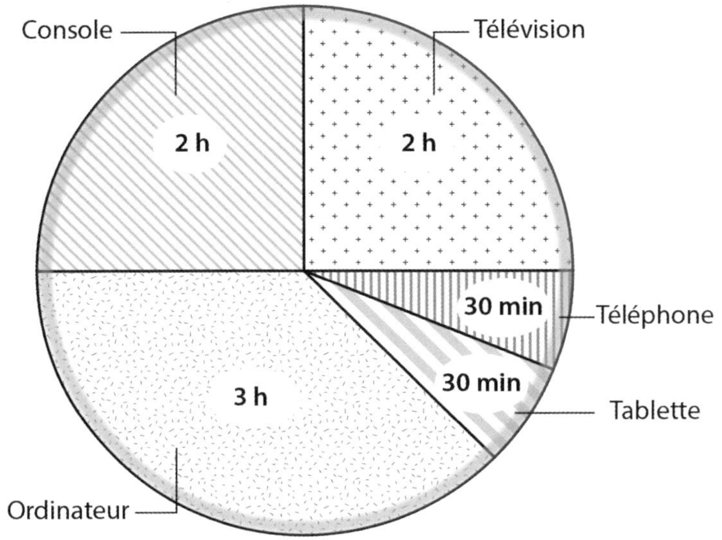

SCHÉMA

CALCULS

PHRASE : ........................

........................

**6** Sur autoroute, une voiture roule à 100 km/h.
Il lui faut donc 1 heure pour parcourir 100 km.
**Complète le tableau indiquant la distance parcourue en fonction du temps.**

| Distance | Temps |
|---|---|
| 25 km | ........ |
| 50 km | ........ |
| 75 km | ........ |
| 100 km | 1 h |
| 125 km | ........ |
| 150 km | ........ |

CALCULS

## Période 4 Semaine 4

Prénom : ........................ Date : ........................

**1** La directrice commande pour les élèves 4 tablettes à 259,99 € l'unité.
Il ne reste ensuite plus que 960,04 € sur le budget annuel de l'école.
**Combien y avait-il sur ce budget avant cette commande ?**

SCHÉMA

CALCULS

PHRASE : ........................

**2** Une page de grand cahier compte 33 lignes de 25 carreaux chacune.
**Combien de carreaux y a-t-il en tout sur un cahier de 196 pages ?**

SCHÉMA

CALCULS

PHRASE : ........................

**3** Louna et Ayoub ont pressé des oranges pour faire des jus.
Ayoub a réussi à remplir 13 verres de 250 mL chacun.
Louna a rempli 18 verres de 250 mL chacun.
**Combien de centilitres de jus en plus Louna a-t-elle réalisés ?**

SCHÉMA

CALCULS

PHRASE : ........................

**4** Paul a 15 € en poche. Il veut acheter 3 baguettes à 0,95 €,
5 croissants à 1,30 € et 4 pains au chocolat à 1,50 €.
**Combien lui manque-t-il ?**

SCHÉMA

CALCULS

PHRASE : ........................

Prénom : .................................... Date : ....................

**5** Voici les temps moyens d'écran de Hugo pour une journée.
**Combien d'heures passe-t-il devant les écrans en une année ?**

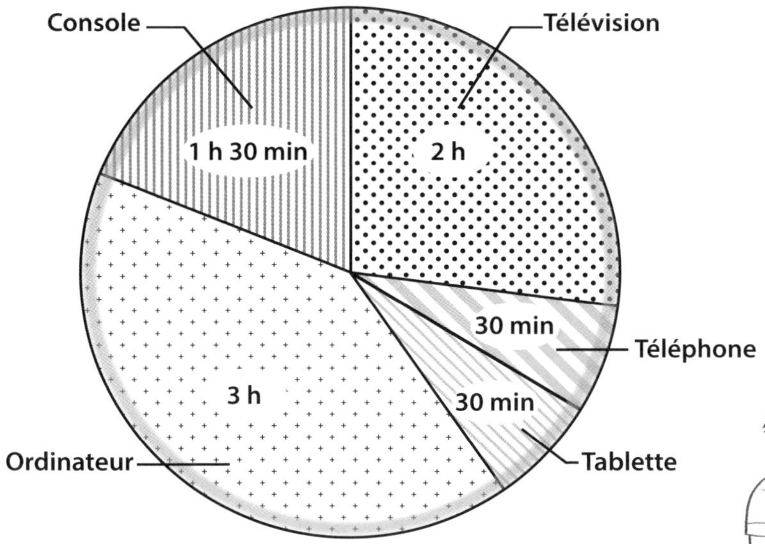

SCHÉMA

CALCULS

PHRASE : ..............................................................................

..............................................................................

**6** Sur autoroute, une voiture roule à 100 km/h.
Il lui faut donc 1 heure pour parcourir 100 km.
**Complète le tableau indiquant la distance parcourue en fonction du temps.**

| Distance | Temps |
|---|---|
| 20 km | .................... |
| 25 km | .................... |
| 50 km | .................... |
| 70 km | .................... |
| 75 km | .................... |
| 100 km | 1 h |
| 120 km | .................... |
| 125 km | .................... |
| 150 km | .................... |

CALCULS

## Période 4 Semaine 5

Prénom : ......................................... Date : .........................

**1** En 2022, l'école a dépensé 2 000 € en fournitures scolaires.
C'est 150 € de moins qu'en 2021. En 2021, l'école avait dépensé 500 € de plus qu'en 2020.
**Combien l'école avait-elle dépensé en 2020 ?**

SCHÉMA

CALCULS

PHRASE : .........................................

**2** L'usine d'embouteillage a reçu 10 L de jus d'orange ce matin.
Elle doit remplir des bouteilles de 100 cL.
**Combien de bouteilles peuvent être remplies ?**

SCHÉMA

CALCULS

PHRASE : .........................................

**3** L'usine d'embouteillage a reçu 10 L de jus d'orange ce matin.
Elle doit remplir des bouteilles de 50 cL.
**Combien de bouteilles peuvent être remplies ?**

SCHÉMA

CALCULS

PHRASE : .........................................

**4** L'usine d'embouteillage a conditionné 20 bouteilles de 50 cL de jus d'orange.
**Combien de litres de jus ont été utilisés en tout ?**

SCHÉMA

CALCULS

PHRASE : .........................................

Prénom : ............................ Date : ............................

**5** **Quel hôtel coute 3 fois plus cher que le B ?**

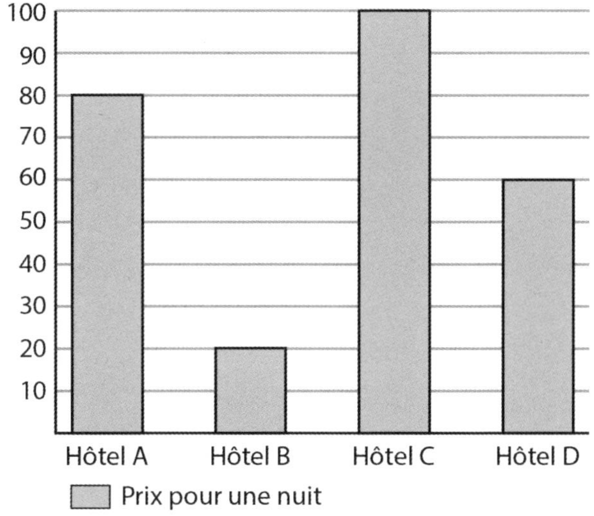


SCHÉMA

CALCULS

PHRASE : ............................................................

............................................................

**6** Quand il marche, un enfant fait un pas d'une distance de 50 cm.
**Complète le tableau indiquant la distance parcourue en fonction du nombre de pas.**

| Nombre de pas | Distance |
|---|---|
| 1 | 0,50 m |
| 2 | 1 m |
| 3 | .................... |
| 4 | .................... |
| 5 | .................... |
| 6 | .................... |
| 7 | .................... |
| 8 | .................... |
| 9 | .................... |
| 10 | .................... |

CALCULS

# Période 4 Semaine 5

Prénom : ........................ Date : ........................

**1** En 2022, l'école a dépensé 2 459 € en fournitures scolaires.
C'est 148 € de moins qu'en 2021. En 2021, l'école avait dépensé 504 € de plus qu'en 2020.
**Combien l'école avait-elle dépensé en 2020 ?**

SCHÉMA

CALCULS

PHRASE : ........................

**2** L'usine d'embouteillage a reçu 2 000 L de jus d'orange ce matin.
Elle doit remplir des bouteilles de 100 cL.
**Combien de bouteilles peuvent être remplies ?**

SCHÉMA

CALCULS

PHRASE : ........................

**3** L'usine d'embouteillage a reçu 2 000 L de jus d'orange ce matin.
Elle doit remplir des bouteilles de 50 cL.
**Combien de bouteilles peuvent être remplies ?**

SCHÉMA

CALCULS

PHRASE : ........................

**4** L'usine d'embouteillage a conditionné 400 bouteilles de 50 cL de jus d'orange.
**Combien de litres de jus ont été utilisés en tout ?**

SCHÉMA

CALCULS

PHRASE : ........................

Prénom : ............................ Date : ............................

**5** **Quel hôtel coute 3 fois plus cher que le B ?**

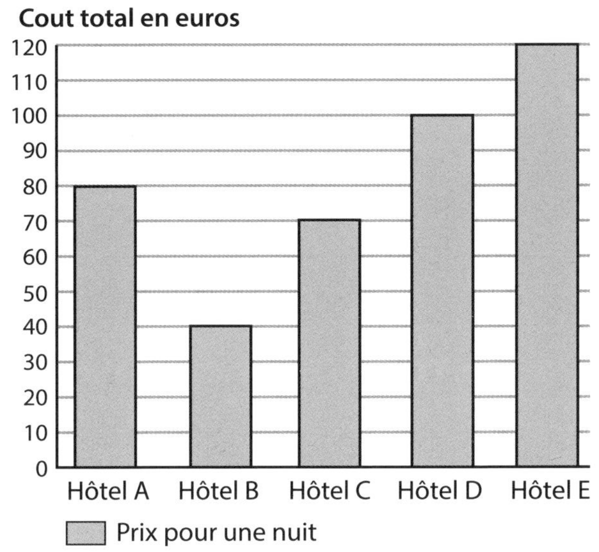


SCHÉMA

CALCULS

PHRASE : ............................

............................

**6** Quand on marche, un pas équivaut à 75 cm en moyenne.
**Complète le tableau indiquant la distance parcourue en fonction du nombre de pas.**

| Nombre de pas | Distance |
|---|---|
| 1 | 0,75 m |
| 2 | 1,50 m |
| 3 | .............. |
| 4 | .............. |
| 5 | .............. |
| 6 | .............. |
| 7 | .............. |
| 8 | .............. |
| 9 | .............. |
| 10 | .............. |

CALCULS

## Période 4 Semaine 5

Prénom : ............ Date : ............

**1** En 2022, l'école a dépensé 2 459,60 € en fournitures scolaires. C'est 148,59 € de moins qu'en 2021. En 2021, l'école avait dépensé 504,90 € de plus qu'en 2020.
**Combien l'école avait-elle dépensé en 2020 ?**

SCHÉMA

CALCULS

PHRASE : ............

**2** L'usine d'embouteillage a reçu 2 000 L de jus d'orange ce matin. Elle doit remplir des bouteilles de 150 cL.
**Combien de bouteilles peuvent être remplies ?**
**Combien de centilitres restera-t-il ?**

SCHÉMA

CALCULS

PHRASE : ............

**3** L'usine d'embouteillage a reçu 2 000 L de jus d'orange ce matin. Elle doit remplir des bouteilles de 75 cL.
**Combien de bouteilles peuvent être remplies ?**
**Combien de centilitres restera-t-il ?**

SCHÉMA

CALCULS

PHRASE : ............

**4** L'usine d'embouteillage a conditionné 400 bouteilles de 150 cL de jus d'orange.
**Combien de litres de jus ont été utilisés en tout ?**

SCHÉMA

CALCULS

PHRASE : ............

Prénom : ............ Date : ............

**5** **Quel hôtel coute 3 fois plus cher que le B ?**

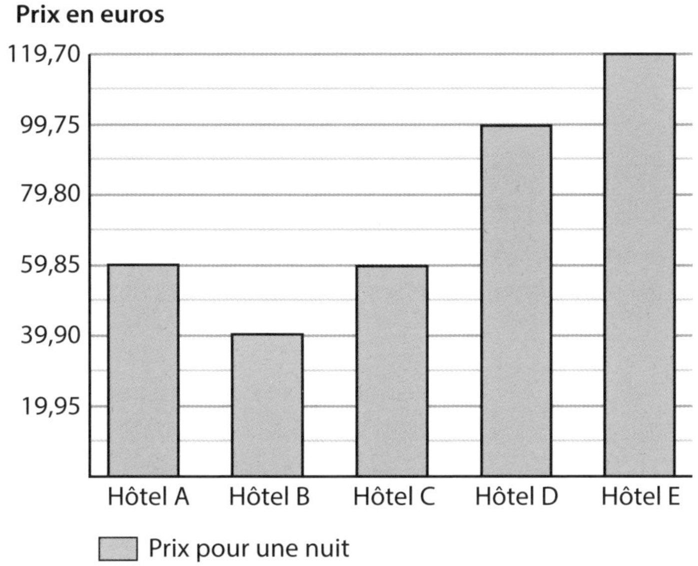


SCHÉMA

CALCULS

PHRASE : ............

............

**6** Faire 4 pas équivaut en moyenne à parcourir 3 m.
**Complète le tableau indiquant la distance parcourue en fonction du nombre de pas.**

| Nombre de pas | Distance |
|---|---|
| 1 | ............ |
| 2 | ............ |
| 3 | ............ |
| 4 | 3 m |
| 5 | ............ |
| 6 | ............ |
| 7 | ............ |
| 8 | ............ |
| 9 | ............ |
| 10 | ............ |

CALCULS

# Période 4 Semaine 6

Prénom : ..................................... Date : .....................

**1** Pour son entrainement, un coureur s'est donné comme objectif de parcourir 10 km. Il a parcouru seulement $\frac{5}{10}$ de cette distance.
**Combien de kilomètres a-t-il parcourus ?**

SCHÉMA

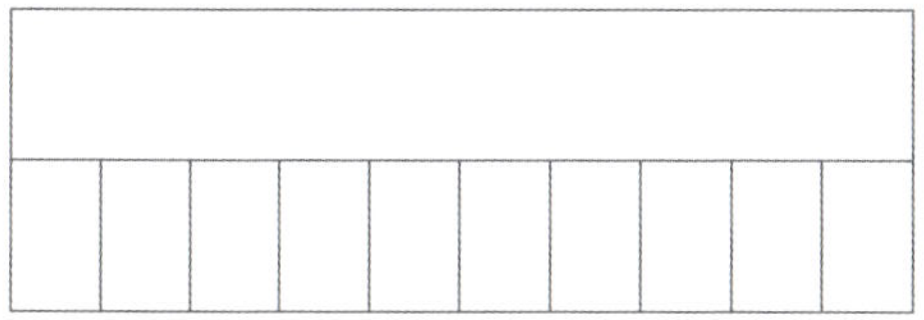

CALCULS

PHRASE : .....................................

**2** Yasmine a fait l'acquisition d'un vélo à 600 € pour se rendre au travail. Son employeur lui en a financé un tiers.
**Quelle somme Yasmine a-t-elle payée elle-même pour acquérir ce vélo ?**

SCHÉMA

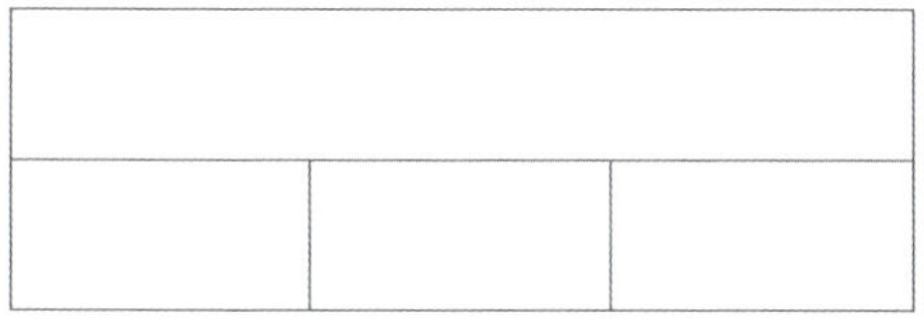

CALCULS

PHRASE : .....................................

**3** Hugo achète un ordinateur. Le prix initial est de 400 € mais le vendeur lui fait une remise exceptionnelle correspondant à un quart du prix.
**Combien paie-t-il ?**

SCHÉMA

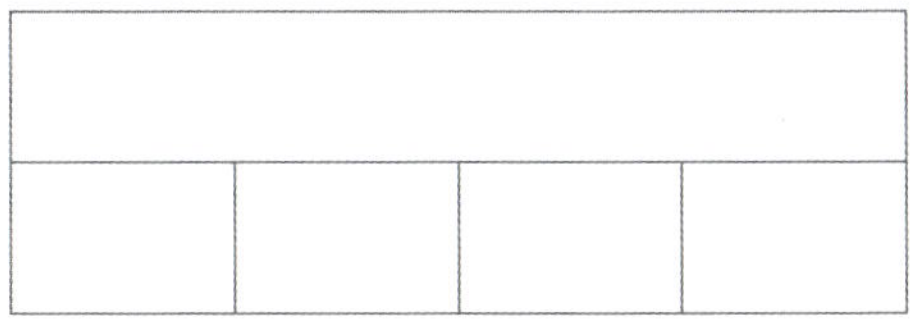

CALCULS

PHRASE : .....................................

**4** Lucien a vendu pour 400 € d'objets lors d'une brocante. Il donne les trois quarts de cette somme à sa petite-fille.
**Combien lui donne-t-il ?**

SCHÉMA

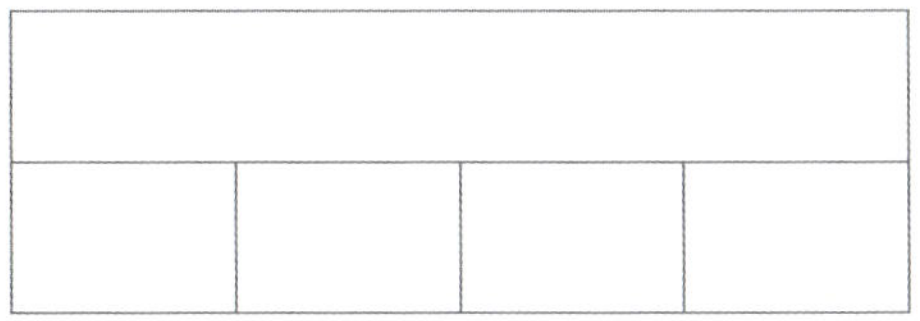

CALCULS

PHRASE : .....................................

Prénom : ............ Date : ............

**5** Gaspard a un budget de 250 € pour 3 nuits d'hôtel.
**Quels sont les hôtels qu'il peut choisir ?**

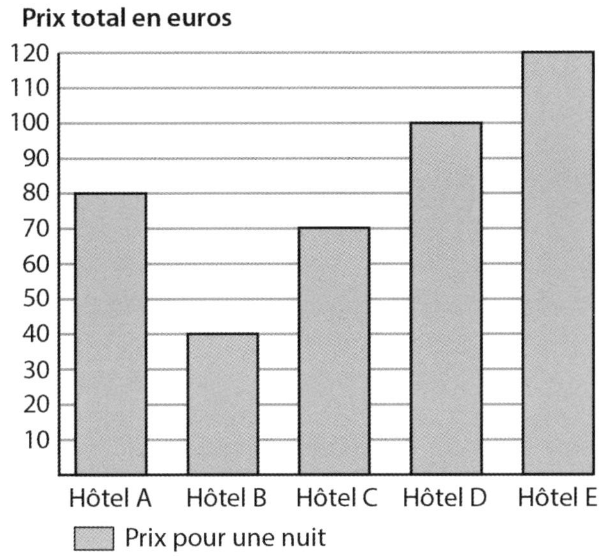


SCHÉMA

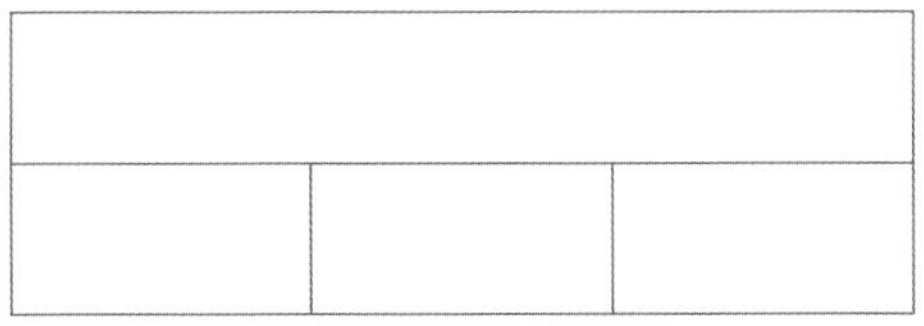

CALCULS

PHRASE : ............

............

**6** À l'usine d'embouteillage, il faut 50 cL pour remplir une bouteille.
**Complète le tableau indiquant la quantité d'eau nécessaire en fonction du nombre de bouteilles à remplir.**

| Nombre de bouteilles | Quantité |
|---|---|
| 1 | 50 cL |
| 2 | 1 L |
| 3 | 1,50 L |
| 4 | ............ |
| 5 | ............ |
| 6 | ............ |
| 7 | ............ |
| 8 | ............ |
| 9 | ............ |
| 10 | ............ |

CALCULS

## Période 4 Semaine 6

Prénom : ..................................... Date : ....................

**1** Pour son entrainement, un coureur s'est donné comme objectif de parcourir 10 km le samedi et 10 km le dimanche. Le samedi, il a parcouru seulement $\frac{7}{10}$ de cette distance et le dimanche seulement $\frac{5}{10}$.

**Combien de kilomètres a-t-il parcourus en tout ce week-end ?**

SCHÉMA

CALCULS

PHRASE : ..........................................................

**2** Yasmine a fait l'acquisition d'un vélo à 639 € pour se rendre au travail. Son employeur lui en a financé les deux tiers.

**Quelle somme Yasmine a-t-elle payée elle-même pour acquérir ce vélo ?**

SCHÉMA

CALCULS

PHRASE : ..........................................................

**3** Hugo achète un ordinateur. Le prix initial est de 500 € mais le vendeur lui fait une remise exceptionnelle correspondant à un quart du prix.

**Combien paie-t-il ?**

SCHÉMA

CALCULS

PHRASE : ..........................................................

**4** Lucien a vendu pour 500 € d'objets lors d'une brocante. Il donne les trois quarts de cette somme à sa petite-fille.

**Combien lui donne-t-il ?**

SCHÉMA

CALCULS

PHRASE : ..........................................................

Prénom : .................... Date : ....................

**5** Gaspard a un budget de 600 € maximum pour 7 nuits d'hôtel.
**Quels sont les hôtels qu'il peut choisir ?**

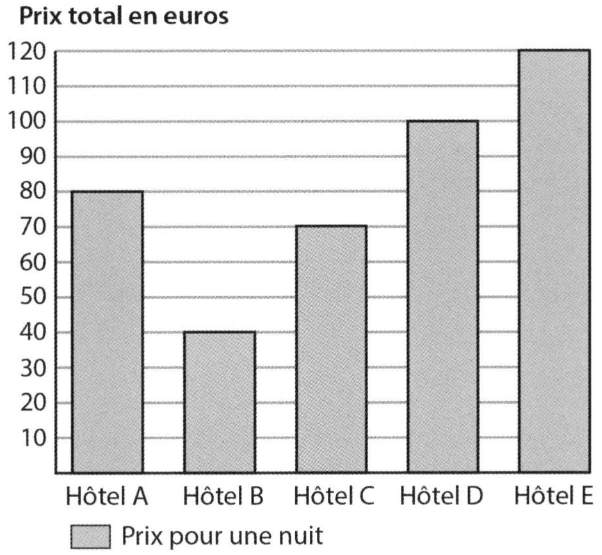


SCHÉMA

CALCULS

PHRASE : ....................

....................

**6** Il faut 33 cL de soda pour remplir une canette.
**Complète le tableau indiquant la quantité nécessaire de soda en fonction du nombre de canettes à remplir.**

| Nombre de bouteilles | Quantité |
|---|---|
| 1 | 33 cL |
| 2 | 66 cL |
| 3 | .......... |
| 4 | 1,32 L |
| 5 | .......... |
| 6 | .......... |
| 7 | .......... |
| 8 | 2,64 L |
| 9 | .......... |
| 10 | .......... |

CALCULS

## Période 4 Semaine 6

Prénom : ..................... Date : .....................

**1** Pour son entrainement, un coureur s'est donné comme objectif de parcourir 20 km le samedi et 16 km le dimanche.

Le samedi, il a parcouru seulement $\frac{5}{10}$ de cette distance et le dimanche seulement $\frac{5}{10}$ également.

**Combien de kilomètres a-t-il parcourus en tout ce week-end ?**

SCHÉMA

CALCULS

PHRASE : .....................

**2** Yasmine a fait l'acquisition d'un vélo à 639,90 € pour se rendre chaque jour au travail. Son employeur lui en a financé les deux tiers.
**Quelle somme Yasmine a-t-elle payée d'elle-même pour acquérir ce vélo ?**

SCHÉMA

CALCULS

PHRASE : .....................

**3** Hugo achète un ordinateur. Le prix initial est de 512,80 € mais le vendeur lui fait une remise exceptionnelle correspondant à un quart du prix.
**Combien paie-t-il ?**

SCHÉMA

CALCULS

PHRASE : .....................

**4** Lucien a vendu sa voiture pour 7 500 €. Il donne les trois quarts de cette somme à sa petite-fille.
**Combien lui donne-t-il ?**

SCHÉMA

CALCULS

PHRASE : .....................

Prénom : .................... Date : ....................

**5** Gaspard a un budget de 600 € maximum pour 7 nuits d'hôtel.
**Quels sont les hôtels qu'il peut choisir ?**

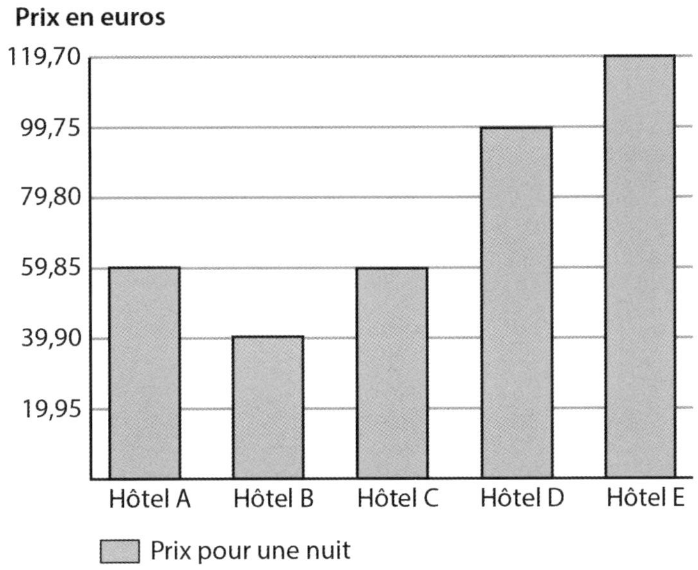


SCHÉMA

CALCULS

PHRASE : ....................

**6** Il faut 1,32 L de soda pour remplir 4 canettes.
**Complète le tableau indiquant la quantité nécessaire de soda en fonction du nombre de canettes à remplir.**

| Nombre de bouteilles | Quantité |
|---|---|
| 1 | ........ |
| 2 | ........ |
| 3 | ........ |
| 4 | 1,32 L |
| 5 | ........ |
| 6 | ........ |
| 7 | ........ |
| 8 | ........ |
| 9 | ........ |
| 10 | ........ |

CALCULS

Période 4 Série 1

Prénom : ............................ Date : ............................

**1** Sasha a tracé 10 polygones, il s'agit de triangles et de rectangles.
Il dénombre 34 côtés en tout.
**Combien y a-t-il de triangles ? Combien y a-t-il de rectangles ?**

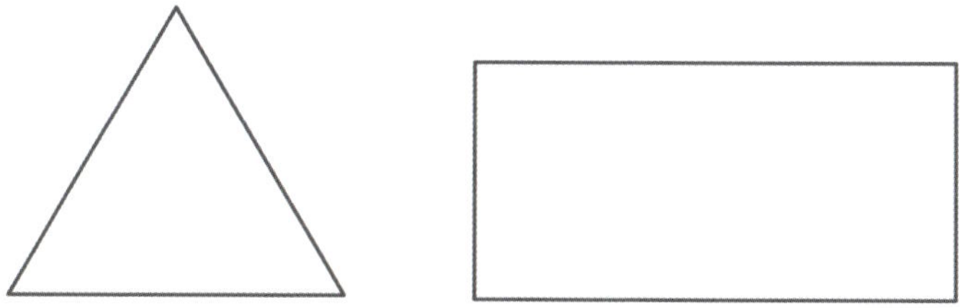

PHRASE : ............................

............................

**2** Trois cyclistes (Tom, Lisa et Léo) s'amusent à faire une course de 10 km.
**Quels sont les ordres d'arrivée possibles ?**
**Combien de possibilités y a-t-il ?**

PHRASE : ............................

............................

Prénom : ........................ Date : ........................

**3** Trouve tous les nombres entre 10 et 99 dont le produit des chiffres est égal à 12.
**Combien y en a-t-il ?**

Exemple : le nombre 26 → $2 \times 6 = 12$

PHRASE : ........................................

........................................

**4** Pour réaliser son cocktail de jus de fruits, Zoé utilise 25 cL de jus de kiwi et 15 cL de jus de fraise. Elle a en stock 1 L de chaque type de jus.
**Combien de cocktails peut-elle réaliser ?**

PHRASE : ........................................

........................................

## Période 4 Série 1

Prénom : ............................ Date : ............................

**1** Sasha a tracé 20 polygones en tout, il s'agit de triangles et de rectangles. Il dénombre 68 côtés en tout.
**Combien y a-t-il de triangles ? Combien y a-t-il de rectangles ?**

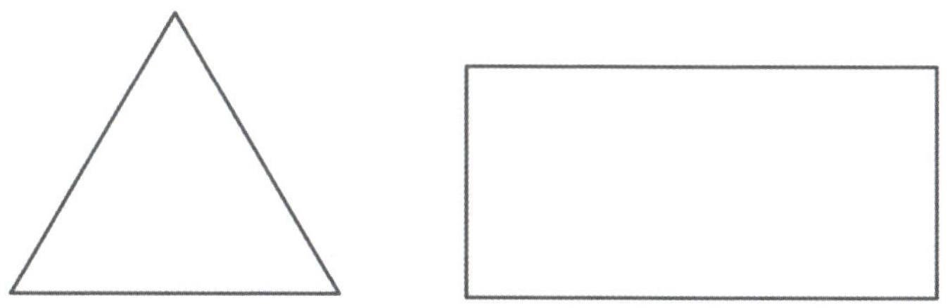

PHRASE : ............................

**2** Quatre coureurs cyclistes (Tom, Lisa, Léo et Zoé) s'amusent à faire une course de 10 km.
**Quels sont tous les ordres d'arrivée possibles ?**
**Combien de possibilités y a-t-il ?**

PHRASE : ............................

**3** Trouve tous les nombres entre 100 et 400 dont le produit des chiffres est égal à 30.
**Combien y en a-t-il ?**

Exemple : le nombre 156 → $1 \times 5 \times 6 = 30$

PHRASE : ..................................................

..................................................

Prénom : .................................... Date : ......................

**4** Pour réaliser son cocktail de jus de fruits, Zoé utilise 20 cL de jus d'orange, 25 cL de jus de kiwi et 15 cL de jus de fraise. Elle a en stock 1 L de chaque type de jus.
**Combien de cocktails peut-elle réaliser ?**

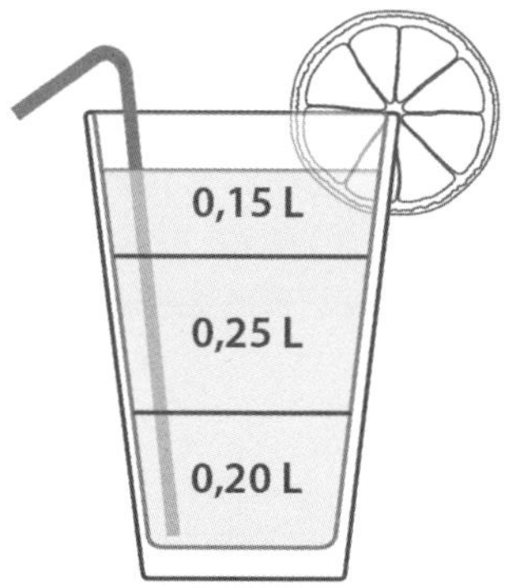


PHRASE : ..................................................

..................................................

## Période 4 Série 1

Prénom : ............ Date : ............

**1** Sasha a tracé 15 polygones, il s'agit de triangles, de rectangles et de pentagones. Il dénombre 60 côtés en tout. **Combien de figures de chaque a-t-il tracées ?**

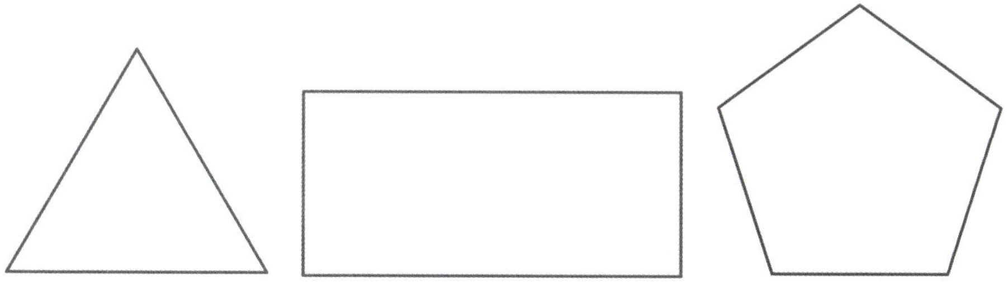

PHRASE : ............

............

**2** Cinq cyclistes (Sofia, Tom, Lisa, Zoé et Léo) s'amusent à faire une course de 10 km. **Quels sont tous les ordres d'arrivée possibles sachant que Sofia arrive systématiquement la première ? Combien de possibilités y a-t-il ?**

Sofia Tom Lisa Zoé Léo

PHRASE : ............

............

Prénom : .................... Date : ....................

**3** Trouve tous les nombres entre 2 100 et 2 600 dont le produit des chiffres est égal à 30.
**Combien y en a-t-il ?**

Exemple : le nombre 2 135 → $2 \times 1 \times 3 \times 5 = 30$

PHRASE : ....................

**4** Pour réaliser son cocktail de jus de fruits, Zoé utilise 20 cL de jus d'orange, 25 cL de jus de kiwi et 15 cL de jus de fraise. Elle a en stock 1,5 L de chaque type de jus.
**Combien de cocktails peut-elle réaliser ?**

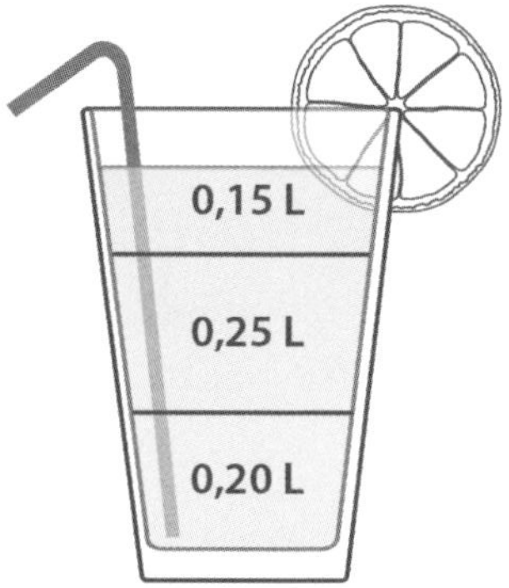


PHRASE : ....................

## Période 4 Série 2

Prénom : ........................................ Date : ....................

**1** La somme d'une ligne, d'une colonne ou d'une diagonale doit toujours être identique. **Complète les cases vides.**
**Quels sont les trois nombres manquants ?**

| | | |
|---|---|---|
| 15 | | 11 |
| 8 | 12 | 16 |
| | 14 | |

PHRASE : ........................................

........................................

**2** Voici une façon de disposer les couverts sur une table.
Trouve toutes les autres possibilités sachant qu'ils doivent rester à gauche ou à droite de l'assiette.
**Combien d'autres possibilités y a-t-il ?**

PHRASE : ........................................

........................................

Prénom : ........................ Date : ........................

**3** Trouve toutes les combinaisons qui permettent d'obtenir 6 points en lançant 2 dés.
**Combien y en a-t-il ?**

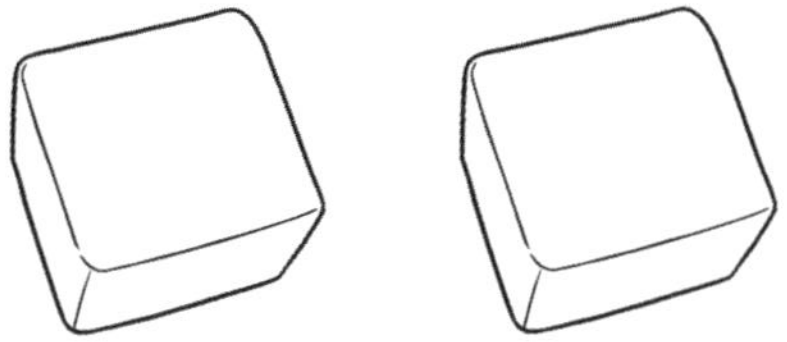

PHRASE : ........................

........................

**4** Un guide propose deux circuits différents aux touristes visitant sa ville. Le circuit A dure 45 minutes et le circuit B 40 minutes. Il ne peut faire qu'un type de circuit par jour, plusieurs fois. Aujourd'hui, le guide est disponible de 10 h à 12 h.
**Quel circuit doit-il choisir pour occuper totalement son temps disponible ?**

| Circuit A | Circuit B |
|---|---|
| 45 minutes | 40 minutes |

PHRASE : ........................

........................

## Période 4 Série 2

Prénom : ..................................... Date : ....................

**1** La somme d'une ligne, d'une colonne ou d'une diagonale doit toujours être identique.
**Complète les cases vides. Quels sont les 3 nombres manquants ?**

| | | | |
|---|---|---|---|
| 4 | | 15 | 10 |
| 13 | 15 | 5 | 2 |
| 6 | 8 | 7 | |
| | 6 | 8 | 9 |

PHRASE : ..........................................................

**2** Voici une façon de disposer les couverts sur une table.
**Trouve toutes les autres possibilités sachant qu'ils doivent rester à gauche ou à droite de l'assiette. Combien y en a-t-il ?**

PHRASE : ..........................................................

Prénom : ........................ Date : ........................

**3** Trouve toutes les combinaisons qui permettent d'obtenir 12 points en lançant 3 dés.
**Combien y en a-t-il ?**

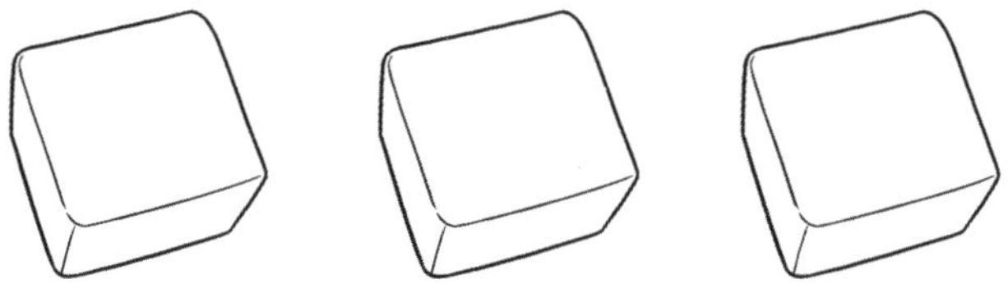

PHRASE : ........................

**4** Un guide propose trois circuits différents aux touristes visitant sa ville. Le circuit A dure 45 minutes, le circuit B 30 minutes et le circuit C 40 minutes. Le guide ne peut faire qu'un type de circuit par jour, plusieurs fois. Aujourd'hui, il est disponible de 10 h à 12 h 15.
**Quel circuit doit-il choisir pour occuper totalement son temps disponible ?**

| Circuit A | Circuit B | Circuit C |
| --- | --- | --- |
| 45 minutes | 30 minutes | 40 minutes |

PHRASE : ........................

**Période 4** **Série 2** ★★★

Prénom : ............................ Date : ............................

**1** La somme d'une ligne, d'une colonne ou d'une diagonale doit toujours être identique. **Complète les cases vides. Quels sont les six nombres manquants ?**

| | | | | |
|---|---|---|---|---|
| | 24 | 1 | 8 | |
| | 5 | | 14 | 16 |
| 4 | 6 | 13 | 20 | |
| 10 | 12 | 19 | 21 | 3 |
| 11 | | 25 | 2 | 9 |

PHRASE : ............................

............................

**2** Voici une façon de disposer les couverts sur une table. Trouve toutes les autres possibilités sachant que le couteau doit systématiquement rester le plus à droite. **Combien y en a-t-il ?**

PHRASE : ............................

............................

Prénom : ........................ Date : ........................

**3** Trouve toutes les combinaisons qui permettent d'obtenir 18 points en lançant 4 dés.
**Combien y en a-t-il ?**

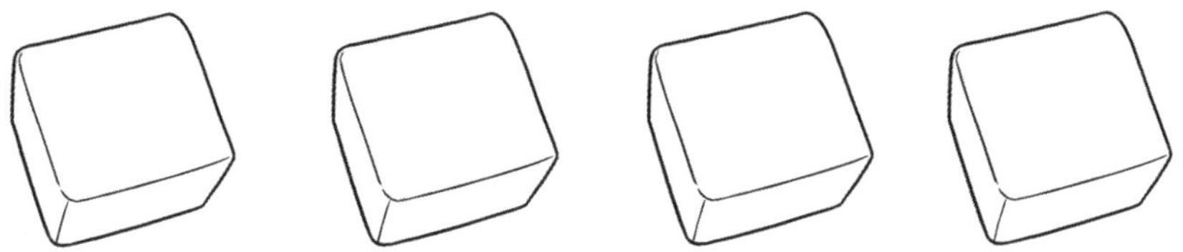

PHRASE : ........................

**4** Un guide propose trois circuits différents aux touristes visitant sa ville. Le circuit A dure 45 minutes, le circuit B 30 minutes et le circuit C 40 minutes. Il ne peut faire qu'un type de circuit par jour, plusieurs fois. Aujourd'hui, le guide est disponible de 8 h 15 à 12 h 15.
**Quel circuit doit-il choisir pour occuper totalement son temps disponible ?**

| Circuit A | Circuit B | Circuit C |
|---|---|---|
| 45 minutes | 30 minutes | 40 minutes |

PHRASE : ........................

# Période 4 Évaluation

| Compétences évaluées | Exercices | NA | PA | A | D |
|---|---|---|---|---|---|
| Résoudre un problème de composition (recherche d'une partie) | 1 | | | | |
| Résoudre un problème de transformation (recherche d'état initial) | 2 | | | | |
| Résoudre un problème de comparaison (recherche de l'un des états) | 3 | | | | |
| Résoudre un problème de multiplication (configuration rectangulaire) | 4 | | | | |
| Résoudre un problème de division (partition) | 5 | | | | |
| Résoudre un problème de proportionnalité | 6 | | | | |

**1** Ayoub a préparé 600 mL de jus de fruits en mélangeant du jus de kiwi et du jus d'orange. Le jus de kiwi représente un tiers du total. **Quelle quantité de jus d'orange a-t-il utilisée ?**

SCHÉMA

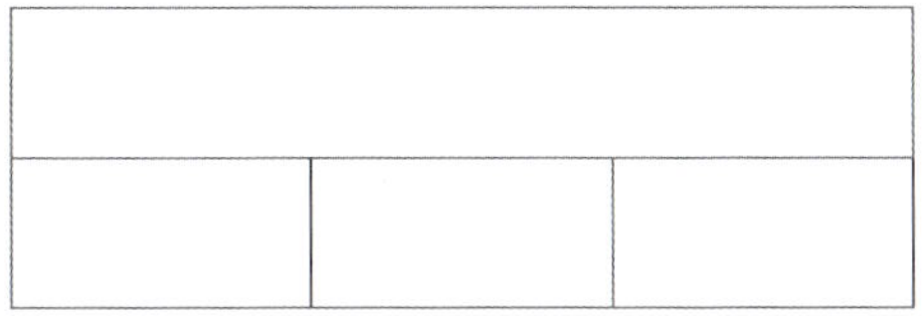

CALCULS

PHRASE : ........................................

Prénom : .................................... Date : ....................

**2** Aujourd'hui, le supermarché a vendu en tout 4 caisses contenant chacune 200 kg de pastèques. En fin de journée, il reste 400 kg en stock. **Quelle quantité de pastèques y avait-il en début de journée ?**

SCHÉMA

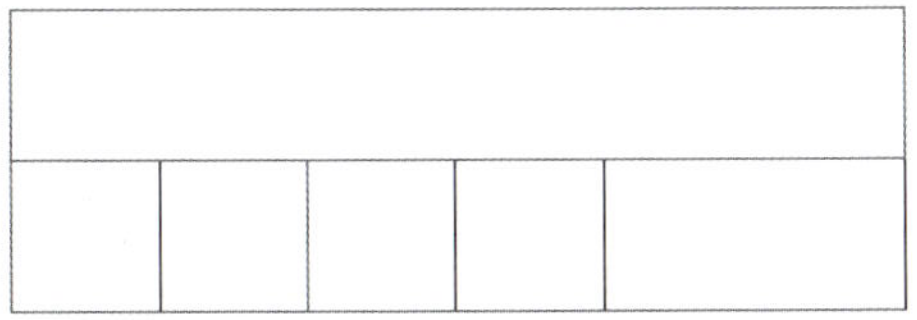

CALCULS

PHRASE : ........................................

**3** Cette année, Emma a parcouru 1 800 km à vélo. C'est 200 km de moins que Margot. Margot a parcouru 500 km de plus que Gabriel. **Combien de km Gabriel a-t-il parcourus ?**

SCHÉMA

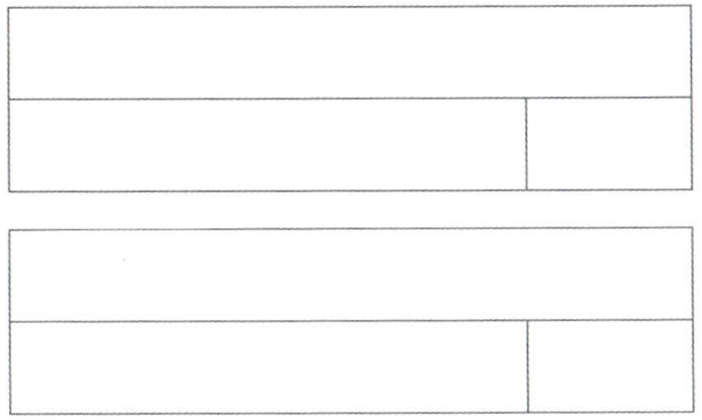

CALCULS

PHRASE : ........................................

Prénom : .................................... Date : ....................

**4** Un fermier a récolté des œufs ce matin et les dispose sur 50 plateaux contenant chacun 5 rangées de 6 alvéoles qu'il remplit entièrement.
**Combien d'œufs a-t-il récoltés en tout ?**

SCHÉMA

CALCULS

PHRASE : ....................................

**5** Le directeur de l'école a commandé 250 feuilles de dessin.
Il les reçoit par lots de 50 feuilles.
**Combien de lots reçoit-il ?**

SCHÉMA

CALCULS

PHRASE : ....................................

**6** **Complète les étiquettes de prix en fonction de la quantité de sucre achetée.**

| | |
|---|---|
| 500 g de sucre<br>0,50 €<br>Prix au kilo : 1 € | 1 kg de sucre<br>.................. €<br>Prix au kilo : 1 € |
| 1,5 kg de sucre<br>.................. €<br>Prix au kilo : 1 € | 2 kg de sucre<br>.................. €<br>Prix au kilo : 1 € |

CALCULS

# Période 4 Évaluation

| Compétences évaluées | Exercices | NA | PA | A | D |
|---|---|---|---|---|---|
| Résoudre un problème de composition (recherche d'une partie) | 1 | | | | |
| Résoudre un problème de transformation (recherche d'état initial) | 2 | | | | |
| Résoudre un problème de comparaison (recherche de l'un des états) | 3 | | | | |
| Résoudre un problème de multiplication (configuration rectangulaire) | 4 | | | | |
| Résoudre un problème de division (partition) | 5 | | | | |
| Résoudre un problème de proportionnalité | 6 | | | | |

**1** Gaspard a récolté 900 kg de pommes. Les deux tiers sont de la variété « Golden » et le reste de la variété « Gala ».
**Quelle quantité de pommes de la variété « Gala » a-t-il récoltée ?**

SCHÉMA

CALCULS

PHRASE : ..........

Prénom : .......... Date : ..........

**2** Sur le marché, l'apiculteur vend des pots de miel de 500 g.
En fin de matinée, il lui reste 4 pots. Il en a vendu 26.
**Quelle quantité de miel avait-il apportée sur le marché ?**

SCHÉMA

CALCULS

PHRASE : ..........

**3** Un musée a accueilli 3 245 visiteurs au mois de septembre, c'est 289 visiteurs de moins qu'au mois d'août. Au mois d'août, le musée avait accueilli 405 visiteurs de plus qu'au mois de juillet.
**Combien de visiteurs avaient été accueillis au mois de juillet ?**

SCHÉMA

CALCULS

PHRASE : ..........

Prénom : .................................................. Date : ..................................

**4** Un éleveur de volailles a acheté 50 plateaux permettant de disposer sur chacun 8 rangées de 11 œufs.
**Combien d'œufs pourra-t-il placer en tout sur ces 50 plateaux ?**

SCHÉMA

CALCULS

PHRASE : ..................................................................................................

**5** La directrice de l'école a reçu un lot de 155 stylos bleus.
Elle les distribue équitablement aux 31 élèves de CM1.
**Combien de stylos reçoit chaque élève ?**

SCHÉMA

CALCULS

PHRASE : ..................................................................................................

**6** **Complète les étiquettes de prix en fonction de la quantité de sucre achetée.**

| | |
|---|---|
| 250 g de sucre<br>.................... €<br>Prix au kilo : 1 € | 500 g de sucre<br>.................... €<br>Prix au kilo : 1 € |
| 750 g de sucre<br>.................... €<br>Prix au kilo : 1 € | 1 kg de sucre<br>1 €<br>Prix au kilo : 1 € |

CALCULS

# Période 4 Évaluation

| Compétences évaluées | Exercices | NA | PA | A | D |
|---|---|---|---|---|---|
| Résoudre un problème de composition (recherche d'une partie) | 1 | | | | |
| Résoudre un problème de transformation (recherche d'état initial) | 2 | | | | |
| Résoudre un problème de comparaison (recherche de l'un des états) | 3 | | | | |
| Résoudre un problème de multiplication (configuration rectangulaire) | 4 | | | | |
| Résoudre un problème de division (partition) | 5 | | | | |
| Résoudre un problème de proportionnalité | 6 | | | | |

**1** Un client souhaite acheter un lave-linge au prix de 786,40 €.
Il doit verser un quart de ce montant au moment de la commande et le reste lors de la livraison.
**Combien devra-t-il régler lors de la livraison ?**

SCHÉMA

CALCULS

PHRASE : ..................................................

Prénom : .................................... Date : ....................

**2** Au mois d'avril, 269,90 € ont été dépensés pour une sortie scolaire et 125,50 € pour acheter des fournitures. Il restait ensuite 940,60 € sur le budget de l'école.
**Combien y avait-il sur le budget avant ces dépenses ?**

SCHÉMA

CALCULS

PHRASE : ..................................................

**3** Cette semaine, Zoé a parcouru 119,70 km à vélo.
C'est 3 fois plus que son ami Tiago.
**Combien de km a parcourus Tiago ?**

SCHÉMA

CALCULS

PHRASE : ..................................................

# Période 4 Évaluation

Prénom : ..................................... Date : .....................

**4** Un chocolatier s'est amusé à fabriquer 50 tablettes de chocolat géantes. Chaque tablette comporte 40 rangées de 30 carrés de chocolat.
**Combien de carrés de chocolat cela fait-il en tout ?**

SCHÉMA

CALCULS

PHRASE : .....................................

**5** Une maraichère a récolté 5 200 kg de fraises. Les trois quarts de cette récolte sont des fraises de la variété « gariguette ».
**Quelle quantité de fraises « gariguettes » a été récoltée ?**

SCHÉMA

CALCULS

PHRASE : .....................................

**6** **Complète les étiquettes de prix en fonction de la quantité de jus d'orange achetée.**

50 cl de jus d'orange
..................... €
Prix au litre : 2,40 €

1 L de jus d'orange
2,40 €
Prix au litre : 2,40 €

2 L de jus d'orange
..................... €
Prix au litre : 2,40 €

3 L de jus d'orange
..................... €
Prix au litre : 2,40 €

CALCULS

## Période 5 Semaine 1

Prénom : ........................ Date : ..................

**1** Un client entre dans un magasin et achète une écharpe à 14,50 €.
En ressortant il ne lui reste plus que 15,50 €.
**Combien avait-il avant d'entrer dans le magasin ?**

SCHÉMA

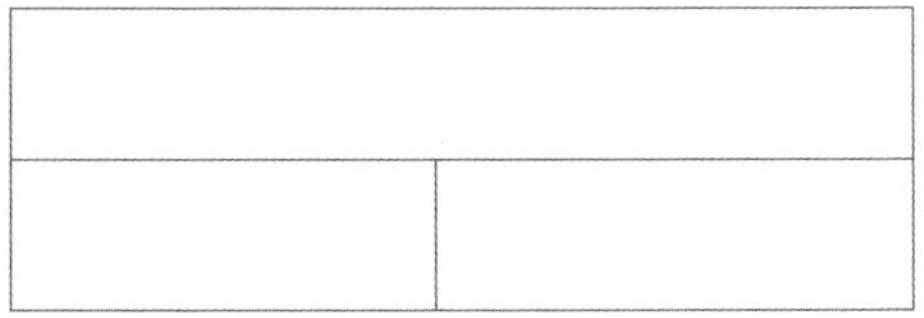

CALCULS

PHRASE : ..................................................

**2** Un client entre dans un magasin et achète une écharpe à 14,50 €, ainsi qu'un bonnet à 10,50 €. En ressortant il ne lui reste plus que 5 €.
**Combien avait-il avant d'entrer dans le magasin ?**

SCHÉMA

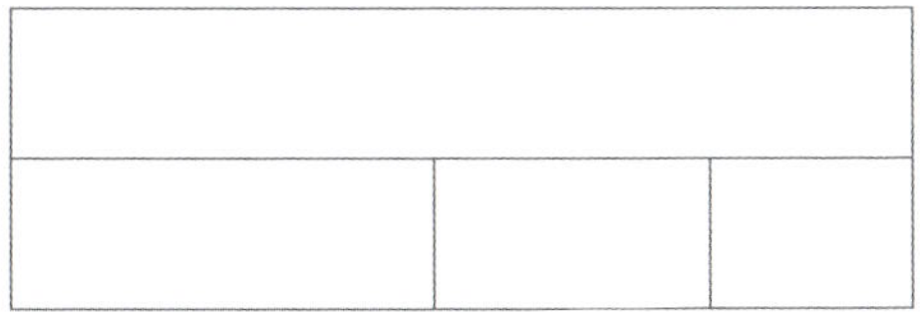

CALCULS

PHRASE : ..................................................

**3** Patrick veut clôturer son pré qui a la forme d'un carré et dont les côtés mesurent 50 m.
**De quelle longueur de grillage a-t-il besoin ?**

SCHÉMA

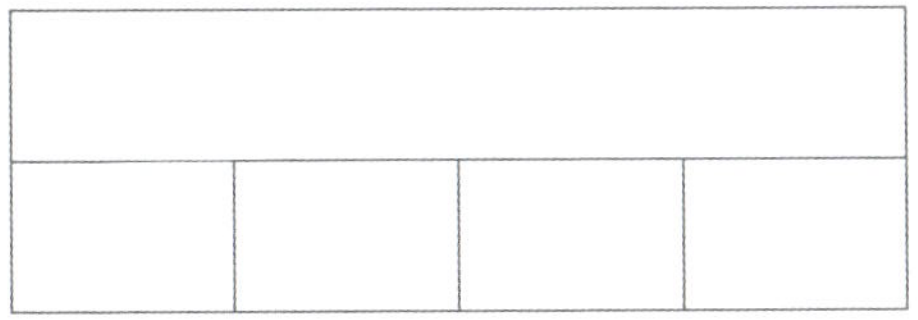

CALCULS

PHRASE : ..................................................

**4** Patrick veut clôturer son pré qui a la forme d'un carré et dont les côtés mesurent 50 m. Il souhaite laisser une ouverture de 2 m pour laisser passer son tracteur.
**De quelle longueur de grillage a-t-il besoin ?**

SCHÉMA

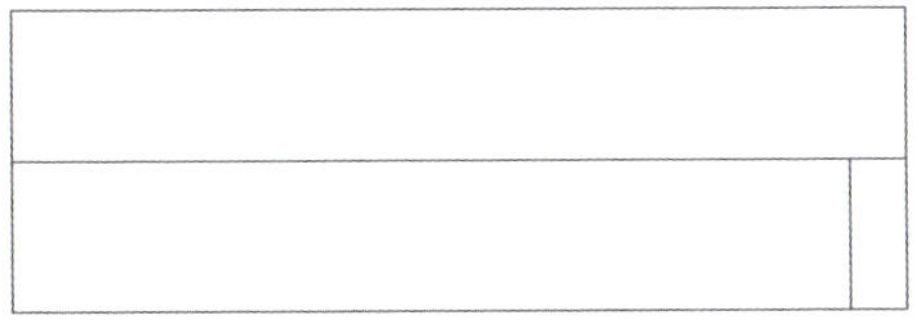

CALCULS

PHRASE : ..................................................

Prénom : .................... Date : ....................

**5** **En supposant que l'on reste sur la même route, quelle est la distance à parcourir entre Blois et Tours ?**

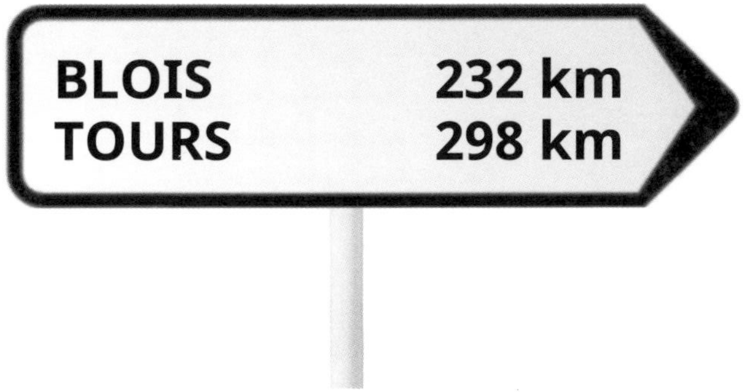


SCHÉMA

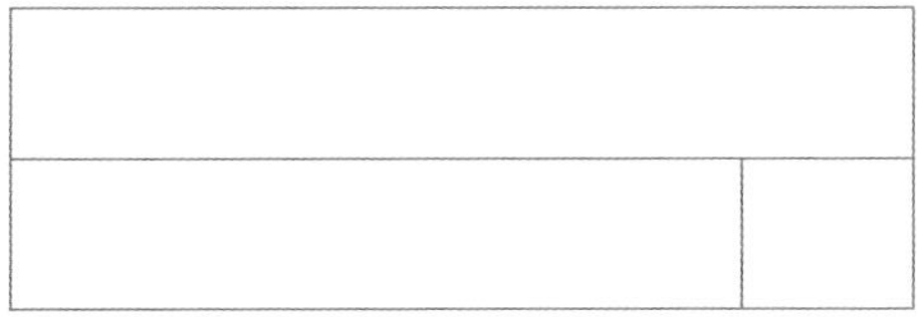

CALCULS

PHRASE : ....................

....................

**6** Dans un parking, une heure de stationnement coute 1,50 €.
**Complète ce tableau permettant de connaitre le tarif à payer en fonction du nombre d'heures de stationnement.**

| Nombre d'heures de stationnement | Tarif |
|---|---|
| 1 | 1,50 € |
| 2 | 3 € |
| 3 | .......... |
| 4 | .......... |
| 5 | 7,50 € |
| 6 | .......... |
| 7 | .......... |
| 8 | .......... |
| 9 | .......... |
| 10 | .......... |

CALCULS

## Période 5 Semaine 1

Prénom : ..................................... Date : ....................

**1** Un client entre dans un magasin et achète un manteau à 85,90 €.
En ressortant il ne lui reste plus que 14,10 €.
**Combien avait-il avant d'entrer dans le magasin ?**

SCHÉMA

| |
|---|
| |
| |

CALCULS

PHRASE : ..........................................................

**2** Un client entre dans un magasin et achète un manteau à 85,90 €, ainsi qu'un bonnet à 13,90 €. En ressortant il ne lui reste plus que 0,20 €.
**Combien avait-il avant d'entrer dans le magasin ?**

SCHÉMA

| |
|---|
| |
| |

CALCULS

PHRASE : ..........................................................

**3** Juliette veut clôturer son pré qui a la forme d'un carré et dont les côtés mesurent 59 m.
**De quelle longueur de grillage a-t-elle besoin ?**

SCHÉMA

| |
|---|
| |
| |

CALCULS

PHRASE : ..........................................................

**4** Juliette veut clôturer son pré qui a la forme d'un carré et dont les côtés mesurent 59 m. Elle souhaite laisser une ouverture de 3 m pour laisser passer son tracteur.
**De quelle longueur de grillage a-t-elle besoin ?**

SCHÉMA

| |
|---|
| |
| |

CALCULS

PHRASE : ..........................................................

Prénom : .................................... Date : ....................

**5** **En supposant que l'on reste sur la même route, quelle est la distance à parcourir entre Tours et Paris ?**

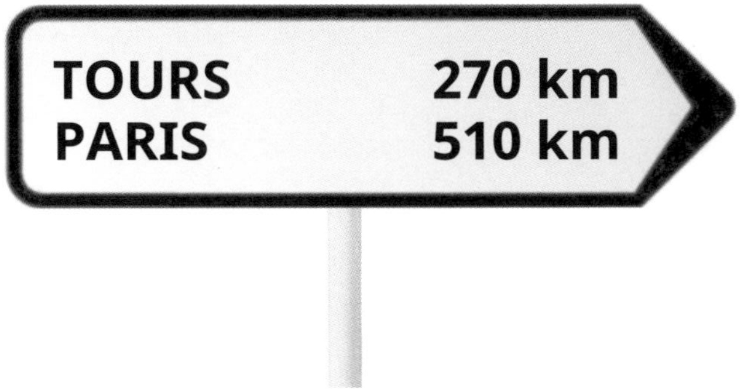


SCHÉMA

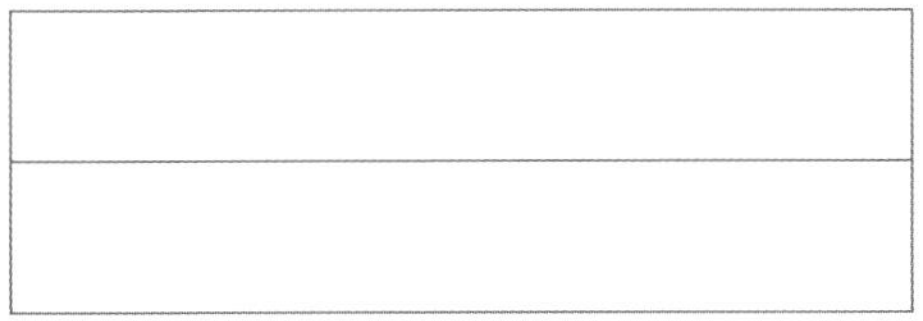

CALCULS

PHRASE : ....................................................................

....................................................................

**6** Un timbre vert coute 1,16 €.
**Complète ce tableau permettant de connaitre le tarif à payer en fonction du nombre de timbres achetés.**

| Nombre d'heures de stationnement | Tarif |
|---|---|
| 1 | 1,16 € |
| 2 | .................. |
| 3 | .................. |
| 4 | .................. |
| 5 | 5,80 € |
| 6 | .................. |
| 7 | .................. |
| 8 | 9,28 € |
| 9 | .................. |
| 10 | .................. |

CALCULS

## Période 5 Semaine 1

Prénom : ........................ Date : ........................

**1** Une cliente entre dans un magasin et achète un manteau à 185,90 € ainsi qu'une chemise à 45,90 €. En ressortant il ne lui reste plus que 18,20 €.
**Combien avait-elle avant d'entrer dans le magasin ?**

SCHÉMA

CALCULS

PHRASE : ........................

**2** Une cliente entre dans un magasin et achète un manteau à 185,90 €, une chemise à 45,90 € ainsi qu'un bonnet à 13,90 €. En ressortant il ne lui reste plus que 4,30 €.
**Combien avait-elle avant d'entrer dans le magasin ?**

SCHÉMA

CALCULS

PHRASE : ........................

**3** Patrick veut clôturer son pré qui a la forme d'un carré et dont les côtés mesurent 59,25 m.
**De quelle longueur de grillage a-t-il besoin ?**

SCHÉMA

CALCULS

PHRASE : ........................

**4** Patrick veut clôturer son pré qui a la forme d'un carré et dont les côtés mesurent 59,25 m. Il souhaite laisser une ouverture de 3,50 m pour laisser passer son tracteur.
**De quelle longueur de grillage a-t-il besoin ?**

SCHÉMA

CALCULS

PHRASE : ........................

Prénom : .................................................... Date : ....................................

**5** **En supposant que l'on reste sur la même route, quelle est la distance à parcourir entre Tours et Paris ? À quelle vitesse faut-il rouler pour parcourir cette distance en 2 heures ?**

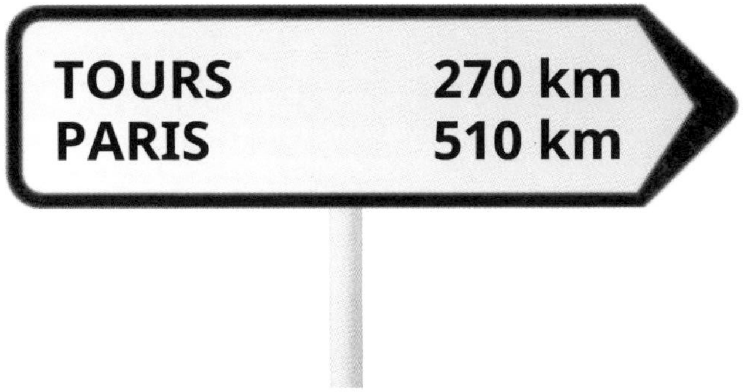


SCHÉMA

CALCULS

PHRASE : ..........................................................................................

..........................................................................................

..........................................................................................

**6** Un carnet de 10 timbres verts coute 11,60 €.
**Complète ce tableau permettant de connaitre le tarif à payer en fonction du nombre de timbres achetés.**

| Nombre d'heures de stationnement | Tarif |
|---|---|
| 1 | .................... |
| 2 | .................... |
| 3 | .................... |
| 4 | .................... |
| 5 | .................... |
| 6 | .................... |
| 7 | .................... |
| 8 | .................... |
| 9 | .................... |
| 10 | 11,60 € |

CALCULS

## Période 5 Semaine 2 ★

Prénom : ........................ Date : ........................

**1** Cette semaine, un éleveur a récolté 60 œufs. Il les vend par boites de 6 le dimanche sur le marché.
**Combien de boites pourra-t-il vendre ce dimanche ?**

SCHÉMA

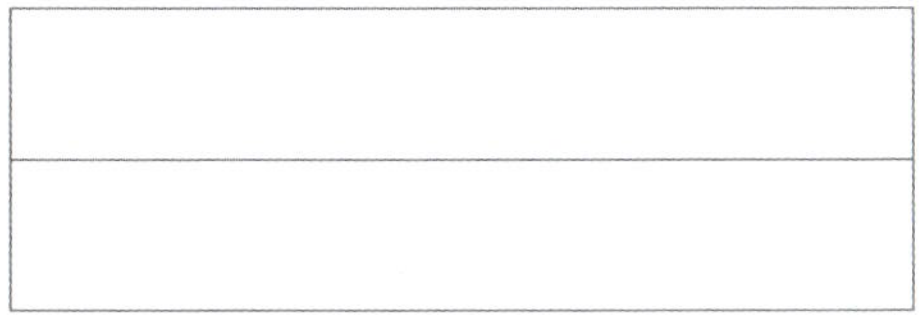

CALCULS

PHRASE : ........................

**2** Maxime a acheté un vélo d'une valeur de 200 €. Julia a acheté un vélo coutant 4 fois plus cher que celui de Maxime.
**Combien a-t-elle payé son vélo ?**

SCHÉMA

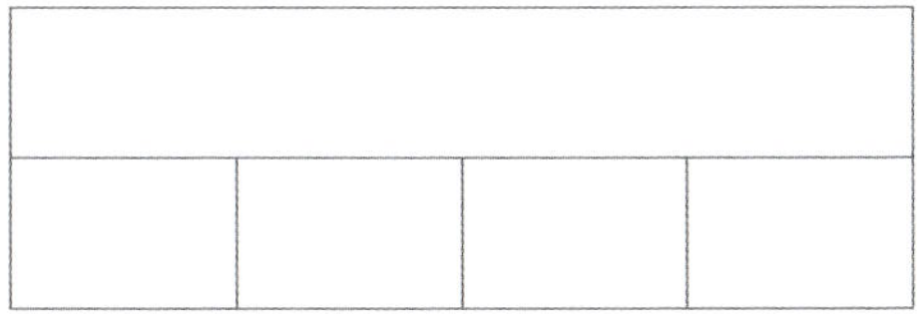

CALCULS

PHRASE : ........................

**3** Justine voulait acheter un vélo avec un prix affiché à 800 €.
Après une bonne négociation, elle a réussi à obtenir une réduction équivalente à un quart du prix initial.
**Combien a-t-elle payé ?**

SCHÉMA

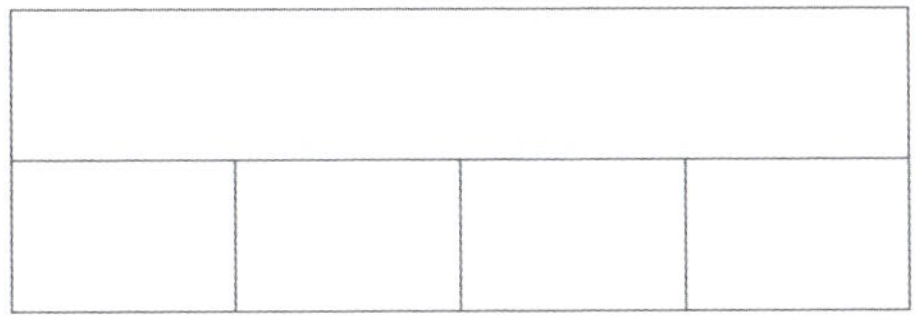

CALCULS

PHRASE : ........................

**4** Cette semaine, une éleveuse a récolté 65 œufs. Elle les vend par boites de 6 le dimanche sur le marché.
**Combien de boites pourra-t-elle vendre ce dimanche ?**
**Combien d'œufs restera-t-il ?**

SCHÉMA

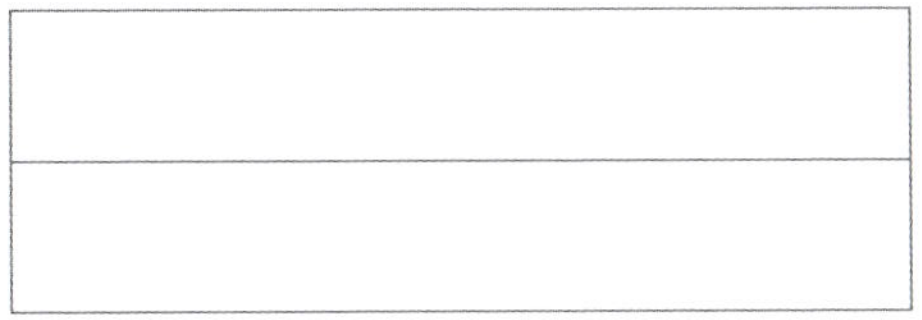

CALCULS

PHRASE : ........................

Prénom : .................................... Date : ....................

**5** Voici un graphique représentant le nombre d'élèves par niveau dans une école qui compte un total de 250 élèves.
**Complète les données manquantes sachant qu'il y a 3 fois plus d'élèves en CM1 qu'en CP.**

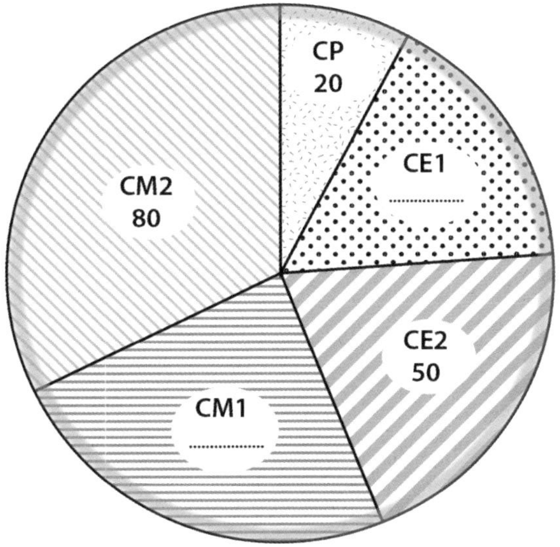


SCHÉMA

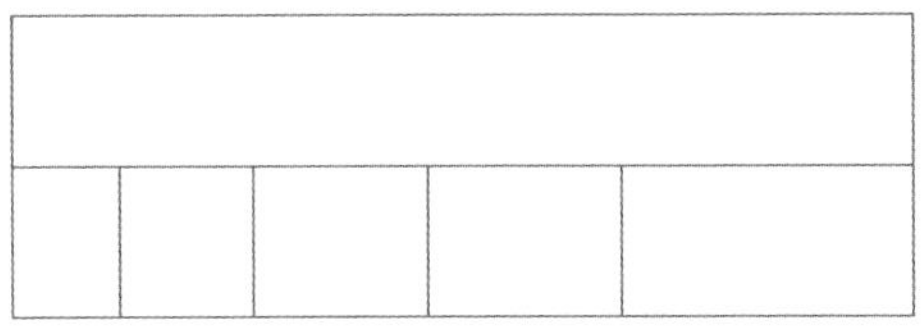

CALCULS

**6** Un maçon transporte des parpaings dans son camion.
**Complète le tableau pour trouver le poids des parpaings en fonction de leur nombre.**

| Nombre de parpaings | Poids total |
|---|---|
| 1 | .......... |
| 2 | 50 kg |
| 3 | .......... |
| 4 | .......... |
| 5 | 125 kg |
| 6 | .......... |
| 7 | .......... |
| 8 | 200 kg |
| 9 | .......... |
| 10 | .......... |

CALCULS

# Période 5 Semaine 2

Prénom : ............................ Date : ............................

**1** Cette semaine, une éleveuse a récolté 180 œufs. Elle les vend par boites de 6 le dimanche sur le marché.
**Combien de boites pourra-t-elle vendre ce dimanche ?**

SCHÉMA

CALCULS

PHRASE : ............................

**2** Maxime a acheté un vélo électrique d'une valeur de 2 000 €.
Julia a acheté une voiture électrique coutant 4 fois plus cher.
**Combien a-t-elle payé sa voiture ?**

SCHÉMA

CALCULS

PHRASE : ............................

**3** Justine voulait acheter une voiture avec un prix affiché à 8 000 €.
Après une bonne négociation, elle a réussi à obtenir une réduction équivalente à un quart du prix initial.
**Combien a-t-elle payé ?**

SCHÉMA

CALCULS

PHRASE : ............................

**4** Cette semaine, une éleveuse a récolté 160 œufs. Elle les vend par boites de 6 le dimanche sur le marché.
**Combien de boites pourra-t-elle vendre ce dimanche ?**
**Combien d'œufs restera-t-il ?**

SCHÉMA

CALCULS

PHRASE : ............................

Prénom : ........................ Date : ........................

**5** Voici un graphique représentant le nombre d'élèves par niveau dans une école qui compte un total de 295 élèves.
**Complète les données manquantes sachant qu'il y a 3 fois plus d'élèves en CM1 qu'en CP.**

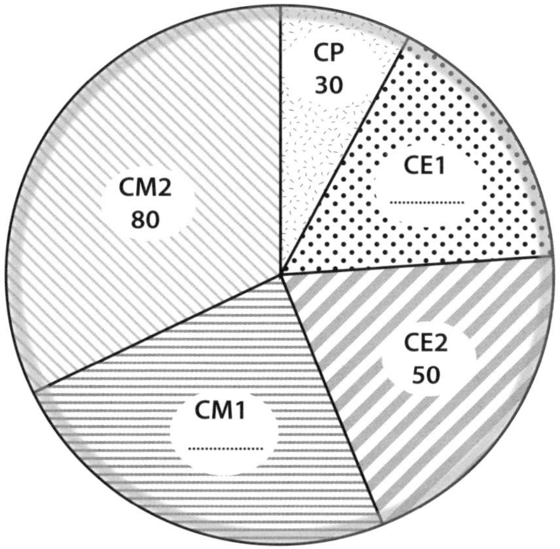


SCHÉMA

CALCULS

**6** Un maçon transporte des parpaings dans son camion.
**Complète le tableau pour trouver le poids des parpaings en fonction de leur nombre.**

| Nombre de parpaings | Poids total |
|---|---|
| 1 | .................... |
| 2 | .................... |
| 3 | .................... |
| 4 | .................... |
| 5 | 125 kg |
| 6 | .................... |
| 7 | .................... |
| 8 | .................... |
| 9 | .................... |
| 10 | .................... |

CALCULS

## Période 5 Semaine 2

Prénom : ............................ Date : ............................

**1** Cette semaine, une éleveuse a récolté 1 080 œufs.
Elle les vend par boites de 6 le dimanche sur le marché.
**Combien de boites pourra-t-elle vendre ce dimanche ?**

SCHÉMA

CALCULS

PHRASE : ............................

**2** Maxime a acheté un vélo électrique d'une valeur de 1 990,90 €.
Julia a acheté une voiture électrique coutant 4 fois plus cher que le vélo de Maxime. **Combien a-t-elle payé sa voiture ?**

SCHÉMA

CALCULS

PHRASE : ............................

**3** Justine voulait acheter une voiture avec un prix affiché à 7 963,60 €.
Après une bonne négociation, elle a réussi à obtenir une réduction équivalente à un quart du prix initial.
**Combien a-t-elle payé finalement ?**

SCHÉMA

CALCULS

PHRASE : ............................

**4** Cette semaine, un éleveur a récolté 1 057 œufs.
Il les vend par boites de 6 le dimanche sur le marché.
**Combien de boites pourra-t-il vendre ce dimanche ?**
**Combien d'œufs restera-t-il ?**

SCHÉMA

CALCULS

PHRASE : ............................

Prénom : ........................ Date : ........................

**5** Voici un graphique représentant le nombre d'élèves par niveau dans une école qui compte un total de 305 élèves.
**Complète les données manquantes sachant que l'effectif des CP représente $\frac{1}{3}$ de celui des CM1 et que celui des CE2 représente $\frac{3}{4}$ de celui des CM2.**

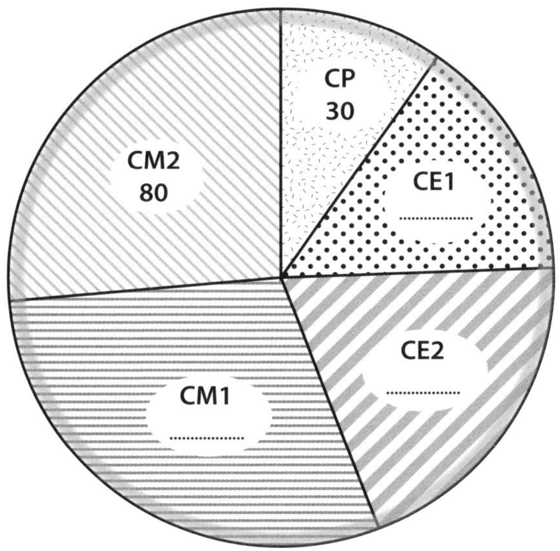


SCHÉMA

CALCULS

**6** Un maçon transporte des parpaings dans son camion.
**Complète le tableau pour trouver le poids des parpaings en fonction de leur nombre.**

| Nombre de parpaings | Poids total |
|---|---|
| 1 | .......... |
| 2 | .......... |
| 3 | .......... |
| 4 | .......... |
| 5 | 125,5 kg |
| 6 | .......... |
| 7 | .......... |
| 8 | .......... |
| 9 | .......... |
| 10 | .......... |

CALCULS

**Période 5 Semaine 3**

Prénom : ........................................ Date : ....................

**1** La directrice a acheté 10 tablettes pour équiper l'école.
Le prix initial de chaque tablette était de 200 € mais la directrice a obtenu une remise qui a fait descendre le prix unitaire à 190 €.
**Quel est le montant total de la remise ?**

SCHÉMA

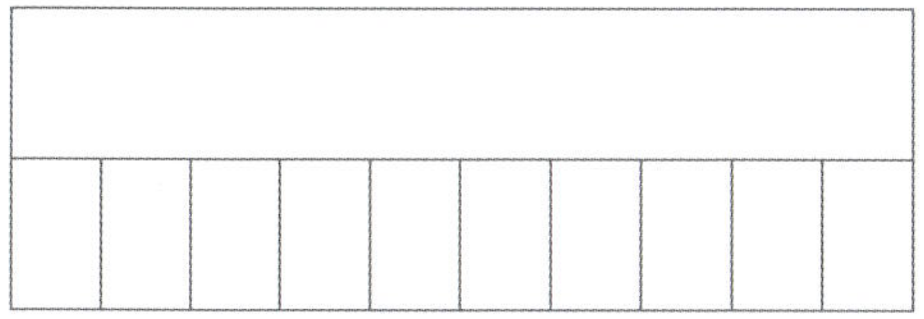

CALCULS

PHRASE : ........................................

**2** Le directeur de l'école a un budget de 200 € et veut acheter des dictionnaires à 15 €.
**Combien de dictionnaires peut-il acheter ?**

SCHÉMA

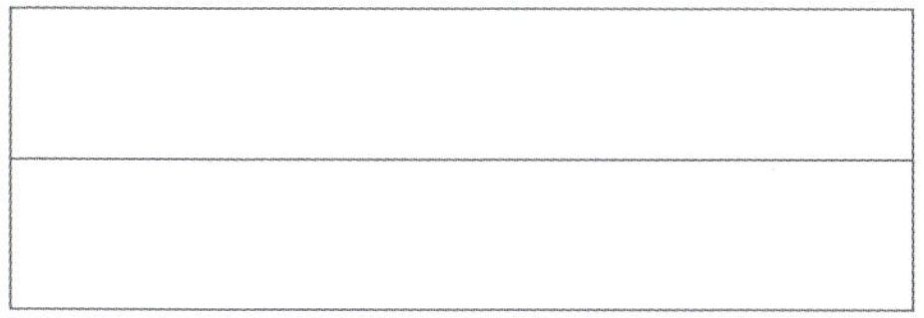

CALCULS

PHRASE : ........................................

**3** Abou a acheté 4 romans qui étaient au même prix.
Il a donné un billet de 50 € au libraire qui lui a rendu 10 €.
**Quel était le prix de chaque roman ?**

SCHÉMA

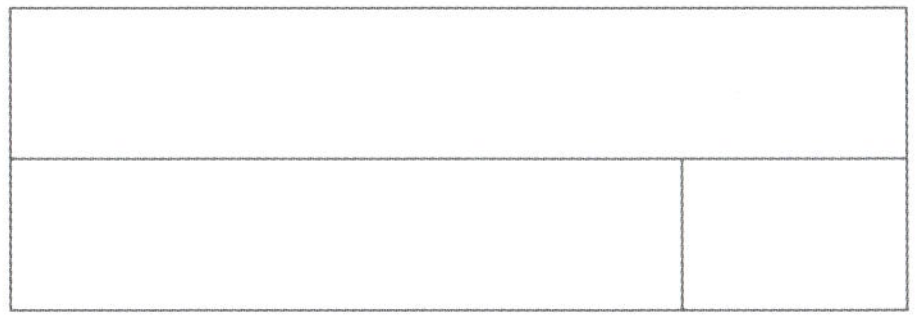

CALCULS

PHRASE : ........................................

**4** Julia a acheté 4 romans coutant chacun 10 € ainsi qu'un manga.
Elle a payé 45 € au total.
**Quel était le prix du manga ?**

SCHÉMA

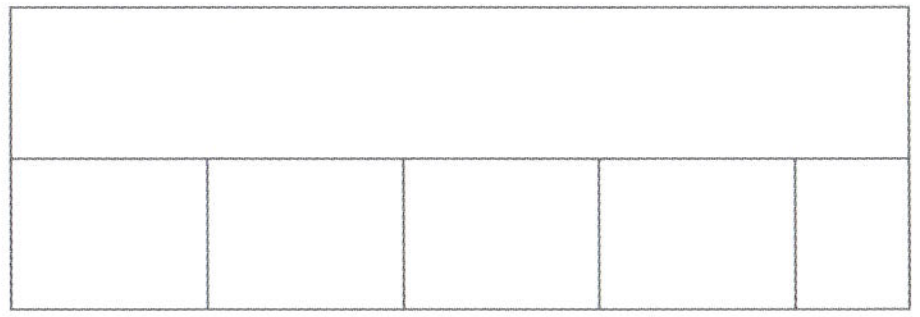

CALCULS

PHRASE : ........................................

Prénom : .................................... Date : ....................

**5** Voici un graphique représentant les groupes constitués par le directeur de l'école pour organiser une sortie scolaire à laquelle participent 40 élèves.
**Combien d'élèves y a-t-il dans chaque groupe ?**

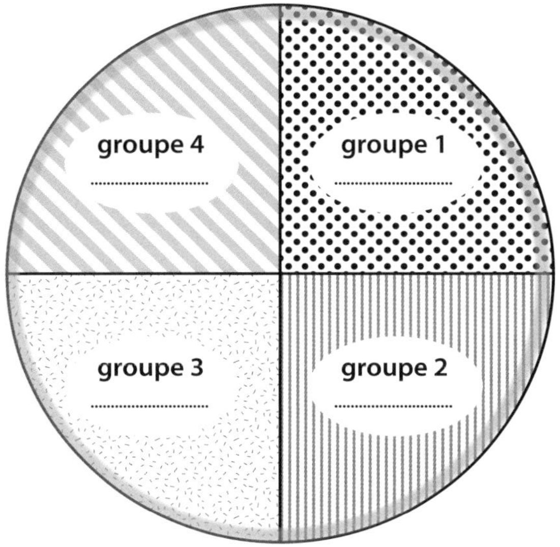


SCHÉMA

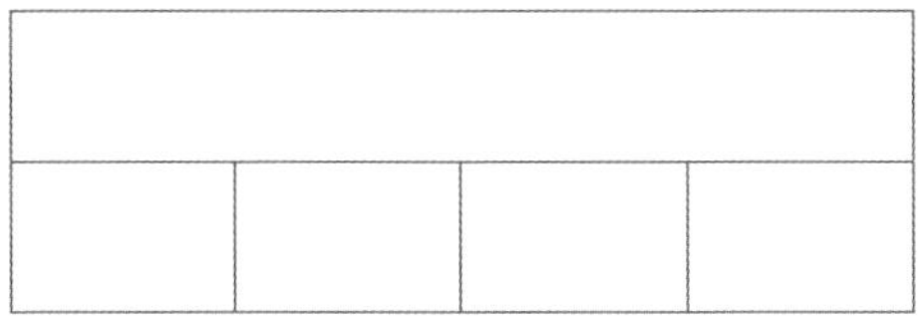

CALCULS

PHRASE : ....................................................

....................................................

**6** Le mille marin (ou mille nautique) est une unité de mesure de longueur utilisée en navigation maritime et aérienne.
Un mille marin est égal à 1 852 m.
**Complète ce tableau des équivalences du mille marin.**

| Mille marin | Équivalence en mètres |
|---|---|
| 1 mille marin | 1 852 m |
| 2 milles marins | .................... |
| 3 milles marins | .................... |
| 4 milles marins | .................... |
| 5 milles marins | 9 260 m |

CALCULS

## Période 5 Semaine 3

Prénom : ................................ Date : ................

**1** La directrice a acheté 20 tablettes. Le prix initial de chaque tablette était de 290 € mais la directrice a obtenu une remise qui a fait descendre le prix unitaire à 250 €.
**Quel est le montant total de la remise ?**

SCHÉMA

CALCULS

PHRASE : ................................

**2** Le directeur de l'école a un budget de 759 € et veut acheter des dictionnaires à 15 €.
**Combien de dictionnaires peut-il acheter ?**

SCHÉMA

CALCULS

PHRASE : ................................

**3** Abou a acheté 3 romans qui étaient au même prix.
Il a donné un billet de 50 € au libraire qui lui a rendu 5 €.
**Quel était le prix de chaque roman ?**

SCHÉMA

CALCULS

PHRASE : ................................

**4** Julia a acheté 3 romans coutant chacun 12 € ainsi qu'un manga.
Elle a donné un billet de 50 € au libraire qui lui a rendu 5 €.
**Quel était le prix du manga ?**

SCHÉMA

CALCULS

PHRASE : ................................

Prénom : ........................ Date : ........................

**5** Voici un graphique représentant les groupes constitués par le directeur de l'école pour organiser une sortie scolaire à laquelle participent 100 élèves.
**Combien d'élèves y a-t-il dans chaque groupe ?**

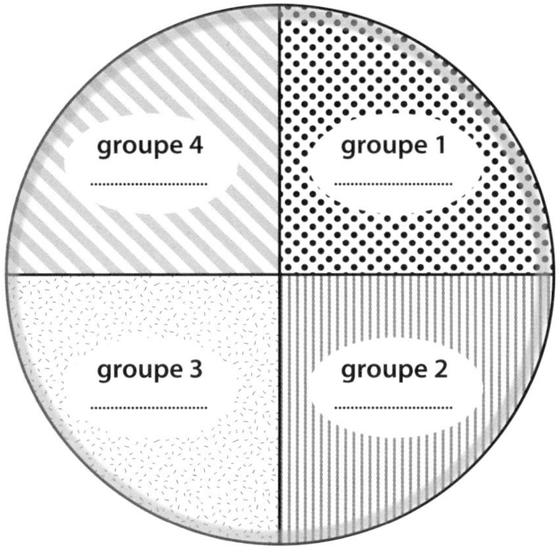


SCHÉMA

CALCULS

PHRASE : ........................

........................

**6** Le mille marin (ou mille nautique) est une unité de mesure de longueur utilisée en navigation maritime et aérienne.
Un mille marin est égal à 1 852 m.
**Complète ce tableau des équivalences du mille marin.**

| Mille marin | Équivalence en mètres | Équivalence en kilomètres |
|---|---|---|
| 1 mille marin | 1 852 m | 1,852 km |
| 2 milles marins | ........ | ........ |
| 3 milles marins | ........ | ........ |
| 4 milles marins | ........ | ........ |
| 5 milles marins | 9 260 m | 9,26 km |
| 6 milles marins | ........ | ........ |
| 7 milles marins | ........ | ........ |
| 8 milles marins | 14 816 m | 14,816 m |
| 9 milles marins | ........ | ........ |
| 10 milles marins | ........ | ........ |

CALCULS

## Période 5 Semaine 3 ★★★

Prénom : .................................... Date : ....................

**1** La directrice a acheté 20 tablettes pour équiper l'école. Le prix initial de chaque tablette était de 399,90 € mais elle a obtenu une remise qui a fait descendre le prix unitaire d'un tiers.
**Quel est le montant total de la remise ?**

SCHÉMA

CALCULS

PHRASE : ....................................

**2** Le directeur de l'école a un budget de 150 € et veut acheter des dictionnaires à 14,90 €.
**Combien de dictionnaires peut-il acheter ?**

SCHÉMA

CALCULS

PHRASE : ....................................

**3** Abou a acheté 3 romans qui étaient au même prix.
Il a donné un billet de 50 € au libraire qui lui a rendu 5,30 €.
**Quel était le prix de chaque roman ?**

SCHÉMA

CALCULS

PHRASE : ....................................

**4** Julia a acheté 3 romans coutant chacun 11,90 € ainsi qu'un manga.
Elle a donné un billet de 50 € au libraire qui lui a rendu 7,40 €.
**Quel était le prix du manga ?**

SCHÉMA

CALCULS

PHRASE : ....................................

Prénom : .................................... Date : ....................

**5** Voici un graphique représentant les groupes constitués par le directeur de l'école pour organiser une sortie scolaire à laquelle participent 180 élèves.
**Combien d'élèves y a-t-il dans chaque groupe ?**

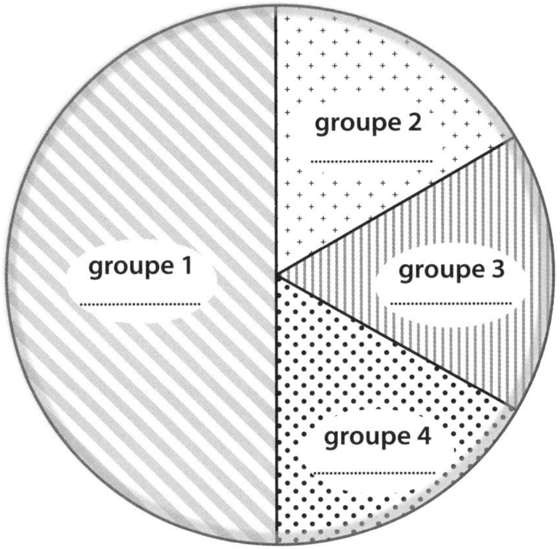


SCHÉMA

CALCULS

PHRASE : ....................................................................................

....................................................................................

**6** Le mille marin (ou mille nautique) est une unité de mesure de longueur utilisée en navigation maritime et aérienne.
5 milles marins sont égaux à 9 260 m.
**Complète ce tableau des équivalences du mille marin.**

| Mille marin | Équivalence en mètres | Équivalence en kilomètres |
|---|---|---|
| 1 mille marin | .................... | .................... |
| 2 milles marins | .................... | .................... |
| 3 milles marins | .................... | .................... |
| 4 milles marins | .................... | .................... |
| 5 milles marins | 9 260 m | 9,260 km |
| 6 milles marins | .................... | .................... |
| 7 milles marins | .................... | .................... |
| 8 milles marins | .................... | .................... |
| 9 milles marins | .................... | .................... |
| 10 milles marins | .................... | .................... |

CALCULS

## Période 5 Semaine 4

Prénom : ............................ Date : ............................

**1** Julia achète 3 mangas coutant chacun 5 €, ainsi que 3 bandes dessinées identiques. Elle paie 45 € au total.
**Quel est le prix d'une bande dessinée ?**

SCHÉMA

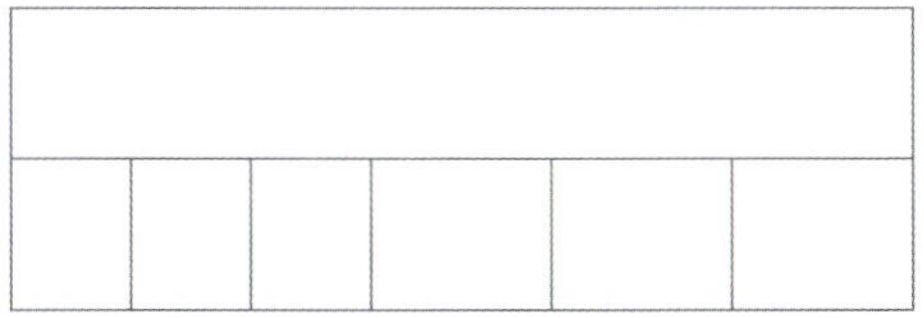

CALCULS

PHRASE : ............................

**2** Aya a 40 billes. Son frère en a un quart de plus.
**Combien celui-ci a-t-il de billes ?**

SCHÉMA

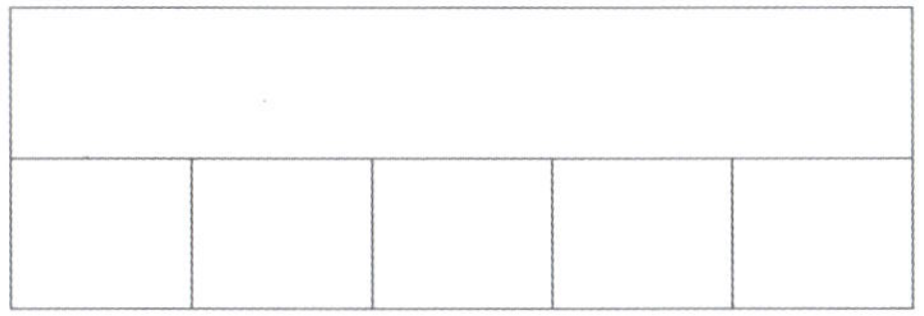

CALCULS

PHRASE : ............................

**3** Justine achète 2 bracelets à 9,50 € l'unité.
Elle paye avec un billet de 20 €.
**Combien le caissier doit-il lui rendre ?**

SCHÉMA

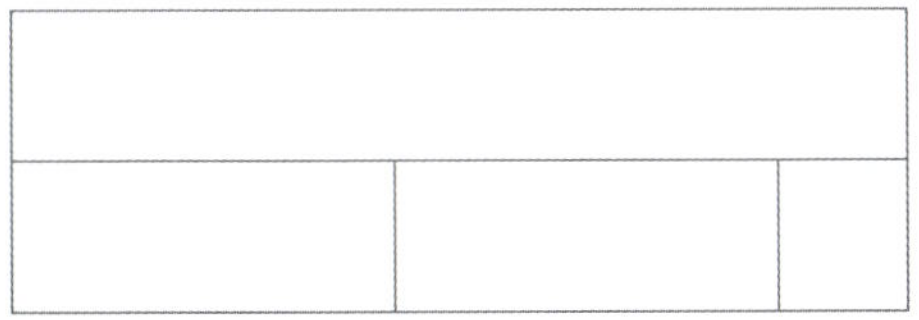

CALCULS

PHRASE : ............................

**4** Justine achète 2 bracelets à 9,50 € l'unité.
Elle achète également un chouchou. Elle paye 20 € en tout.
**Quel est le prix du chouchou ?**

SCHÉMA

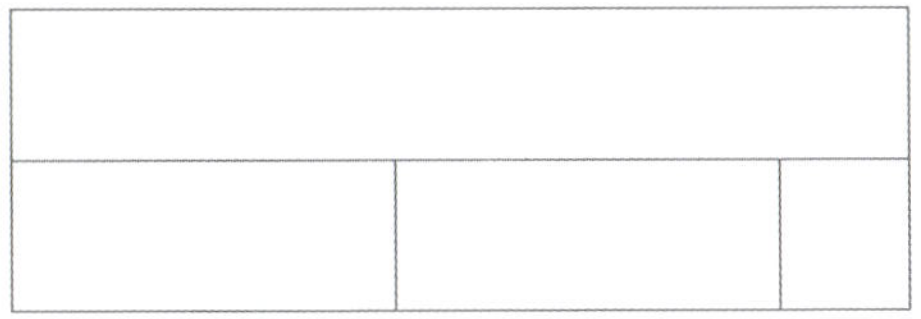

CALCULS

PHRASE : ............................

**5** Voici un graphique représentant la quantité des ingrédients nécessaires pour réaliser la recette de gâteau quatre-quarts.
**Sachant que la totalité représente 1 000 g, quelle est la quantité nécessaire de farine (en grammes) ?**

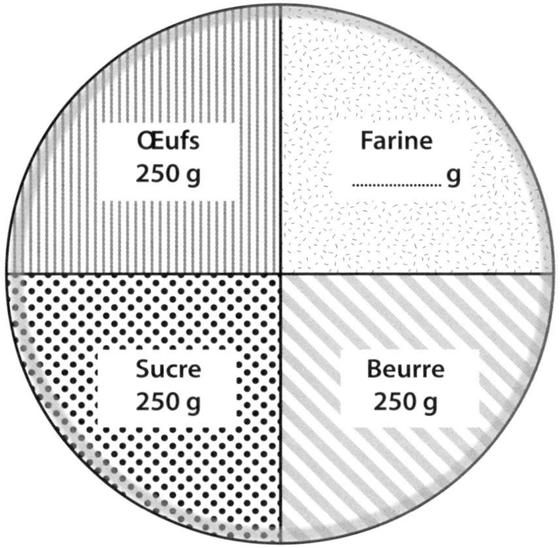


SCHÉMA

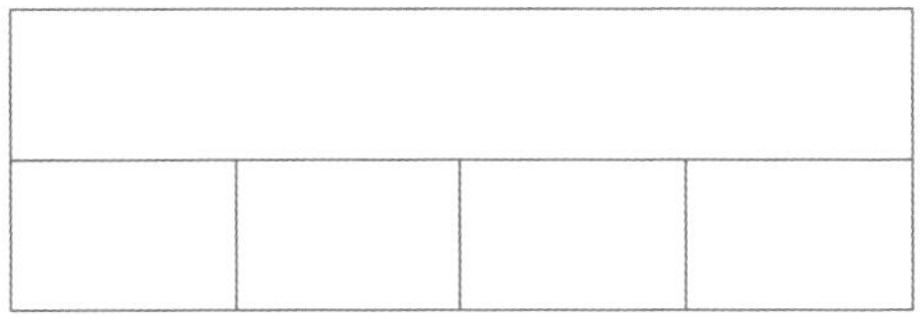

CALCULS

PHRASE : ..............................................................................................

..............................................................................................

Prénom : .............................................. Date : ..............................

**6** Voici une recette de salade de fruits. Pour 6 pommes, il faut 3 bananes et 2 oranges.
**Complète le tableau avec le nombre de bananes et d'oranges nécessaires en fonction du nombre de pommes.**

| Pommes | Bananes | Oranges |
|---|---|---|
| 6 | 3 | 2 |
| 12 | .................... | .................... |
| 18 | .................... | .................... |
| 24 | .................... | .................... |
| 30 | 15 | 10 |

CALCULS

## Période 5 Semaine 4

Prénom : ........................ Date : ........................

**1** Julia achète 3 mangas coutant chacun 6 €, ainsi que 3 bandes dessinées identiques. Elle donne un billet de 50 € au libraire qui lui rend 2 €.
**Quel est le prix d'une bande dessinée ?**

SCHÉMA

CALCULS

PHRASE : ........................

**2** Aya a 80 billes. Son frère en a un quart de plus.
**Combien celui-ci a-t-il de billes ?**

SCHÉMA

CALCULS

PHRASE : ........................

**3** Justine achète deux robes à 25,50 € l'unité.
Elle paye avec un billet de 100 €.
**Combien le caissier doit-il lui rendre ?**

SCHÉMA

CALCULS

PHRASE : ........................

**4** Nino achète 2 chemises à 25,50 € l'unité. Il achète également une cravate. Il paye avec un billet de 100 €. Le caissier lui rend 30 €.
**Quel est le prix de la cravate ?**

SCHÉMA

CALCULS

PHRASE : ........................

Prénom : .................................................. Date : ..............................

**5** Voici un graphique représentant la quantité des ingrédients nécessaires pour réaliser la recette de gâteau quatre-quarts.
**Sachant que la totalité représente 1 000 g, quelle est la quantité nécessaire (en grammes) de chaque ingrédient ?**

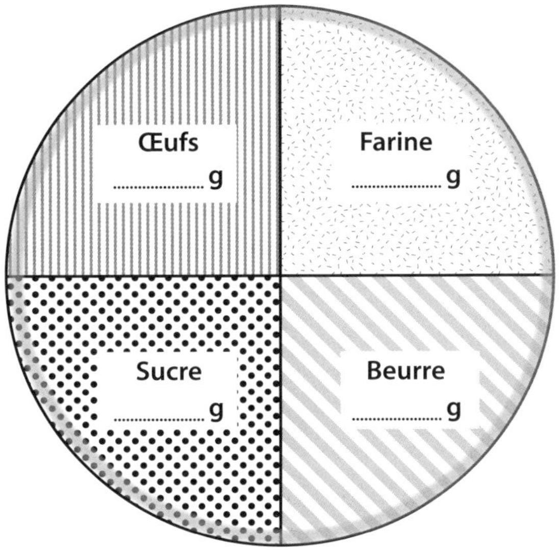


SCHÉMA

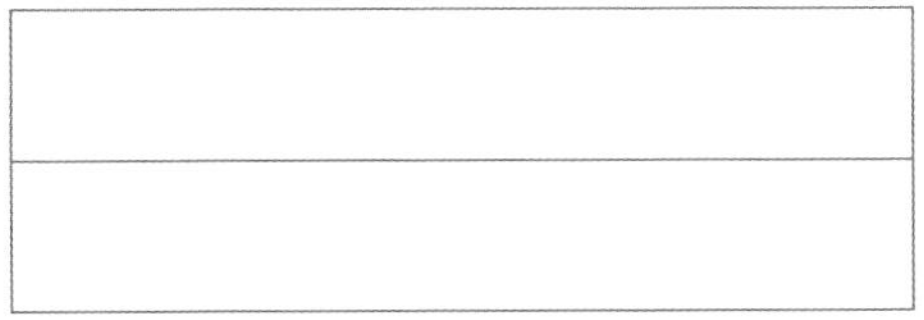

CALCULS

PHRASE : ..............................................................................................

..............................................................................................

**6** Voici une recette de salade de fruits. Pour 20 pommes, il faut 16 bananes et 8 oranges.
**Complète le tableau avec le nombre de bananes et d'oranges nécessaires en fonction du nombre de pommes.**

| Pommes | Bananes | Oranges |
|---|---|---|
| 5 | .......... | .......... |
| 10 | .......... | .......... |
| 15 | .......... | .......... |
| 20 | 16 | 8 |
| 25 | .......... | .......... |
| 30 | .......... | .......... |
| 35 | .......... | .......... |
| 40 | .......... | .......... |
| 45 | .......... | .......... |
| 50 | .......... | .......... |

CALCULS

## Période 5 Semaine 4

Prénom : ........................ Date : ........................

**1** Julia achète 3 mangas coutant chacun 6,90 €, ainsi que 3 bandes dessinées identiques. Elle donne un billet de 50 € au libraire qui lui rend 2,60 €.
**Quel est le prix d'une bande dessinée ?**

SCHÉMA

CALCULS

PHRASE : ........................

**2** Aya a 108 billes. Joaquim en a un quart de plus. Sarah a une quantité de billes équivalent à deux tiers de ce que possède Joaquim.
**Combien de billes possède Sarah ?**

SCHÉMA

CALCULS

PHRASE : ........................

**3** Justine achète deux robes à 25,50 € l'unité, ainsi que 3 t-shirts à 15,90 €. Elle paye avec un billet de 100 €.
**Combien le caissier doit-il lui rendre ?**

SCHÉMA

CALCULS

PHRASE : ........................

**4** Nino achète 2 chemises à 25,50 € l'unité. Il achète également 3 cravates à prix identique. Il paye avec un billet de 100 €. Le caissier lui rend 1,30 €.
**Quel est le prix d'une cravate ?**

SCHÉMA

CALCULS

PHRASE : ........................

Prénom : ........................ Date : ........................

**5** Voici un graphique représentant la quantité des ingrédients nécessaires pour réaliser un gâteau.

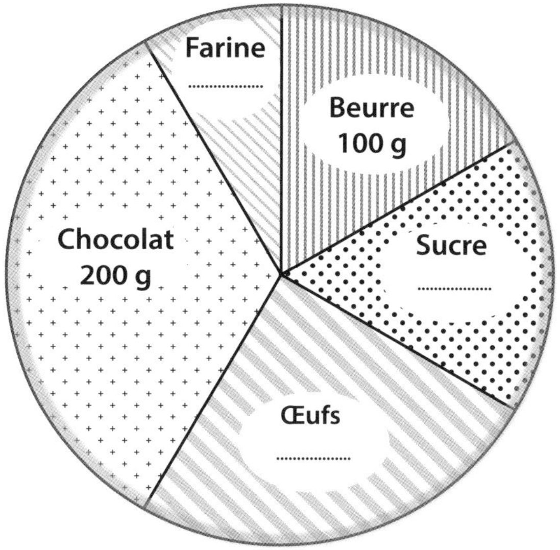


On sait que :

– la quantité de farine équivaut à $\frac{1}{4}$ de la quantité de chocolat ;

– la quantité d'œufs équivaut à $\frac{3}{4}$ de la quantité de chocolat ;

– la quantité de sucre équivaut à $\frac{1}{2}$ de la quantité de chocolat.

**Quelle est la quantité nécessaire (en grammes) de chaque ingrédient ?**

SCHÉMA

CALCULS

PHRASE : ..........................................................

..........................................................

**6** Voici les proportions d'eau à utiliser en fonction de la quantité de farine pour faire une pâte à pain.
**Complète le tableau avec la quantité d'eau nécessaire en fonction de la masse de farine.**

| Farine | Eau |
|---|---|
| 300 g | .................... |
| 600 g | .................... |
| 900 g | .................... |
| 1,2 kg | .................... |
| 1,5 kg | .................... |
| 1,8 kg | 1,2 L |
| 2,1 kg | .................... |

CALCULS

**Période 5** Semaine 5 ★

Prénom : ..................................................... Date : .......................................

**1** Zoé a acheté à la boulangerie 2 pâtisseries à 3,50 € pièce.
En sortant, il ne lui reste plus que 3 €.
**Combien avait-elle avant d'entrer dans la boulangerie ?**

SCHÉMA

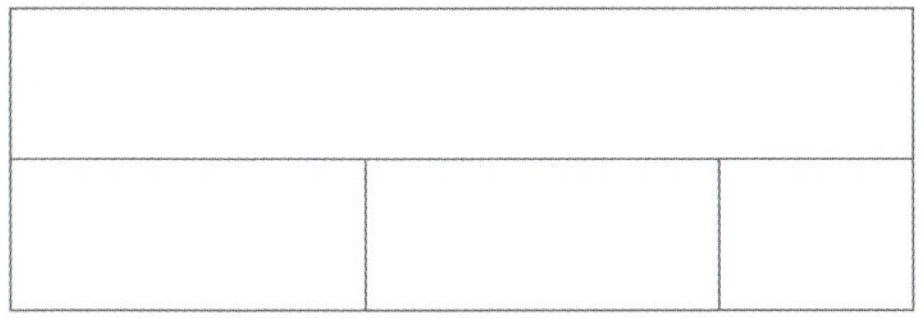

CALCULS

PHRASE : ..........................................................................................

**2** Zoé a acheté à la boulangerie 2 pâtisseries à 3,50 € pièce.
Elle a dépensé en tout 3 € de plus que le client précédent.
**Combien avait-il dépensé ?**

SCHÉMA

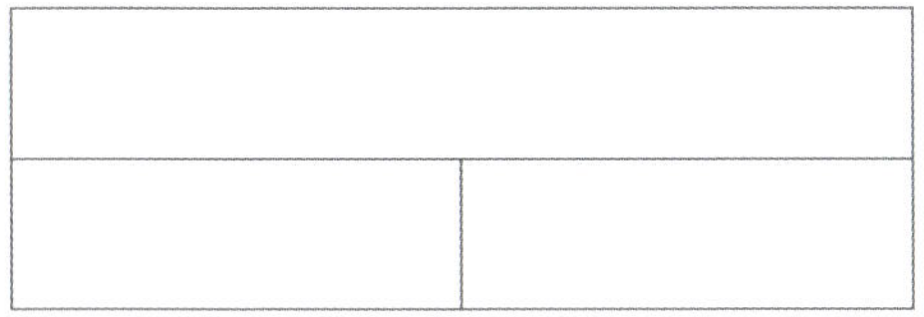

CALCULS

PHRASE : ..........................................................................................

**3** Zoé entre dans la boulangerie avec 10 €. Elle achète 2 pâtisseries à 3,50 € pièce.
**Combien lui reste-il en sortant ?**

SCHÉMA

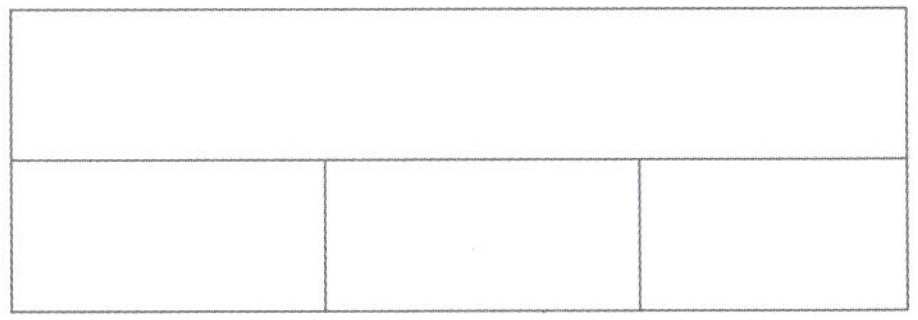

CALCULS

PHRASE : ..........................................................................................

**4** Zoé achète à la boulangerie 2 pâtisseries à 3,50 € pièce et 2 pains au chocolat à 1,10 € chacun.
**Combien dépense-t-elle en tout ?**

SCHÉMA

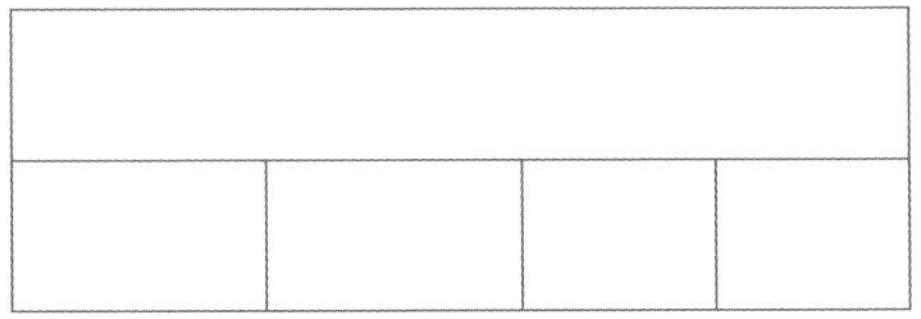

CALCULS

PHRASE : ..........................................................................................

Prénom : ........................ Date : ........................

**5** **Quelle augmentation du prix de la baguette y a-t-il eu entre 1980 et 1995 ?**

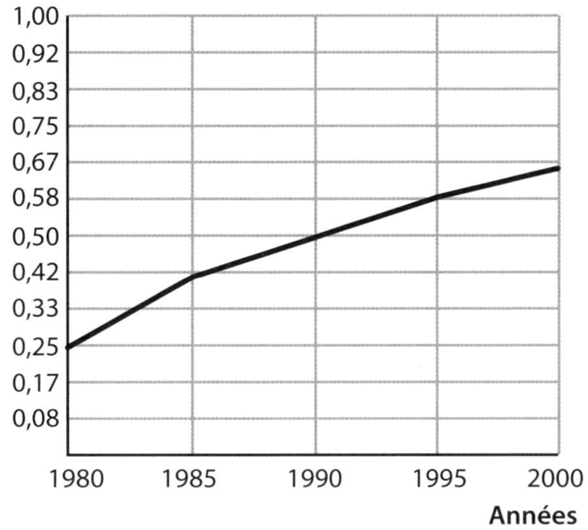


SCHÉMA

CALCULS

PHRASE : ........................

........................

**6** Cette année, la classe des CM1 qui compte 20 élèves a utilisé 40 cahiers en tout.
**Indique sur ce graphique combien de cahiers auraient utilisés 5 élèves, 10 élèves et 15 élèves.**

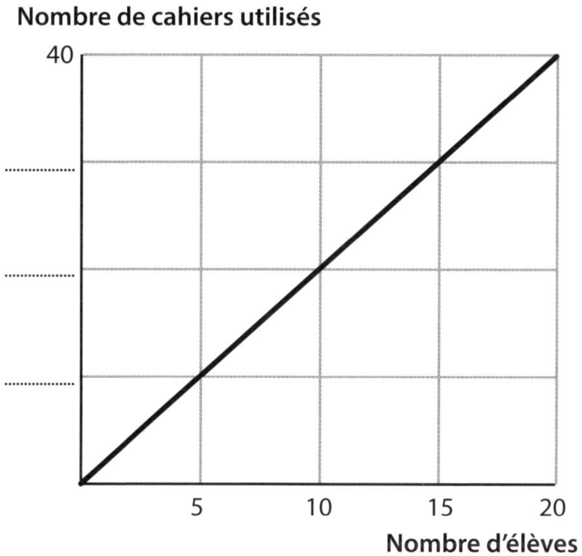


CALCULS

## Période 5 Semaine 5

★★

**1** Zoé a acheté à la boulangerie 3 pâtisseries à 3,50 € pièce et 2 baguettes à 0,90 € l'unité. En sortant, il ne lui reste plus que 2,70 €.
**Combien avait-elle avant d'entrer dans la boulangerie ?**

SCHÉMA

CALCULS

PHRASE : ..............................

**2** Zoé a acheté à la boulangerie 3 pâtisseries à 3,50 € pièce et 2 baguettes à 0,90 € l'unité. Elle a dépensé en tout 3,30 € de plus que le client précédent.
**Combien avait-il dépensé ?**

SCHÉMA

CALCULS

PHRASE : ..............................

Prénom : .............................. Date : ..............................

**3** Zoé entre dans la boulangerie avec 15 €. Elle achète 3 pâtisseries à 3,50 € pièce et 2 baguettes à 0,90 € l'unité.
**Combien lui reste-il en sortant ?**

SCHÉMA

CALCULS

PHRASE : ..............................

**4** Zoé achète à la boulangerie 3 pâtisseries à 3,50 € pièce, 2 baguettes à 0,90 € l'unité, et 4 pains au chocolat à 1,10 € chacun.
**Combien dépense-t-elle en tout ?**

SCHÉMA

CALCULS

PHRASE : ..............................

Prénom : ……………… Date : ………………

**5** **Quelle augmentation du prix de la baguette y a-t-il eu entre 1985 et 2010 ?**

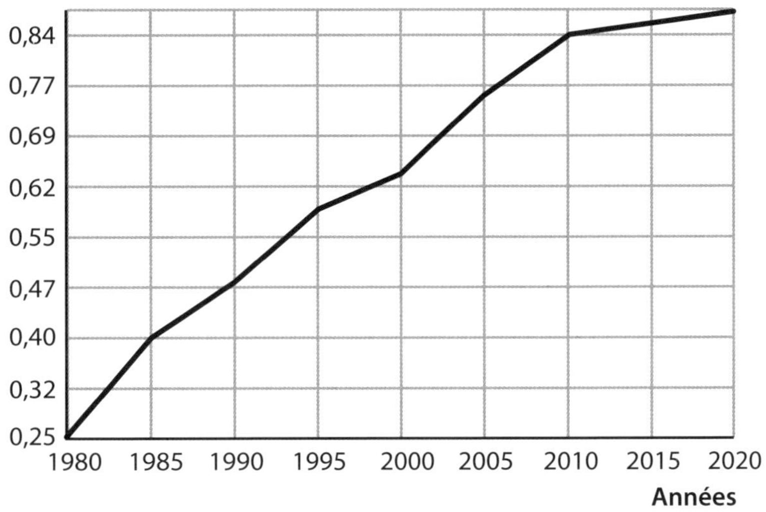


SCHÉMA

CALCULS

PHRASE : ………………

………………

**6** Cette année, la classe des CM1 qui compte 20 élèves a utilisé 100 cahiers en tout.
**Indique sur ce graphique combien de cahiers auraient utilisés 5 élèves, 10 élèves et 15 élèves.**

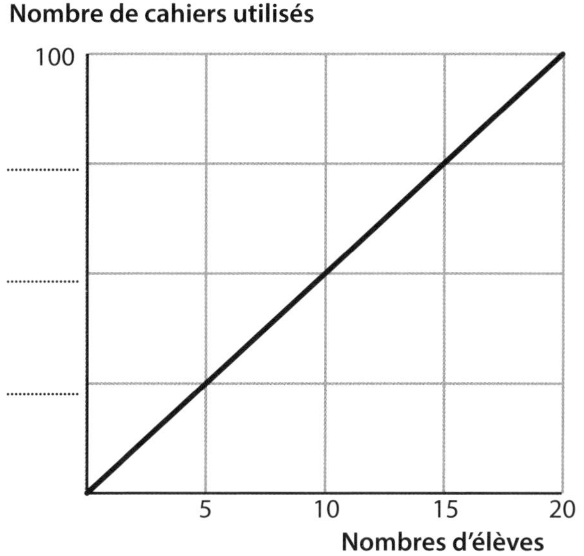


CALCULS

## Période 5 Semaine 5 ★★★

Prénom : .................................... Date : ....................

**1** Zoé a acheté à la boulangerie 5 pâtisseries à 3,90 € pièce, 5 croissants à 1,10 € et 10 baguettes à 0,95 € l'unité. En sortant, il ne lui reste plus que 0,50 €.
**Combien avait-elle avant d'entrer dans la boulangerie ?**

SCHÉMA

CALCULS

PHRASE : ....................................

**2** Zoé a acheté à la boulangerie 5 pâtisseries à 3,90 € pièce, 5 croissants à 1,10 € et 10 baguettes à 0,95 € l'unité. Elle a dépensé en tout 4,60 € de plus que le client précédent.
**Combien celui-ci avait-il dépensé ?**

SCHÉMA

CALCULS

PHRASE : ....................................

**3** Zoé entre dans la boulangerie avec 35 €. Elle achète 5 pâtisseries à 3,90 € pièce, 5 croissants à 1,10 € et 10 baguettes à 0,95 € l'unité.
**Combien lui reste-il en sortant ?**

SCHÉMA

CALCULS

PHRASE : ....................................

**4** Zoé a acheté à la boulangerie 5 pâtisseries à 3,90 € pièce, 5 croissants à 1,10 € pièce, 10 baguettes à 0,95 € l'unité et 5 brioches à 4,90 € chacune.
**Combien dépense-t-elle en tout ?**

SCHÉMA

CALCULS

PHRASE : ....................................

Prénom : ........................ Date : ........................

**5** Voici la courbe de croissance d'un bébé.
**De combien de centimètres a-t-il grandi lors de ses 6 premiers mois ?**

SCHÉMA

CALCULS

PHRASE : ........................

........................

**6** Une ville de 5 000 habitants consomme en moyenne 725 000 L d'eau par jour.
**Indique sur ce graphique quelle serait la consommation moyenne pour 1 000, 2 000, 3 000 et 4 000 habitants.**

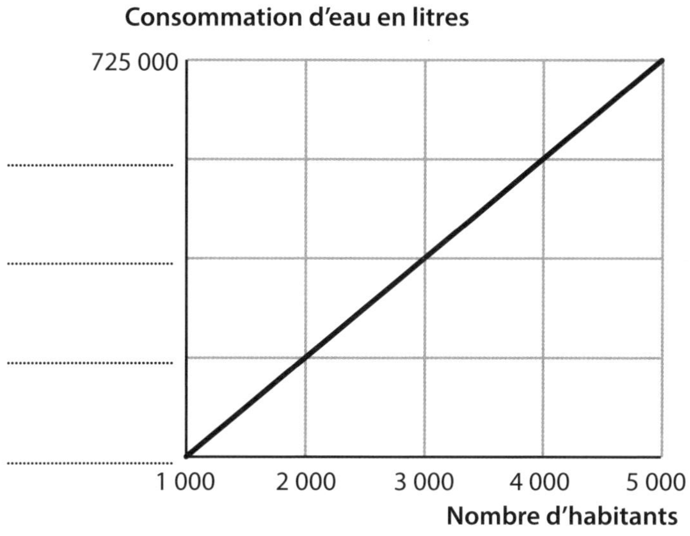


CALCULS

## Période 5 Semaine 6

Prénom : ..................................................... Date : ..............................

**1** Sofia a 10 €. Elle veut acheter des pâtisseries dont le prix est de 2,50 €.
**Combien de pâtisseries peut-elle acheter ?**

SCHÉMA

CALCULS

PHRASE : ..........................................................................................

**2** Un immeuble a 5 étages. Sur chaque façade, il y a 10 fenêtres par étage. L'immeuble a 4 facades. **Combien de fenêtres y a-t-il en tout sur cet immeuble ?**

SCHÉMA

CALCULS

PHRASE : ..........................................................................................

**3** En début d'année, il y avait dans le stock de l'école 24 paquets de 10 cahiers. À la fin de l'année, il reste 9 paquets de 10 cahiers.
**Combien de cahiers ont été utilisés cette année ?**

SCHÉMA

CALCULS

PHRASE : ..........................................................................................

**4** Samuel a 15 €. Il veut acheter des pâtisseries dont le prix est de 2,50 €.
**Combien de pâtisseries peut-il acheter ?**

SCHÉMA

CALCULS

PHRASE : ..........................................................................................

Prénom : .................... Date : ....................

**5** Voici un tableau indiquant le nombre d'élèves par classe d'une école lors des 2 dernières rentrées.
**Quel est le niveau de classe où l'effectif a été multiplié par 2 entre 2022 et 2023 ?**

| | CP | CE1 | CE2 | CM1 | CM2 |
|---|---|---|---|---|---|
| **Rentrée 2022** | 40 | 34 | 54 | 64 | 54 |
| **Rentrée 2023** | 60 | 78 | 108 | 120 | 87 |

CALCULS

PHRASE : ....................

....................

**6** Dans une usine, un robot fabrique une pièce de moteur toutes les 30 minutes.
**Complète ce tableau indiquant le temps nécessaire en fonction du nombre de pièces fabriquées.**

| **Nombre de pièces fabriquées** | **Temps nécessaire** |
|---|---|
| 1 | 30 min |
| 2 | 1 h |
| 3 | .......... |
| 4 | .......... |
| 5 | .......... |
| 6 | .......... |
| 7 | .......... |
| 8 | .......... |
| 9 | .......... |
| 10 | .......... |

CALCULS

## Période 5 Semaine 6

Prénom : ........................ Date : ........................

**1** Sofia a 10,50 €. Elle veut acheter des pâtisseries dont le prix est de 3,50 €.
**Combien de pâtisseries peut-elle acheter ?**

SCHÉMA

CALCULS

PHRASE : ........................

**2** Un gratte-ciel a 60 étages. Sur chaque façade, il y a 10 fenêtres par étage. Le gratte-ciel a 4 facades.
**Combien de fenêtres y a-t-il sur ce gratte-ciel ?**

SCHÉMA

CALCULS

PHRASE : ........................

**3** En début d'année, il y avait dans le stock de l'école 55 cahiers verts, 24 paquets de 10 cahiers rouges et 18 paquets de 10 cahiers bleus. À la fin de l'année, il reste 21 cahiers verts, 9 paquets de 10 cahiers rouges et 4 paquets de 10 cahiers bleus.
**Combien de cahiers ont été utilisés cette année ?**

SCHÉMA

CALCULS

PHRASE : ........................

**4** Samuel a 15 €. Il veut acheter des pâtisseries dont le prix est de 3,50 €.
**Combien de pâtisseries peut-il acheter ? Combien lui restera-t-il ?**

SCHÉMA

CALCULS

PHRASE : ........................

Prénom : .................... Date : ....................

**5** Voici un tableau indiquant le nombre d'élèves par classe d'une école lors des 3 dernières rentrées.
**Quel est le niveau de classe où l'effectif a été multiplié par 4 entre 2021 et 2023 ?**

| | CP | CE1 | CE2 | CM1 | CM2 |
|---|---|---|---|---|---|
| **Rentrée 2021** | 30 | 25 | 27 | 32 | 22 |
| **Rentrée 2022** | 40 | 34 | 54 | 64 | 54 |
| **Rentrée 2023** | 60 | 78 | 108 | 120 | 87 |

CALCULS

PHRASE : ....................

....................

**6** Dans une usine, un robot fabrique une pièce de moteur toutes les 15 minutes.
**Complète ce tableau indiquant le temps nécessaire en fonction du nombre de pièces fabriquées.**

| Nombre de pièces fabriquées | Temps nécessaire |
|---|---|
| 1 | 15 min |
| 2 | .......... |
| 3 | .......... |
| 4 | 1 h |
| 5 | 1 h 15 min |
| 6 | .......... |
| 7 | .......... |
| 8 | .......... |
| 9 | .......... |
| 10 | .......... |

CALCULS

# Période 5 Semaine 6

Prénom : ..................................... Date : ....................

**1** Sofia a 12 €. Elle veut acheter des pâtisseries dont le prix est de 3,90 €.
**Combien de pâtisseries peut-elle acheter ? Combien lui restera-t-il ?**

SCHÉMA

CALCULS

PHRASE : ....................................................................

**2** Un gratte-ciel a 60 étages. Sur chacune des 4 façades, il y a 10 fenêtres par étage. Chaque fenêtre a une surface de 3 $m^2$.
**Combien de fenêtres y a-t-il sur ce gratte-ciel ? Quelle est la surface totale des fenêtres en $m^2$ ?**

SCHÉMA

CALCULS

PHRASE : ....................................................................

**3** En début d'année, l'école avait 50 cartons contenant chacun 5 ramettes de 500 feuilles blanches et 20 cartons contenant chacun 5 ramettes de 500 feuilles colorées. En fin d'année il reste 15 cartons de feuilles blanches et 5 cartons de feuilles colorées.
**Combien de feuilles ont été utilisées cette année ?**

SCHÉMA

CALCULS

PHRASE : ....................................................................

**4** Samuel a 150 €. Il veut acheter des pantalons dont le prix est de 49,50 €.
**Combien de pantalons peut-il acheter ? Combien lui restera-t-il ?**

SCHÉMA

CALCULS

PHRASE : ....................................................................

Prénom : .................................... Date : ....................

**5** Voici un tableau indiquant le nombre d'habitants dans trois villes différentes.
**Quelle est la ville où le nombre d'habitants a plus que doublé entre 1901 et 1968 ?**

| | Orléans | Nantes | Montpellier |
|---|---|---|---|
| **Année 1901** | 67 311 | 132 990 | 75 950 |
| **Année 1968** | 95 828 | 260 244 | 161 910 |
| **Année 2020** | 117 026 | 320 732 | 299 096 |

CALCULS

PHRASE : ....................................

....................................

**6** Dans une usine, un robot fabrique une pièce de moteur toutes les 19 minutes.
**Complète ce tableau indiquant le temps nécessaire en fonction du nombre de pièces fabriquées.**

| Nombre de pièces fabriquées | Temps nécessaire |
|---|---|
| 1 | 19 min |
| 2 | .................. |
| 3 | .................. |
| 4 | 1 h 16 min |
| 5 | .................. |
| 6 | .................. |
| 7 | .................. |
| 8 | .................. |
| 9 | .................. |
| 10 | .................. |

CALCULS

**Période 5** **Série 1**

Prénom : ................................ Date : ................................

**1** **Trouve les 2 nombres qui se suivent et dont la somme est égale à 101.**

$\boxed{?} + \boxed{?} = 101$ (+ 1)

PHRASE : ....................................................................

....................................................................

**2** **Combien d'autres triangles peut-on tracer en utilisant ces points comme sommets ?**

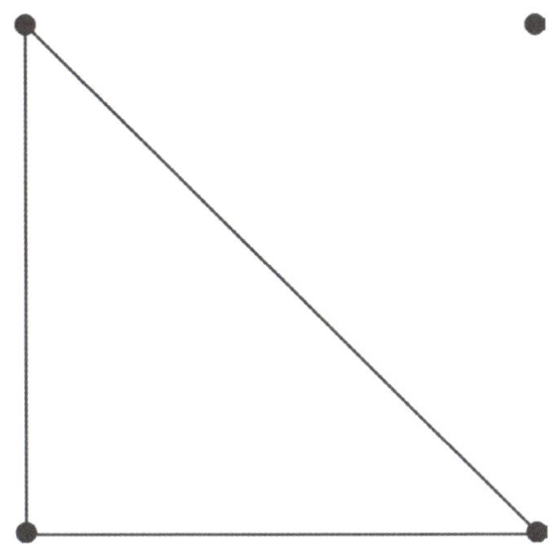

PHRASE : ....................................................................

....................................................................

Prénom : ............ Date : ............

**3** Voici un jeu de fléchettes pour enfants. Trouve toutes les possibilités d'obtenir 100 points en lançant 2 fléchettes sachant qu'il est possible de les envoyer dans la même zone.
**Combien y en a-t-il ?**

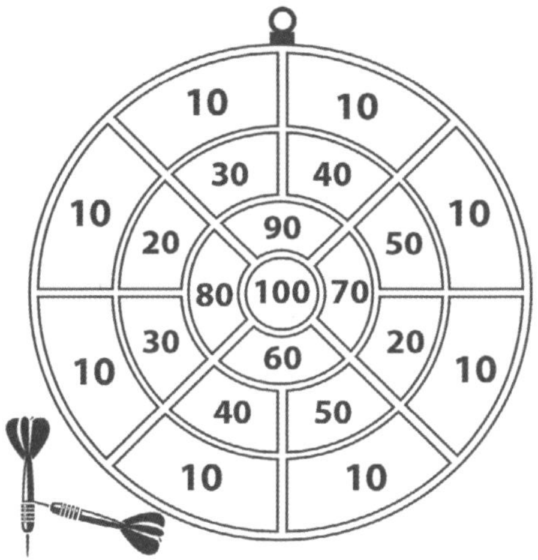


PHRASE : ............

............

**4** Un petit aéronef ne peut transporter que 3 voyageurs à la fois et seulement 5 valises dans la soute. Le pilote doit mener en expédition un groupe de 12 personnes avec 30 valises.
**Combien de voyages doit-il prévoir pour transporter tous les voyageurs et leurs valises ?**

PHRASE : ............

............

**Période 5 Série 1** ★★

Prénom : ............................ Date : ............................

**1** **Trouve les 3 nombres qui se suivent et dont la somme est égale à 150.**

(+ 1) (+ 1)

? + ? + ? = 150

PHRASE : ..............................................................................

..............................................................................

**2** **Combien de triangles différents peut-on tracer en utilisant ces points comme sommets ?**

PHRASE : ..............................................................................

..............................................................................

Prénom : .................................... Date : ....................

**3** Voici un jeu de fléchettes pour enfants. Trouve toutes les possibilités d'obtenir 100 points en lançant 3 fléchettes sachant qu'il est possible d'en envoyer plusieurs dans la même zone.
**Combien y en a-t-il ?**

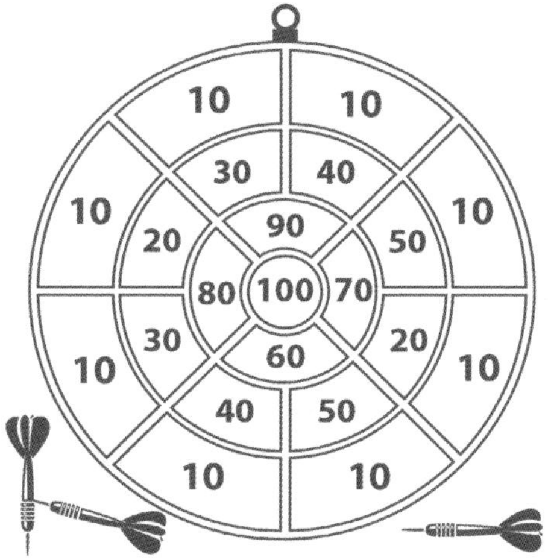


PHRASE : ....................................

....................................

**4** Un petit aéronef ne peut transporter que 5 voyageurs à la fois et seulement 7 valises dans la soute. Le pilote doit mener en expédition un groupe de 21 personnes avec 45 valises.
**Combien de voyages doit-il prévoir pour transporter tous les voyageurs et leurs valises ?**

PHRASE : ....................................

....................................

**Période 5** **Série 1** ★★★

Prénom : ............................................ Date : ..............................

**1** **Trouve les 5 nombres qui se suivent et dont la somme est égale à 2 500.**

(+ 1 → entre chaque nombre)

? + ? + ? + ? + ? = 2 500

PHRASE : ..............................................................................

..............................................................................

**2** **Combien de triangles peut-on tracer en utilisant ces points comme sommets ?**

PHRASE : ..............................................................................

..............................................................................

Prénom : .................................... Date : ....................

**3** Voici un jeu de fléchettes pour enfants. Trouve toutes les possibilités d'obtenir 100 points en lançant 4 fléchettes sachant qu'il est possible d'en envoyer plusieurs dans la même zone.
**Combien y en a-t-il ?**

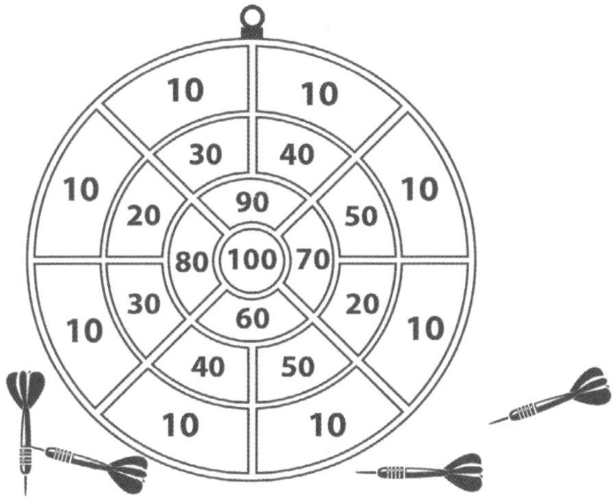


PHRASE : ....................................................................

....................................................................

**4** Un petit aéronef ne peut transporter que 5 voyageurs à la fois et seulement 7 valises dans la soute. Le pilote doit mener en expédition un groupe de 42 personnes avec 48 valises.
**Combien de voyages doit-il prévoir pour transporter tous les voyageurs et leurs valises ?**

PHRASE : ....................................................................

....................................................................

**Période 5** **Série 2**

Prénom : ..................................... Date : .....................

**1** Observe les différents lots.
**Quel est le prix unitaire de la visseuse, du marteau et du tournevis ?**

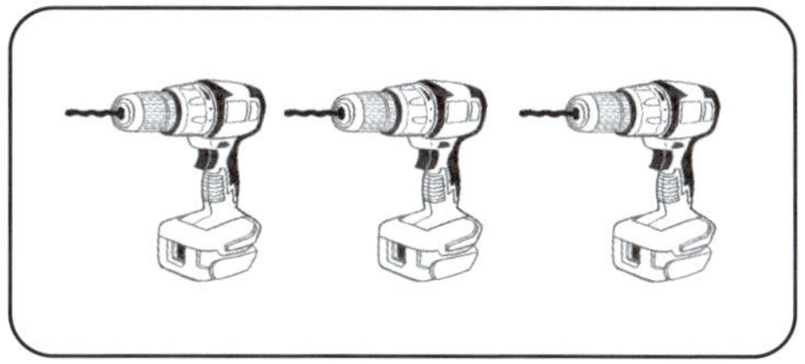

150 €

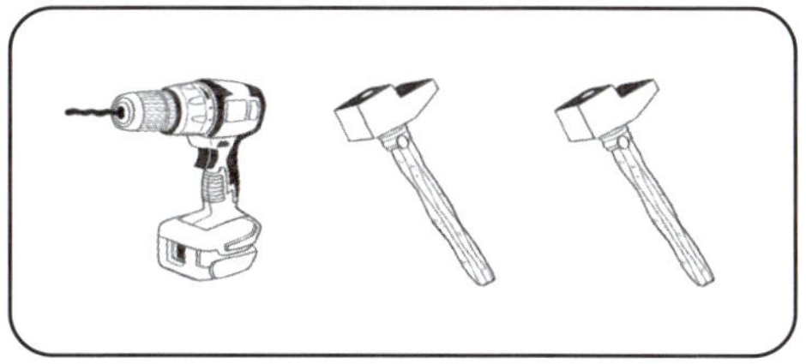

180 €

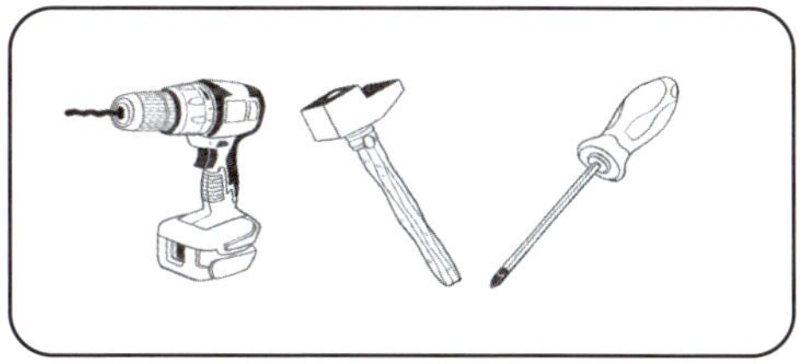

123 €

PHRASE : ..............................................................

..............................................................

**2** Un triomino est une figure géométrique composée de 3 carrés comme présenté ci-dessous. Trouve tous les triominos possibles (attention les rotations ne comptent pas).
**Combien en existe-t-il de différents ?**

PHRASE : ..............................................................

..............................................................

Prénom : ........................ Date : ........................

**3** Le pâtissier doit acheter 10 kg de farine. Il n'a plus le choix qu'entre des paquets de 1,5 kg et des paquets de 1 kg.
Fais la liste de toutes les combinaisons d'achat qu'il peut réaliser pour avoir 10 kg.
**Combien de possibilités a-t-il ?**

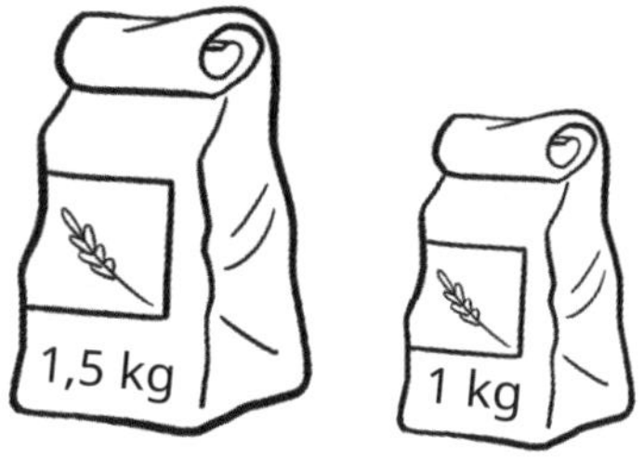


PHRASE : ........................

........................

**4** Trace un rectangle avec les caractéristiques suivantes :
son périmètre est de 10 cm, sa longueur doit mesurer 4 fois sa largeur (nombres entiers uniquement).
**Quelles sont ses dimensions ?**

PHRASE : ........................

........................

**Période 5** **Série 2**

Prénom : ........................ Date : ........................

**1** Observe les différents lots d'objets.
**Quel est le prix unitaire du sac, de la bague et du manteau ?**

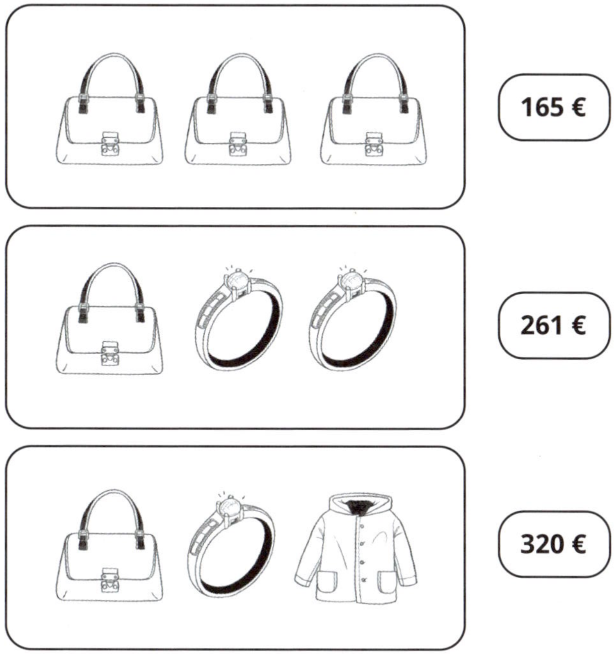


PHRASE : ........................

**2** Un tétromino est une figure géométrique composée de 4 carrés comme présenté ci-dessous. Trouve tous les tétrominos possibles (attention les rotations ne comptent pas).
**Combien en existe-t-il de différents ?**

PHRASE : ........................

Prénom : ........................ Date : ........................

**3** Le pâtissier doit acheter 10 kg de farine. Il n'a plus le choix qu'entre des paquets de 1,5 kg et des paquets de 500 g.
**Fais la liste de toutes les combinaisons d'achat qu'il peut réaliser pour avoir 10 kg. Combien de possibilités a-t-il ?**

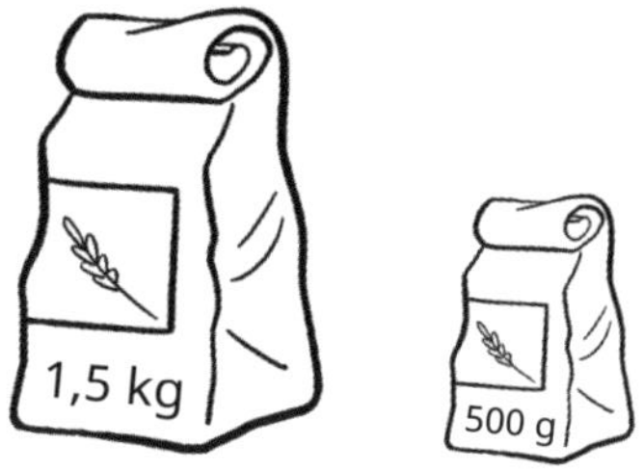


PHRASE : ........................

........................

**4** Trace un rectangle avec les caractéristiques suivantes :
son périmètre est de 20 cm, sa longueur doit mesurer 4 fois sa largeur (nombres entiers uniquement).
**Quels sont ses dimensions ?**

PHRASE : ........................

........................

## Période 5 Série 2

Prénom : ........................ Date : ........................

**1** Observe les différents lots.
**Quel est le prix unitaire du sac, de la bague et du manteau ?**

178,50 €

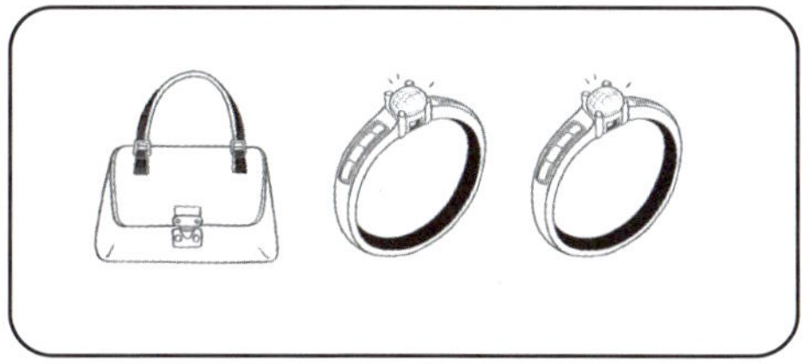
258,50 €

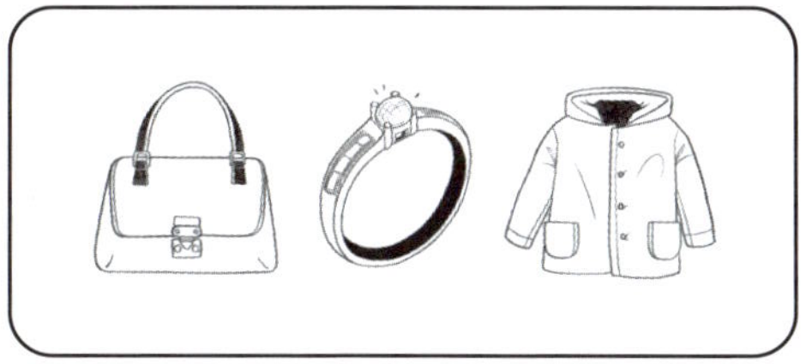
318,50 €

PHRASE : ........................

........................

**2** Un pentomino est une figure géométrique composée de 5 carrés comme présenté ci-dessous. Trouve tous les pentominos possibles (attention les rotations ne comptent pas).
**Combien en existe-t-il de différents ?**

PHRASE : ........................

........................

Prénom : ..................................... Date : .....................

**3** Le pâtissier doit acheter 5 kg de farine. Il n'a plus le choix qu'entre des paquets de 750 g et des paquets de 500 g.
Fais la liste de toutes les combinaisons d'achat qu'il peut réaliser pour avoir 5 kg.
**Combien de possibilités a-t-il ?**

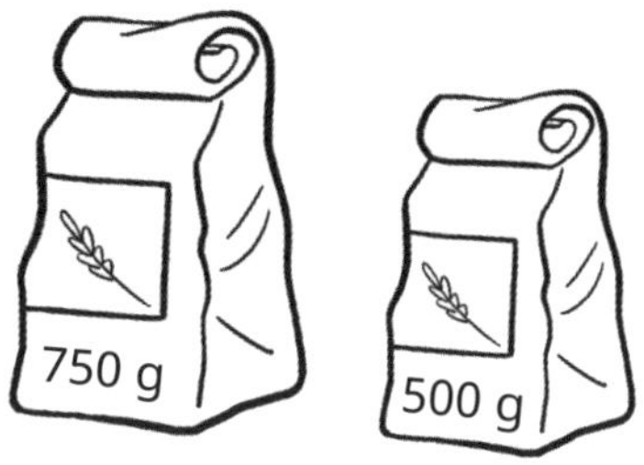


PHRASE : .....................................

.....................................

**4** Trace un rectangle avec les caractéristiques suivantes :
son périmètre est de 21 cm, sa longueur doit mesurer 2 fois sa largeur.
**Quels sont ses dimensions ?**

PHRASE : .....................................

.....................................

# Période 5 Évaluation

Prénom : ............................ Date : ............................

| Compétences évaluées | Exercices | NA | PA | A | D |
|---|---|---|---|---|---|
| Résoudre un problème de composition (recherche d'une partie) | 1 | | | | |
| Résoudre un problème de transformation (recherche d'état initial) | 2 | | | | |
| Résoudre un problème de comparaison (recherche de l'un des états) | 3 | | | | |
| Résoudre un problème de multiplication (addition réitérée) | 4 | | | | |
| Résoudre un problème de division (quotition) | 5 | | | | |
| Résoudre un problème de proportionnalité | 6 | | | | |

**1** Inès achète à la librairie 2 romans au prix de 7,50 € chacun.
Elle paie avec un billet de 20 €.
**Combien le libraire doit-il lui rendre ?**

SCHÉMA

CALCULS

PHRASE : ............................

**2** Victor achète au marchand ambulant 2 glaces à 2,50 € l'unité.
Il lui reste ensuite 5 €.
**Combien avait-il avant d'acheter les glaces ?**

SCHÉMA

CALCULS

PHRASE : ............................

**3** Habituellement, 450 L d'eau en moyenne sont consommés chaque jour à l'école. Aujourd'hui, à cause d'une fuite, la consommation a été 3 fois plus importante.
**Quelle quantité d'eau a été consommée aujourd'hui ?**

SCHÉMA

CALCULS

PHRASE : ............................

Prénom : ……………… Date : ………………

**4** Un client achète chez le marchand de journaux 2 magazines à 4,50 € l'unité ainsi que 3 journaux à 1,50 € l'unité.
**Combien dépense-t-il en tout ?**

SCHÉMA

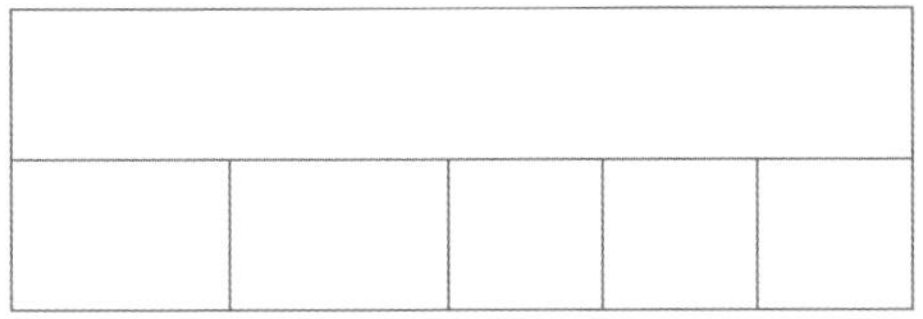

CALCULS

PHRASE : ………………

**5** La responsable de la cantine a reçu 150 kg de pommes qui étaient réparties dans des caisses de 10 kg.
**Combien de caisses a-t-elle reçues ?**

SCHÉMA

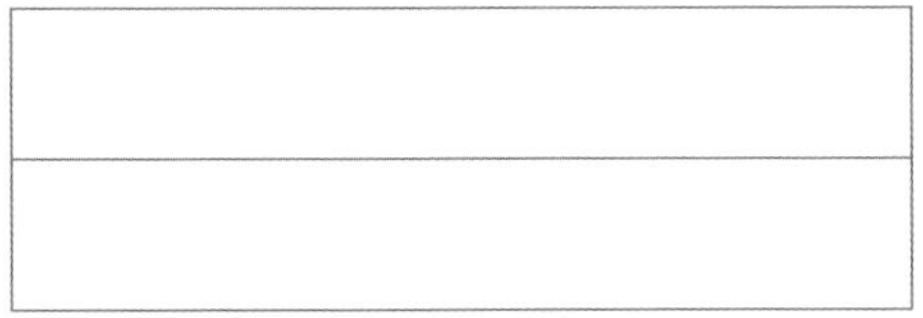

CALCULS

PHRASE : ………………

**6** **Indique le nombre de bouteilles d'eau achetées en fonction du nombre de pack.**

| Nombre de packs | Nombre de bouteilles |
|---|---|
| 1 | 6 |
| 2 | ……… |
| 3 | ……… |
| 4 | ……… |
| 5 | ……… |
| 6 | ……… |
| 7 | ……… |
| 8 | ……… |
| 9 | ……… |
| 10 | ……… |

CALCULS

# Période 5 Évaluation

Prénom : ............................................ Date : ............................

| Compétences évaluées | Exercices | NA | PA | A | D |
|---|---|---|---|---|---|
| Résoudre un problème de composition (recherche d'une partie) | 1 | | | | |
| Résoudre un problème de transformation (recherche d'état initial) | 2 | | | | |
| Résoudre un problème de comparaison (recherche de l'un des états) | 3 | | | | |
| Résoudre un problème de multiplication (addition réitérée) | 4 | | | | |
| Résoudre un problème de division (quotition) | 5 | | | | |
| Résoudre un problème de proportionnalité | 6 | | | | |

**1** Un client entre dans une boulangerie avec 25 € en poche. Il achète 2 baguettes à 1,15 € chacune, une brioche à 4,70 € et une tarte à 13,50 €.
**Combien de croissants à 1,50 € peut-il encore acheter ?**

SCHÉMA

CALCULS

PHRASE : ............................................................

**2** Pour une sortie scolaire la maitresse dépense 87,55 € pour l'ensemble de la classe. Il ne reste ensuite plus que 24,50 € sur le budget.
**Combien y avait-il sur le budget avant cette sortie ?**

SCHÉMA

CALCULS

PHRASE : ............................................................

**3** Le client d'une épicerie achète trois bouteilles d'eau à 1,40 € l'unité et trois sandwichs à 5,50 € chacun. Il dépense ainsi 3,50 € de plus que le client précédent.
**Combien le client précédent avait-il dépensé ?**

SCHÉMA

CALCULS

PHRASE : ............................................................

Prénom : .................................... Date : ....................

**4** L'école a fait l'acquisition de 3 imprimantes identiques au prix unitaire de 59,50 € ainsi que d'un lot de cartouches d'encre au prix de 29,50 €.
**Quelle somme totale a été dépensée ?**

SCHÉMA

CALCULS

PHRASE : ....................................................................

**5** Les élèves de l'école ont confectionné 150 biscuits qu'ils veulent vendre par lots de 6 pour la fête de l'école.
**Combien de lots peuvent-il faire ?**

SCHÉMA

CALCULS

PHRASE : ....................................................................

**6** Un maçon transporte des briques dans son camion.
**Complète le tableau pour trouver le poids total des briques transportées en fonction de leur nombre.**

| Nombre de briques | Poids total |
|---|---|
| 1 | .................... |
| 2 | .................... |
| 3 | .................... |
| 4 | 6 kg |
| 5 | .................... |
| 6 | .................... |
| 7 | .................... |
| 8 | .................... |
| 9 | .................... |
| 10 | .................... |

CALCULS

# Période 5 Évaluation

| Compétences évaluées | Exercices | NA | PA | A | D |
|---|---|---|---|---|---|
| Résoudre un problème de composition (recherche d'une partie) | 1 | | | | |
| Résoudre un problème de transformation (recherche d'état initial) | 2 | | | | |
| Résoudre un problème de comparaison (recherche de l'un des états) | 3 | | | | |
| Résoudre un problème de multiplication (addition réitérée) | 4 | | | | |
| Résoudre un problème de division (quotition) | 5 | | | | |
| Résoudre un problème de proportionnalité | 6 | | | | |

**1** La remorque de Paul peut contenir une charge maximale de 350 kg. Lors de son déménagement, il y met un réfrigérateur de 85 kg, un lave-linge de 68 kg, un fauteuil de 32,5 kg et un carton de 6,750 kg. **Quel poids peut-il encore mettre dans la remorque ?**

SCHÉMA

CALCULS

PHRASE : ..........

Prénom : .......... Date : ..........

**2** Après avoir acheté 3 romans au prix unitaire de 14,90 €, un client de la librairie n'a plus que 15,30 € en poche. **Combien avait-il en entrant dans la librairie ?**

SCHÉMA

CALCULS

PHRASE : ..........

**3** Lola a récolté 3 barquettes de cerises pesant respectivement 3,250 kg, 2,650 kg et 3,100 kg. Cela représente en totalité 300 g de plus que Louis. **Quelle quantité de cerises a récoltée Louis ?**

SCHÉMA

CALCULS

PHRASE : ..........

Prénom : ..................... Date : .....................

**4** Un fermier a récolté 270 œufs qu'il met dans des boites de 6 œufs.
Chaque boite est vendue 3,50 €.
**Quelle somme lui rapportera la vente des œufs s'il vend toutes les boites ?**

SCHÉMA

CALCULS

PHRASE : .....................

**5** **Combien de bouteilles de 25 cL peut-on remplir avec 10 L d'eau ?**

SCHÉMA

CALCULS

PHRASE : .....................

**6** **Indique sur ce graphique le prix qui correspond à chaque quantité de fraises achetée sachant que le kilo coute 12 €.**

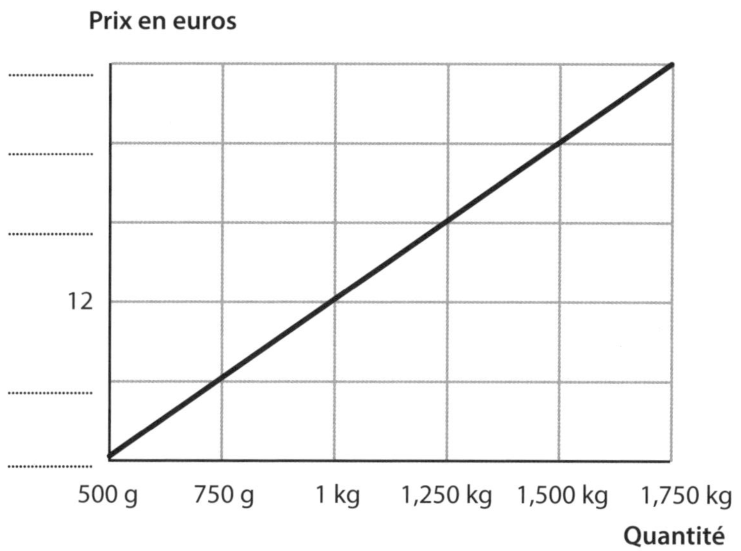


CALCULS

# Présentation des photo-problèmes

Les photo-problèmes permettent de **proposer un ancrage dans le monde réel**. Ils ont également été classés selon la typologie de Vergnaud (repérable aux couleurs des numéros d'exercices). Ils peuvent être utilisés selon différentes modalités.

## En activité autonome

Les fiches sont plastifiées et laissées **à disposition en fond de classe**. L'élève travaille sur une ardoise ou sur une feuille à part et propose une solution qu'il doit faire valider par l'enseignant. Ce fonctionnement peut notamment permettre de proposer une **activité complémentaire** pour les élèves les plus rapides **lors des séances de mathématiques**. La fiche de suivi proposée à la page suivante permet à l'élève et à l'enseignant d'observer la progression dans cette activité.

## Lors de rallyes maths

Les photo-problèmes peuvent être **intégrés à des rallyes maths** ou même en être l'objet principal. Dans ce cas, l'enseignant ne les propose que sur ce temps spécifique en sélectionnant les **typologies adaptées à la progression des apprentissages**.

## Pendant une séance spécifique

Les élèves se consacrent exclusivement à la résolution d'une ou plusieurs fiches lors d'une **séance spécifique** qui peut être assez **courte et ritualisée**. La correction peut être individualisée ou collective par l'intermédiaire de la vidéoprojection.

## Sous forme d'atelier

Un seul **groupe travaille collectivement** sur quelques photo-problèmes, permettant ainsi de dégager du temps à l'enseignant pour diriger un autre atelier (type séance de référence ou d'entrainement). Lorsque le groupe propose une solution à l'enseignant, chaque membre doit être capable de restituer celle-ci en expliquant le raisonnement ayant permis d'y aboutir.

# Photo-problèmes — Fiche de suivi

Prénom : ……………………………………………

| Numéro du problème | ★ | ★★ | ★★★ |
|---|---|---|---|
| 1 | | | |
| 2 | | | |
| 3 | | | |
| 4 | | | |
| 5 | | | |
| 6 | | | |
| 7 | | | |
| 8 | | | |
| 9 | | | |
| 10 | | | |
| 11 | | | |
| 12 | | | |
| 13 | | | |
| 14 | | | |
| 15 | | | |
| 16 | | | |

| Numéro du problème | ★ | ★★ | ★★★ |
|---|---|---|---|
| 17 | | | |
| 18 | | | |
| 19 | | | |
| 20 | | | |
| 21 | | | |
| 22 | | | |
| 23 | | | |
| 24 | | | |
| 25 | | | |
| 26 | | | |
| 27 | | | |
| 28 | | | |
| 29 | | | |
| 30 | | | |
| 31 | | | |
| 32 | | | |

| Numéro du problème | ★ | ★★ | ★★★ |
|---|---|---|---|
| 33 | | | |
| 34 | | | |
| 35 | | | |
| 36 | | | |
| 37 | | | |
| 38 | | | |
| 39 | | | |
| 40 | | | |
| 41 | | | |
| 42 | | | |
| 43 | | | |
| 44 | | | |
| 45 | | | |
| 46 | | | |
| 47 | | | |
| 48 | | | |

# Photo-problèmes

Prénom : ............................ Date : ............................

**1** Quel est le poids total en g de ces 3 sachets de levure ?

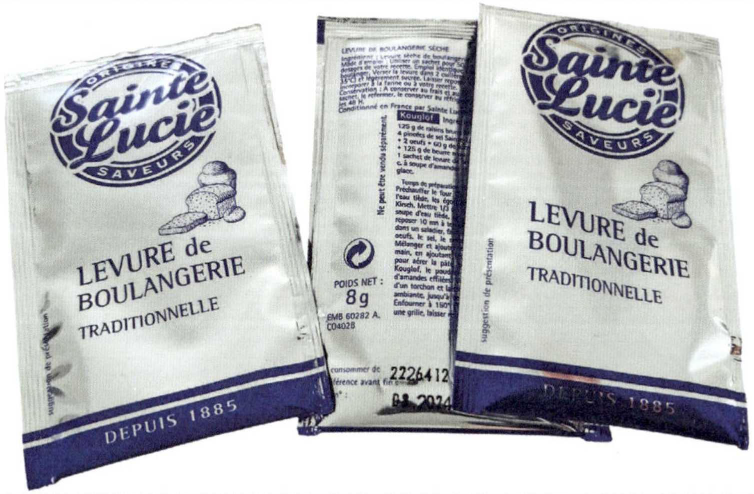


**2** Quelle quantité d'eau en cL y a-t-il en tout ?

**3** Quelle est la longueur totale de câble électrique disponible ?

**4** Quelle somme d'argent y a-t-il en tout ?

Prénom : ............................................................ Date : ..................................

**5** Quel est le poids de l'œuf ?

**6** Quelle quantité de beurre a déjà été utilisée ?

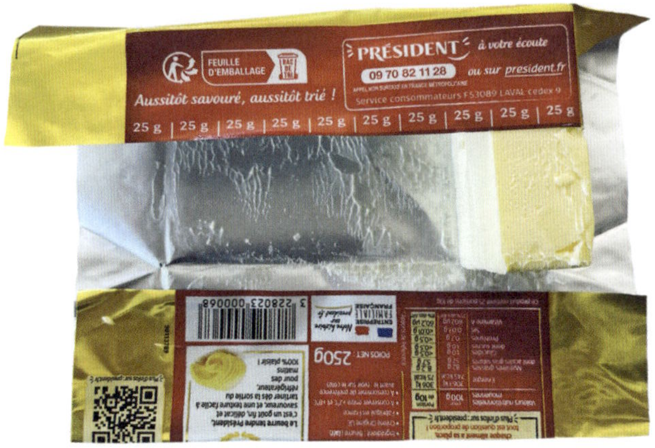


**7** Quel était le prix du sifflet sur ce ticket de caisse ?

```
--------------------------------------------
SIFFLET FOX UNIQUE                [redacted] €
557298
Numéro de série: 000000128913
MUG MH500 ISOTHERME                  10.00 €
4266695
Numéro de série: 000001497247
TABLE BASSE MH100 G                  18.00 €
4767347
Numéro de série: 000001502013
                                ============
TOTAL                                36.00 €
3 Article(s)
```

**8** Combien de jours manque-t-il sur ce calendrier pour avoir une année complète ?

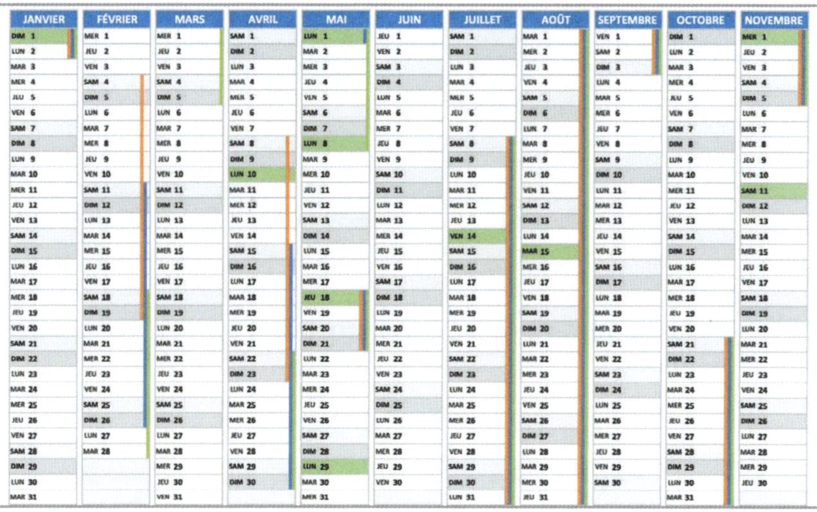

# Photo-problèmes

Prénom : ............................................ Date : ..............................

**9** Quelle longueur de trait reste-t-il à tracer pour former le carré ?

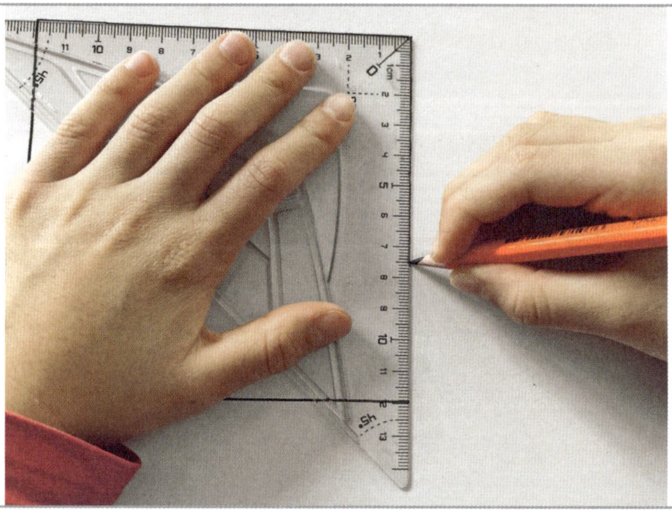

**10** Quelle quantité de sucre reste-t-il dans le paquet ?

**11** Quelle quantité de sauce reste-t-il dans la bouteille ?

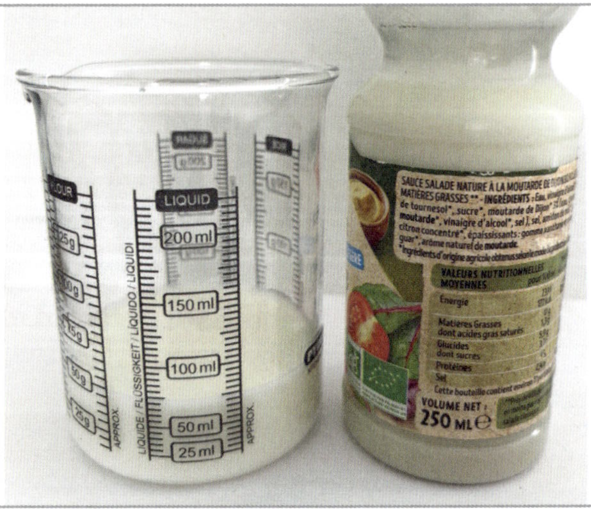


**12** Quelle quantité de riz au lait reste-t-il à manger ?

Prénom : .................... Date : ....................

**13** Combien manque-t-il pour obtenir 48 points ?

**15** Combien manque-t-il pour faire 2 € ?

**14** Combien de paquets supplémentaires faudrait-il pour avoir 1 kg de café ?

**16** Combien de briques supplémentaires faut-il pour faire une construction de 3 marches ?

# Photo-problèmes

Prénom : ........................ Date : ........................

**17** **Combien de carrés de chocolat y avait-il en tout dans cette tablette quand elle était encore entière ?**

**18** **Voici la monnaie rendue sur une baguette à 0,80 €. Combien le client avait-il donné à la boulangère ?**

**19** **Lise a parcouru 10 000 km depuis l'achat de ce véhicule d'occasion. Quel était le kilométrage initial lors de l'achat ?**

**20** **Cela fait 1 heure que Maxime patiente dans la salle d'attente. À quelle heure est-il arrivé ?**

Prénom : ............................................ Date : ............................

**21** Margot pèse 59 kg de moins que son papa. Combien pèse son papa ?

**22** Léo a trouvé les deux pièces suivantes. Sachant qu'il a 20 centimes de plus qu'Aubin, combien a Aubin ?

**23** Quelle heure est-il à Abidjan ?

**24** Quelle est la contenance de la petite bouteille sachant qu'elle contient 1 L de moins que la grande bouteille ?

# Photo-problèmes

Prénom : ........................ Date : ........................

**25** Quel est le poids de l'emballage de ce paquet de pâtes ?

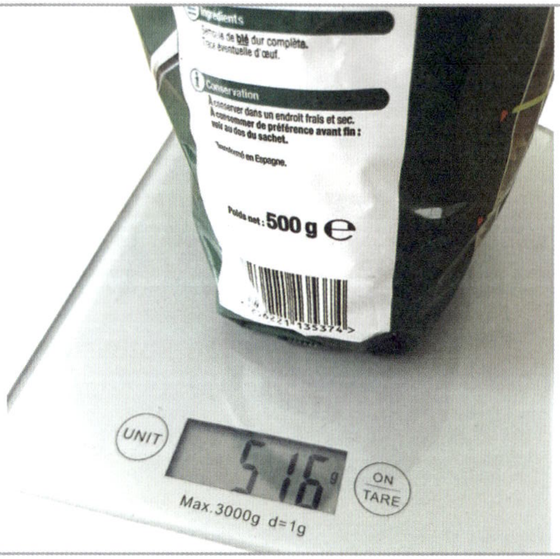


**26** Quel est le montant de la remise proposée ?

**27** Quelle différence totale de tenons y a-t-il entre la plaque verte et la plaque bleue ?

**28** Quelle est la différence de taille entre ces deux crayons ?

Prénom : ..................................................... Date : ......................................

**29** Sachant que c'est le matin, combien de minutes se sont écoulées depuis minuit ?

**30** Quelle quantité de levure y a-t-il en tout ?

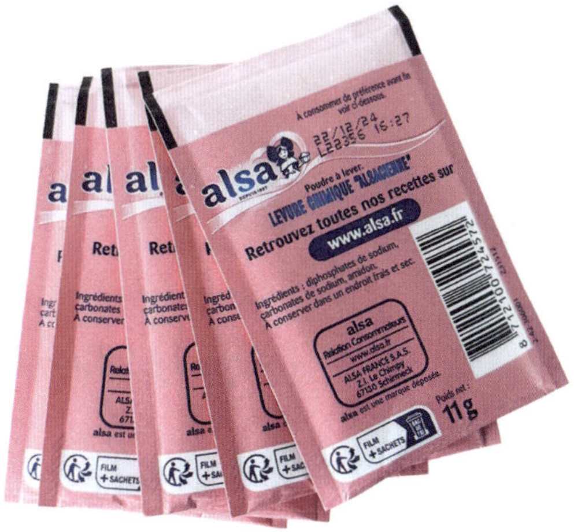


**31** Combien de points y a-t-il en tout ?

**32** Quelle quantité de yaourt y a-t-il en tout ?

# Photo-problèmes

Prénom : .................................... Date : ....................

**33** Combien de tenons y a-t-il sur cette plaque de Lego® ?

**35** Combien de cubes y a-t-il dans ce Rubik's Cube® ?

**34** Combien d'œufs y a-t-il en tout sur ces 2 plateaux ?

**36** Combien de carrés de chocolat y a-t-il en tout avec ces 2 tablettes ?

Prénom : ............ Date : ............

**37** Combien de piques y a-t-il dans chaque petit pot ?

**38** Quel serait le prix pour une seule charnière ?

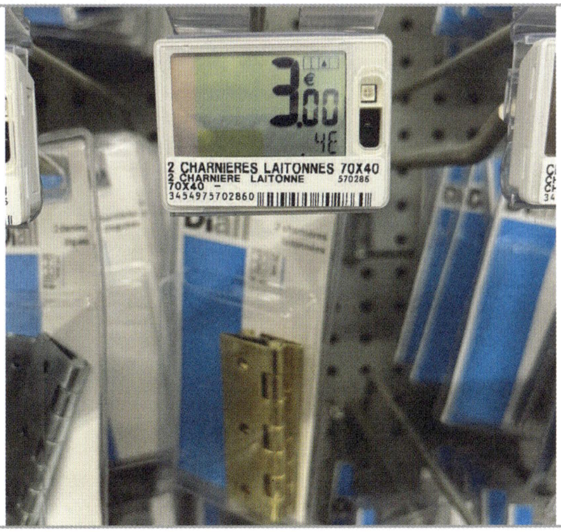


**39** Quel est le poids d'un seul sachet de levure sachant qu'il y en a 5 dans la boite ?

**40** En vidant toute la bouteille, quelle quantité faut-il verser dans chaque verre pour un partage équitable ?

# Photo-problèmes 10

Prénom : .................................................... Date : ....................................

**41** **Combien de boites faudrait-il pour avoir 1 kg de sel ?**

**43** **Combien de boites faut-il pour ranger 96 œufs ?**

**42** **Combien de flèches faut-il mettre dans le cercle 10 pour atteindre exactement 70 points ?**

**44** **Combien de rouleaux faut-il pour disposer de 60 m de câble électrique ?**

Prénom : ........................ Date : ........................

**45** Combien de pailles faudrait-il pour fabriquer 10 cubes comme celui-ci ?

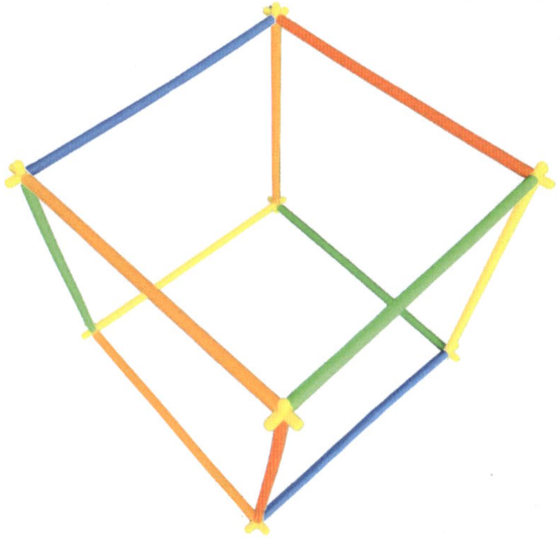

**47** Quel serait le prix pour 1 kg de tomates ?

**46** Si une pièce d'un pound vaut 1,20 €, quelle est la valeur totale de ces deux pièces ?

**48** À cette vitesse de 90 km/h, combien de km parcourt-on en 2 heures ?

# Photo-problèmes 10

Prénom : .................................... Date : ....................

**1** Quel est le poids total en g de ces épices ?

**2** Quelle quantité en L d'eau y a-t-il en tout ?

**3** Quel est le périmètre de ce carreau de forme carrée ?

**4** Quel est le total de ce ticket de caisse ?

| | |
|---|---|
| >>>> **SURGELES** | |
| PIZZA MARGHERITA U BIO | 2,89 € |
| PIZZA TONNO | 2,48 € |
| PIZZA MOZZAR | 2,48 € |
| ORIGINAL POTATOES | 2,39 € |

Prénom : ..................................... Date : ....................

## 5 Quel est le poids du pot de compote ?

## 6 Quelle quantité de beurre reste-t-il ?

## 7 Quel était le prix de la tente sur le ticket de caisse ?

```
TENTE MT 500 3P San                    [redacted]
2878247
Numéro de série: 000000987562
POMPE A MAIN 4L San                    12.00
2705922
Numéro de série: 008157693913
MATELAS AUTOGONFLAN                    35.00
Dont DEEE:
0.33
4195052
Numéro de série: 000001375218
                                 ============
TOTAL                                 197.00
3 Article(s)
```

## 8 Combien de jours manque-t-il sur ce calendrier pour avoir une année complète ?

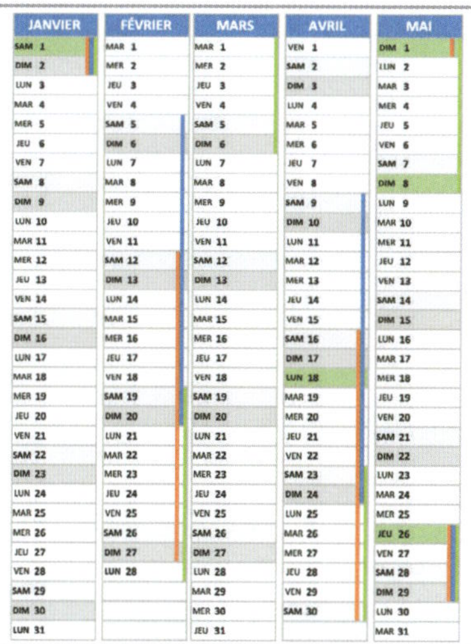

# Photo-problèmes

Prénom : .................................................. Date : ..............................

**9** Quelle longueur de ruban reste-t-il à l'intérieur de l'enrouleur ?

**10** Quelle quantité de sucre en g reste-t-il dans le paquet ?

**11** Quelle quantité de lait en cL reste-t-il dans la brique ?

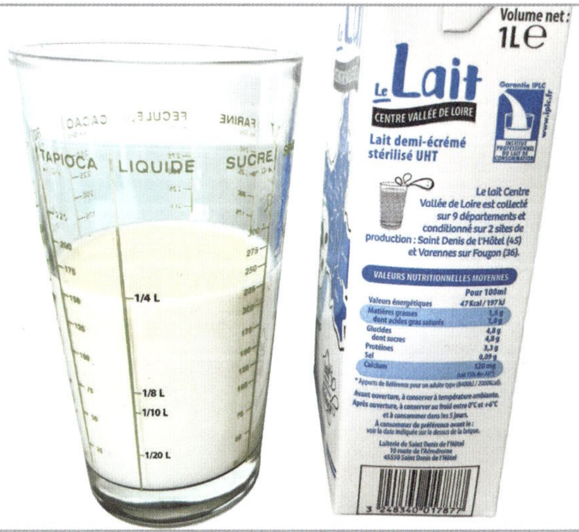


**12** Quelle quantité de compote reste-t-il en tout ?

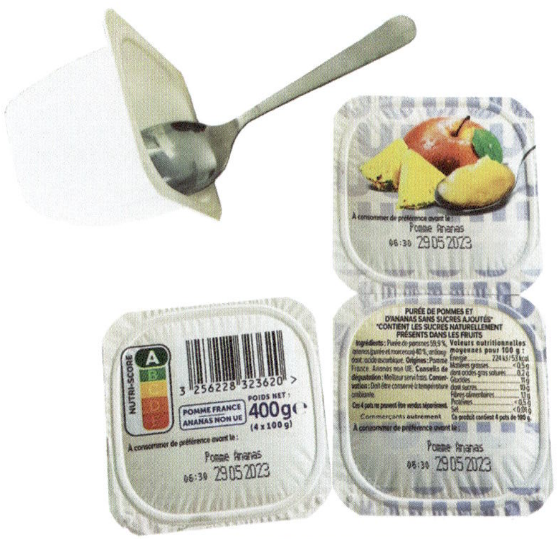

# Photo-problèmes

Prénom : .................................... Date : ....................

**13** Ce joueur a 12 points. Combien lui manque-t-il pour atteindre les 50 points ?

**14** Combien de paquets supplémentaires faudrait-il pour avoir 1 kg de café ?

**15** Combien manque-t-il pour faire 2 € ?

**16** Combien de briques faudrait-il en tout pour faire une construction de 10 marches ?

# Photo-problèmes

Prénom : .................................................. Date : ..................................

**17** **Combien de carrés de chocolat y avait-il en tout quand les 3 tablettes étaient entières ?**

**18** **Voici la monnaie rendue sur une baguette à 0,90 €. Combien le client avait-il donné à la boulangère ?**

**19** **Lise a parcouru 1 500 km depuis l'achat de ce véhicule d'occasion. Quel était le kilométrage initial lors de l'achat ?**

**20** **Cela fait 1 h 30 que Nadia patiente dans la salle d'attente. À quelle heure est-elle arrivée ?**

Prénom : ............................ Date : ............................

**21** **Cet œuf de poule pèse environ 51 g de plus qu'un œuf de caille. Combien pèse un œuf de caille ?**

**22** **Léo a trouvé les trois pièces suivantes. Sachant qu'il a 20 centimes de plus qu'Aubin, combien a Aubin ?**

**23** **Quelle heure est-il à Honolulu ?**

**24** **Quelle est la contenance de ce bidon d'eau, sachant qu'il contient 3,5 L de plus qu'une bouteille de 1,5 L.**

# Photo-problèmes

Prénom : ............................................ Date : ............................

**25** Quelle est la différence de poids entre ces deux paquets de couscous ?

**26** Quel est le montant de la remise proposée ?

**27** Quelle différence totale de tenons y a-t-il entre la plaque violette et la plaque rouge ?

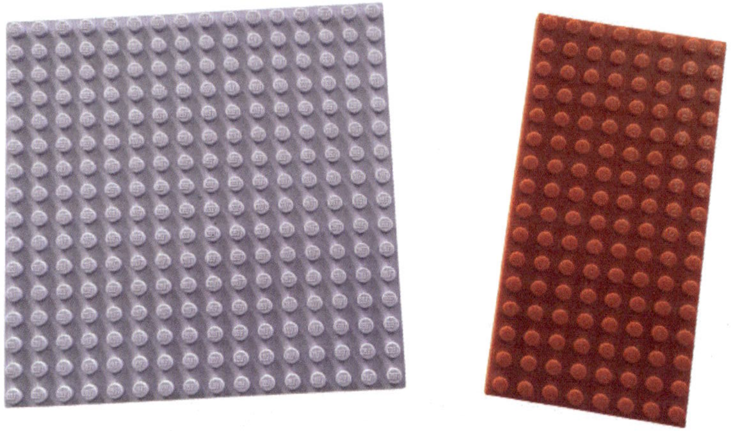

**28** Quelle est la différence de taille entre ces deux crayons ?

Prénom : ........................ Date : ........................

**29** Sachant que c'est le matin, combien de minutes se sont écoulées depuis minuit ?

**30** Combien de grammes de levure y a-t-il dans cette boite ?

**31** Quelle quantité de sucre y a-t-il dans ce paquet ?

**32** Combien de litres de jus d'orange y a-t-il en tout ?

## Photo-problèmes

Prénom : ........................ Date : ........................

**33** Combien de tenons y a-t-il sur cette plaque ?

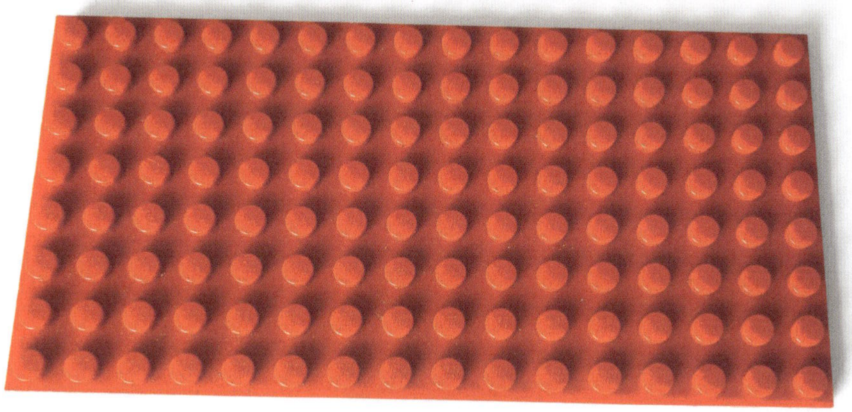

**35** Combien de cubes y a-t-il dans cette construction ?

**34** Combien d'œufs y a-t-il en tout sur ces 3 plateaux ?

**36** Combien de carrés de chocolat y a-t-il en tout avec ces 3 tablettes ?

Prénom : ............................ Date : ............................

**37** Quelle quantité de sucre contient une buchette ?

**38** Quel est le prix au litre de ce jus d'orange ?

**39** Quel est le prix d'une seule vis ?

**40** En vidant le pot, quelle quantité faut-il mettre dans chaque verrine pour un partage équitable ?

## Photo-problèmes

Prénom : ........................................ Date : ....................

**41** **Combien de pots de yaourt faut-il pour avoir 1 kg ?**

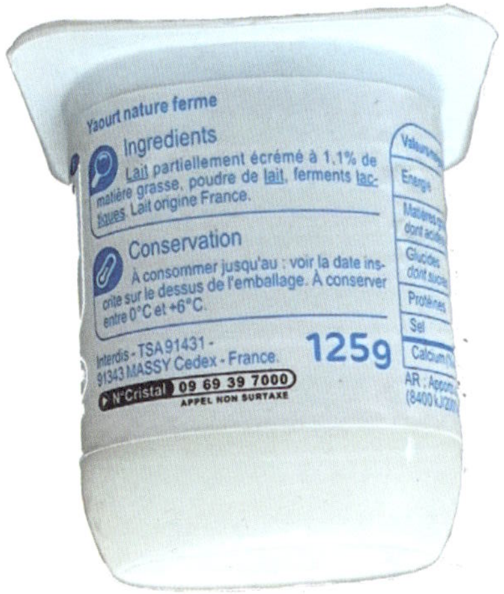


**42** **Combien de flèches faut-il mettre dans le cercle 9 pour atteindre exactement 45 points ?**

**43** **Combien de boites faut-il pour ranger 192 œufs ?**

**44** **Combien de rouleaux faut-il pour avoir 150 m de long ?**

Prénom : .................................................. Date : ..............................

**45** Combien d'œufs faut-il prévoir pour 30 personnes ?

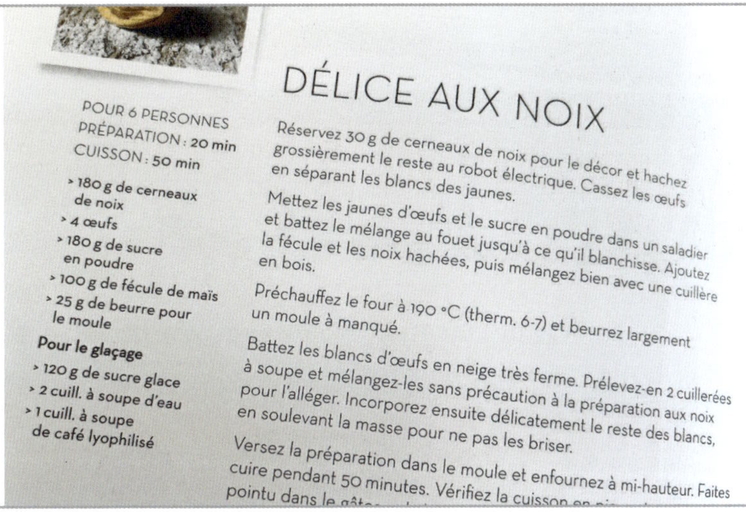

DÉLICE AUX NOIX

POUR 6 PERSONNES
PRÉPARATION : 20 min
CUISSON : 50 min

- 180 g de cerneaux de noix
- 4 œufs
- 180 g de sucre en poudre
- 100 g de fécule de maïs
- 25 g de beurre pour le moule

Pour le glaçage

- 120 g de sucre glace
- 2 cuill. à soupe d'eau
- 1 cuill. à soupe de café lyophilisé

Réservez 30 g de cerneaux de noix pour le décor et hachez grossièrement le reste au robot électrique. Cassez les œufs en séparant les blancs des jaunes.

Mettez les jaunes d'œufs et le sucre en poudre dans un saladier et battez le mélange au fouet jusqu'à ce qu'il blanchisse. Ajoutez la fécule et les noix hachées, puis mélangez bien avec une cuillère en bois.

Préchauffez le four à 190 °C (therm. 6-7) et beurrez largement un moule à manqué.

Battez les blancs d'œufs en neige très ferme. Prélevez-en 2 cuillerées à soupe et mélangez-les sans précaution à la préparation aux noix pour l'alléger. Incorporez ensuite délicatement le reste des blancs, en soulevant la masse pour ne pas les briser.

Versez la préparation dans le moule et enfournez à mi-hauteur. Faites cuire pendant 50 minutes. Vérifiez la cuisson en pi... pointu dans le gât...

**47** Combien coutera l'achat de 24 balles de tennis de table ?

**46** Si 1 livre sterling (£) vaut 1,20 €, quelle est la valeur de ce billet en euros ?

**48** À cette vitesse de 90 km/h, combien de km parcourt-on en 4 heures ?

# Photo-problèmes

Prénom : ........................ Date : ........................

## 1 Quelle quantité totale de sucre en kg y a-t-il ?

## 2 Quelle quantité d'huile en cL y a-t-il en tout ?

## 3 Quelle est la distance totale pour aller de la place de la Concorde au musée d'Orsay ?

**Place de la Concorde**
75008 Paris

↑ Prendre la direction sud-est sur Pl. de la Concorde
44 m

↱ Tourner à droite pour rester sur Pl. de la Concorde
200 m

↱ Tourner à droite pour rester sur Pl. de la Concorde
72 m

↑ Continuer sur Pont de la Concorde
180 m

↰ Prendre à gauche sur Quai Anatole France
500 m

↱ Prendre à droite sur Rue de la Légion d'Honneur
52 m

**Musée d'Orsay**
1 Rue de la Légion d'Honneur, 75007 Paris

## 4 Quel est le total de ce ticket de caisse ?

| | | |
|---|---|---|
| **>>>> FRUITS ET LEGUMES** | | |
| FRAISE BARQUETTE 250G | (T) | 3,95 € |
| BANANE CAVENDISH | (T) | 3,14 € |
| CAROTT.FILIERE U NORMAND.1,5KG | (T) | 2,89 € |
| POMME DE TERRE GRENAILLE 1KG | (T) | 2,80 € |
| AVOCAT BARQUETTE 3 FRUITS AFFI | (T) | 2,00 € |
| TOMATE CERISE MELANGEE BQ.400G | (T) | 2,00 € |
| CONCOMBRE | (T) | 1,49 € |
| CHAMPIGNON PARIS P/E BQ.250G | (T) | 0,99 € |
| BATAVIA | (T) | 0,83 € |

## Photo-problèmes

Prénom : .................................................. Date : ..............................

### 5 Quel est le poids d'un seul pot de dessert ?

### 6 Quelle quantité de beurre a été utilisée ?

### 7 Quel était le prix des pommes sur ce ticket de caisse ?

```
>>>> CULTURE
BTE CLASST ELAST.DOS 60MM RGE          3,95 €
>>>> CREMERIE L.S.
YAOURT LE NATUR.DANONE 16X125G         3,27 €
>>>> FRUITS ET LEGUMES
POMME GOLDEN DEL.VAL DE LOIRE      [redacted] €
                                 =============
TOTAL     3 Article(s)                11,40 €
```

### 8 Combien de jours manque-t-il sur ce calendrier pour avoir une année complète ?

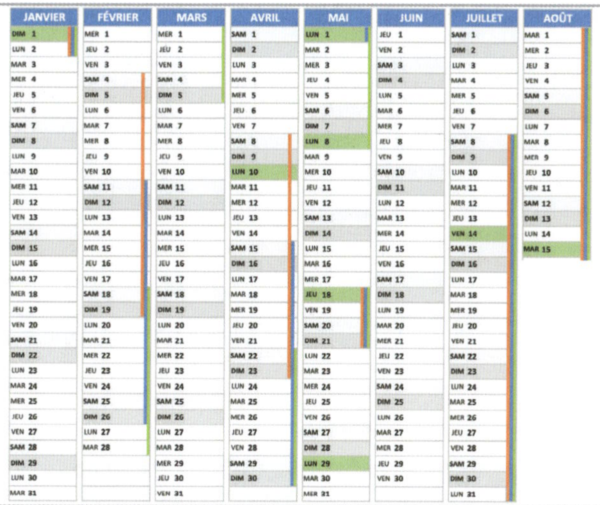

# Photo-problèmes

Prénom : ..................................................... Date : ...............................

**9** Quelle longueur de ruban reste-t-il à l'intérieur de l'enrouleur ?

**10** Quelle quantité de farine en kg reste-t-il dans le paquet ?

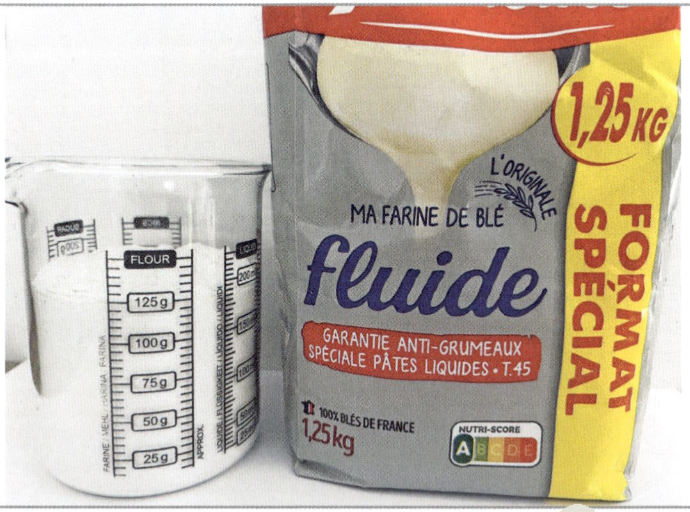


**11** Quelle quantité de lait en cL reste-t-il dans la bouteille ?

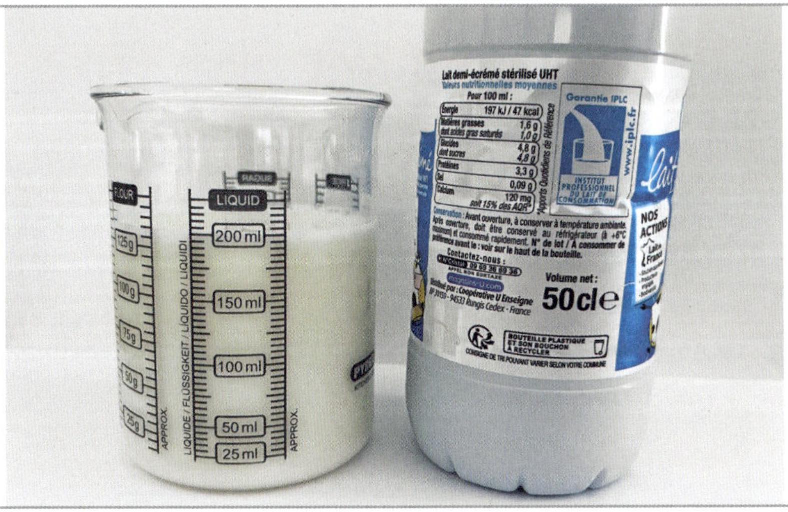


**12** En supposant qu'ils ont tous un poids identique, quelle est la quantité d'œufs restante en g dans la boite ?

Prénom : ........................ Date : ........................

**13** Combien de km ce véhicule peut-il encore parcourir avant d'atteindre 100 000 km ?

**14** Combien de sachets supplémentaires faudrait-il pour avoir 6 kg de carottes ?

**15** Combien manque-t-il pour faire 5 € ?

**16** Combien de briques supplémentaires faudrait-il pour faire une construction de 20 marches ?

# Photo-problèmes

Prénom : .................................................... Date : ..............................

**17** **Combien de carrés de chocolat y avait-il en tout quand les 6 tablettes étaient entières ?**

**18** **Voici la monnaie rendue sur une baguette à 0,95 €. Combien le client avait-il donné à la boulangère ?**

**19** **Une portion pesant 17 g, quelle quantité totale de fromage y avait-il dans cette boite ?**

**20** **Cela fait 1 h 30 que Léa patiente dans la salle d'attente. À quelle heure est-elle arrivée ?**

## Photo-problèmes ★★★

Prénom : ..................................... Date : .....................

**21** Lana pèse 41,5 kg de moins que son papa. Combien pèse son papa ?

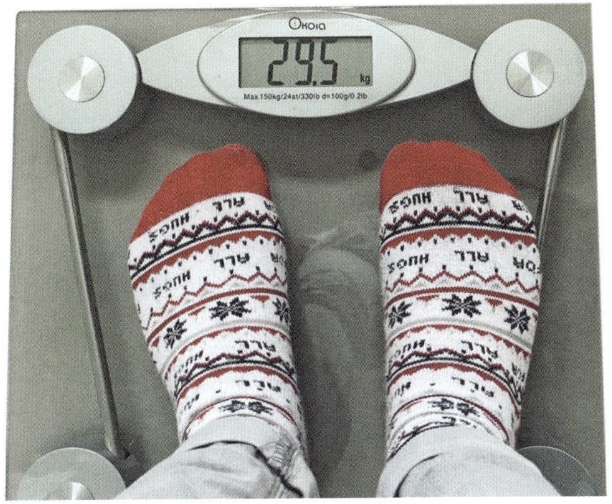


**22** Tao a trouvé ces quatre pièces. Sachant qu'il a 20 centimes de plus qu'Inès, combien a Inès ?

**23** Quelle heure est-il à Tokyo ?

**24** Quelle est la contenance de la petite bouteille d'huile sachant qu'elle contient 75 cL de moins que la grande bouteille ?

# Photo-problèmes

Prénom : ..................................................... Date : ...................................

## 25 Quelle différence de contenance en L y a-t-il entre ces deux bouteilles ?

## 26 Quelle est la différence de prix entre ces deux tickets ?

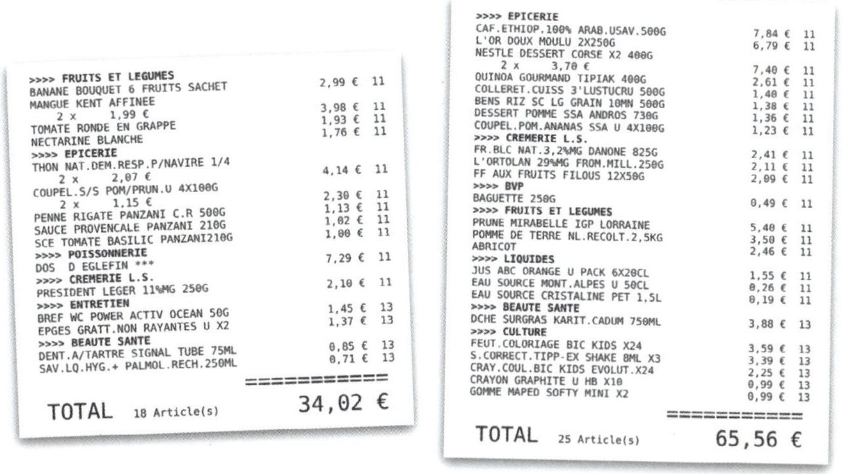

```
>>>> FRUITS ET LEGUMES
BANANE BOUQUET 6 FRUITS SACHET          2,99 €  11
MANGUE KENT AFFINEE
   2 x      1,99 €                      3,98 €  11
TOMATE RONDE EN GRAPPE                  1,93 €  11
NECTARINE BLANCHE                       1,76 €  11
>>>> EPICERIE
THON NAT.DEM.RESP.P/NAVIRE 1/4          4,14 €  11
   2 x      2,07 €
COUPEL.S/S POM/PRUN.U 4X100G            2,30 €  11
   2 x      1,15 €                      1,13 €  11
PENNE RIGATE PANZANI C.R 500G           1,02 €  11
SAUCE PROVENCALE PANZANI 210G           1,00 €  11
SCE TOMATE BASILIC PANZANI210G
>>>> POISSONNERIE
DOS  D EGLEFIN ***                      7,29 €  11
>>>> CREMERIE L.S.
PRESIDENT LEGER 11%MG 250G              2,10 €  11
>>>> ENTRETIEN
BREF WC POWER ACTIV OCEAN 50G           1,45 €  13
EPGES GRATT.NON RAYANTES U X2           1,37 €  13
>>>> BEAUTE SANTE
DENT.A/TARTRE SIGNAL TUBE 75ML          0,85 €  13
SAV.LQ.HYG.+ PALMOL.RECH.250ML          0,71 €  13
                                   ===========
TOTAL   18 Article(s)                 34,02 €
```

```
>>>> EPICERIE
CAF.ETHIOP.100% ARAB.USAV.500G          7,84 €  11
L'OR DOUX MOULU 2X250G                  6,79 €  11
NESTLE DESSERT CORSE X2 400G
   2 x      3,70 €                      7,40 €  11
QUINOA GOURMAND TIPIAK 400G             2,61 €  11
COLLERET.CUISS 3'LUSTUCRU 500G          1,40 €  11
BENS RIZ SC LG GRAIN 10MN 500G          1,38 €  11
DESSERT POMME SSA ANDROS 730G           1,36 €  11
COUPEL.POM.ANANAS SSA U 4X100G          1,23 €  11
>>>> CREMERIE L.S.
FR.BLC NAT.3,2%MG DANONE 825G           2,41 €  11
L'ORTOLAN 29%MG FROM.MILL.250G          2,11 €  11
FF AUX FRUITS FILOUS 12X50G             2,09 €  11
>>>> BVP
BAGUETTE 250G                           0,49 €  11
>>>> FRUITS ET LEGUMES
PRUNE MIRABELLE IGP LORRAINE            5,40 €  11
POMME DE TERRE NL.RECOLT.2,5KG          3,50 €  11
ABRICOT                                 2,46 €  11
>>>> LIQUIDES
JUS ABC ORANGE U PACK 6X20CL            1,55 €  11
EAU SOURCE MONT.ALPES U 50CL            0,26 €  11
EAU SOURCE CRISTALINE PET 1,5L          0,19 €  11
>>>> BEAUTE SANTE
DCHE SURGRAS KARIT.CADUM 750ML          3,88 €  13
>>>> CULTURE
FEUT.COLORIAGE BIC KIDS X24             3,59 €  13
S.CORRECT.TIPP-EX SHAKE 8ML X3          3,39 €  13
CRAY.COUL.BIC KIDS EVOLUT.X24           2,25 €  13
CRAYON GRAPHITE U HB X10                0,99 €  13
GOMME MAPED SOFTY MINI X2               0,99 €  13
                                   ===========
TOTAL   25 Article(s)                 65,56 €
```

## 27 Quelle différence totale de tenons y a-t-il entre les plaques vertes et les plaques violettes ?

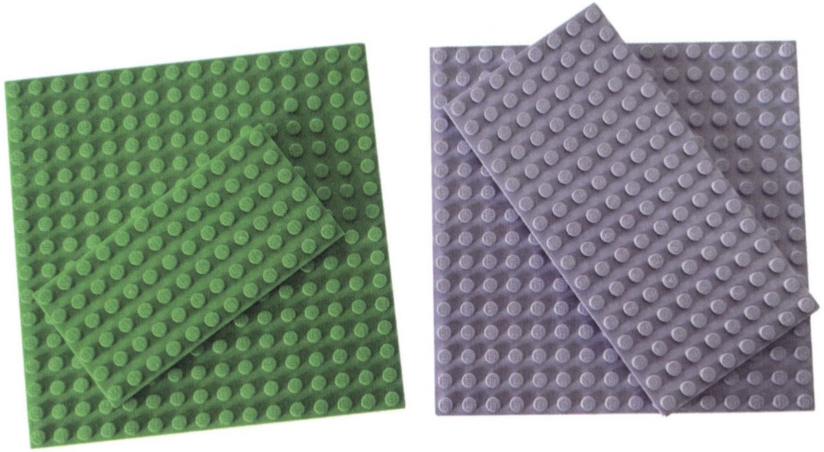

## 28 Quelle est la différence de taille entre ces deux crayons ?

## Photo-problèmes

Prénom : ..................................................... Date : ..............................

**29** Sachant que c'est le matin, combien de secondes se sont écoulées depuis minuit ?

**31** Combien faut-il payer pour avoir 6 L de cette eau ?

**30** Quelle quantité totale de levure y a-t-il avec ces 5 sachets ?

**32** Quelle quantité de produit laitier y a-t-il en tout ?

## Photo-problèmes

Prénom : ..................................................... Date : .....................................

**33** Combien de tenons y a-t-il en tout sur ces deux plaques ?

**35** Combien de cubes y a-t-il dans cette construction ?

**34** Combien de pièces faudrait-il fabriquer pour avoir 20 jeux d'échecs ?

**36** Combien de carrés de chocolat y a-t-il en tout avec ces 4 tablettes ?

Prénom : .................................................... Date : ..............................

**37** Quel est le poids d'un seul carré de chocolat ?

**38** Quel est le prix au litre de ce jus d'orange ?

**39** Combien couterait une seule balle de tennis de table ?

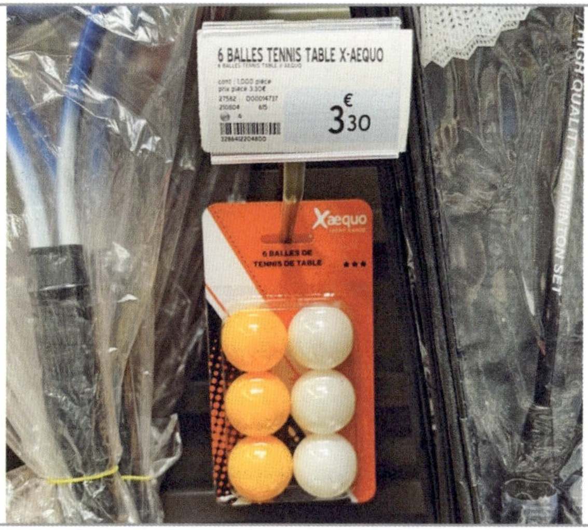


**40** En vidant la bouteille, quelle quantité de lait faut-il verser dans chaque verre pour un partage équitable ?

# Photo-problèmes ★★★

Prénom : .................................................. Date : ..................................

**41** **Combien de paquets faudrait-il pour avoir 3 kg de sucre ?**

**42** **Combien de flèches faut-il mettre dans le cercle 9 pour atteindre exactement 81 points ?**

**43** **Combien de plateaux faut-il pour ranger 280 œufs ?**

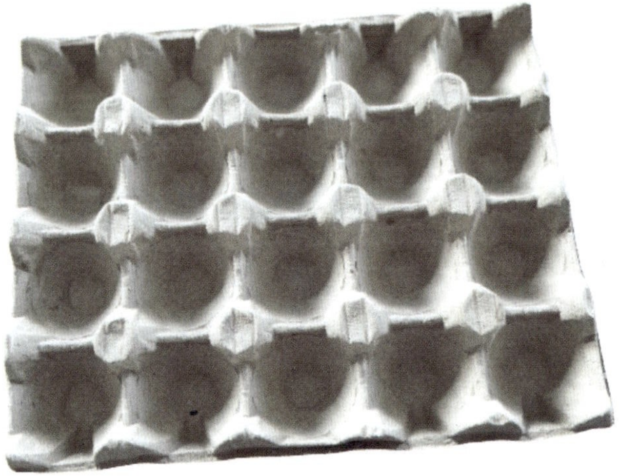

**44** **Combien de rouleaux faut-il pour avoir 1 km de long ?**

Prénom : ........................................ Date : ....................

**45** Quel serait le prix pour 1 kg de café ?

**46** Si une livre sterling (£) vaut 1,20 €, quelle est la valeur totale en euros de ces deux billets ?

**47** Quel serait le cout total pour 1 kg de champignons ?

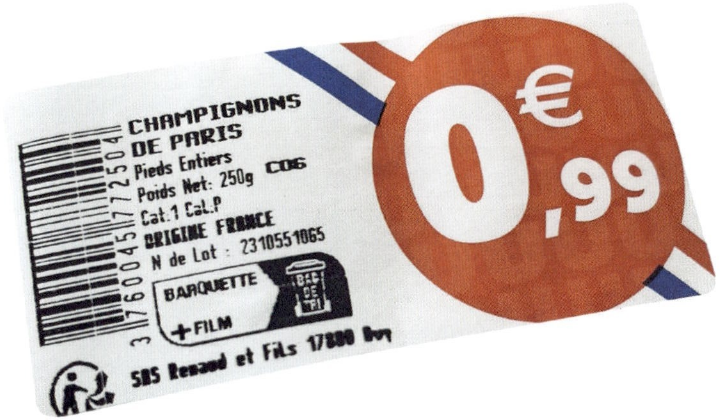


**48** Combien de poireaux y aurait-il dans un sachet de 10 kg ?

# Corrigés des photo-problèmes

| Numéro du problème | ★ | ★★ | ★★★ |
|---|---|---|---|
| 1 | 24 g | 112 g | 2,1 kg |
| 2 | 100 cL | 2 L | 75 cL |
| 3 | 45 m | 240 cm | 1 048 m |
| 4 | 11 € | 10,24 € | 20,09 € |
| 5 | 63 g | 112 g | 57 g |
| 6 | 200 g | 150 g | 125 g |
| 7 | 8 € | 150€ | 4,18 € |
| 8 | 31 jours | 214 jours | 138 jours |
| 9 | 4,5 cm | 470 cm | 491,5 cm |
| 10 | 500 g | 700 g | 1 kg |
| 11 | 175 mL | 75 cL | 30 cL |
| 12 | 230 g | 300 g | 340 g |
| 13 | 5 points | 38 points | 11 451 km |
| 14 | 1 paquet | 2 paquets | 3 sachets |
| 15 | 1,50 € | 40 centimes | 3,33 € |
| 16 | 6 briques | 165 briques | 816 briques |

| Numéro du problème | ★ | ★★ | ★★★ |
|---|---|---|---|
| 17 | 40 carrés | 72 carrés | 144 carrés |
| 18 | 1 € | 2 € | 5 € |
| 19 | 78 549 km | 87 049 km | 136 g |
| 20 | 5 h 30 | 10 h 45 | 5 h 20 |
| 21 | 73 kg | 13 g | 71 kg |
| 22 | 80 centimes | 90 centimes | 3,87 € |
| 23 | 16 h 46 | 6 h 02 | 3 h 29 |
| 24 | 50 cL | 5 L | 25 cL |
| 25 | 16 g | 500 g | 1 L |
| 26 | 100 € | 3,90 € | 31,54 € |
| 27 | 56 tenons | 128 tenons | 56 tenons |
| 28 | 4 cm | 5,5 cm | 6,7 cm |
| 29 | 120 min | 300 minutes | 18 000 s |
| 30 | 55 g | 48 g | 27,5 g |
| 31 | 60 points | 500 g | 2,88 € |
| 32 | 250g | 1 L | 600 g |

| Numéro du problème | ★ | ★★ | ★★★ |
|---|---|---|---|
| 33 | 72 tenons | 128 tenons | 512 tenons |
| 34 | 40 œufs | 60 œufs | 640 pièces |
| 35 | 8 cubes | 18 cubes | 125 cubes |
| 36 | 48 carrés | 72 carrés | 160 carrés |
| 37 | 150 piques | 5 g | 5 g |
| 38 | 1,50 € | 1,40 € | 1,03 € |
| 39 | 8 g | 25 centimes | 0,55 € |
| 40 | 25 cL | 136 g | 25 cL |
| 41 | 4 pots | 8 yaourts | 5 paquets |
| 42 | 7 flèches | 5 flèches | 9 flèches |
| 43 | 16 boites | 16 boites | 14 plateaux |
| 44 | 4 rouleaux | 6 rouleaux | 40 rouleaux |
| 45 | 120 pailles | 20 œufs | 8,32 € |
| 46 | 2,40 € | 12 € | 18 € |
| 47 | 4 € | 10 € | 3,96 € |
| 48 | 180 km | 360 km | 100 poireaux |

# Le numérique avec BiblioManuels

Voici un petit mode d'emploi pour vous permettre d'animer vos séances et d'accompagner vos élèves, grâce à la vidéoprojection.

## Où ?

BiblioManuels, la bibliothèque numérique qui permet un accès en ligne ou hors-ligne à votre ouvrage.

## Comment ?

Pour tous les ouvrages de la collection, l'accès à BiblioManuels se fait grâce à un code d'activation.
Vous bénéficiez ainsi gratuitement d'un accès à la version numérique de vos ouvrages et aux ressources associées.

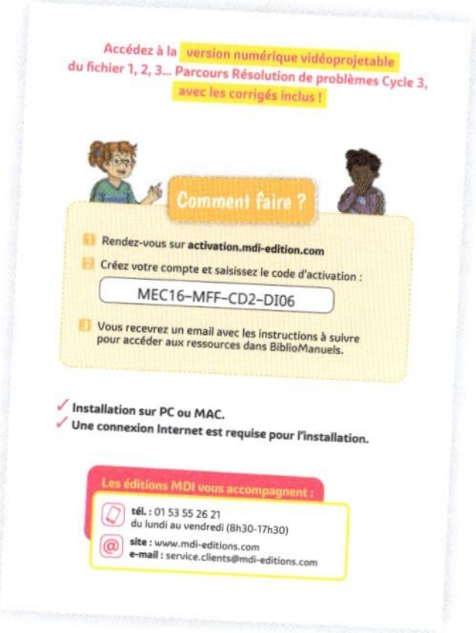


## Comment y accéder ?

Votre **code d'activation** est présenté sur un feuillet au début de l'ouvrage.
- Activez-le sur : **activation.mdi-editions.com**
- Laissez-vous guider, vous recevrez ensuite par email **vos identifiants d'accès** à BiblioManuels.

## C'est facile, suivez le guide.

Pour en savoir plus, rendez-vous sur **mdi-editions.com** à la rubrique :
**« Le numérique avec MDI »**

Optimisé pour la vidéoprojection, BiblioManuels vous propose des **outils pratiques** et accessibles en un clic : zoom, trousse, cache, espace « Mes cours », etc. ainsi que les **corrigés en couleurs** et de **nombreuses ressources complémentaires** : proposition de programmation annuelle, supports pour les activités de référence (affiches de classe, supports numériques et fiches d'entrainement).

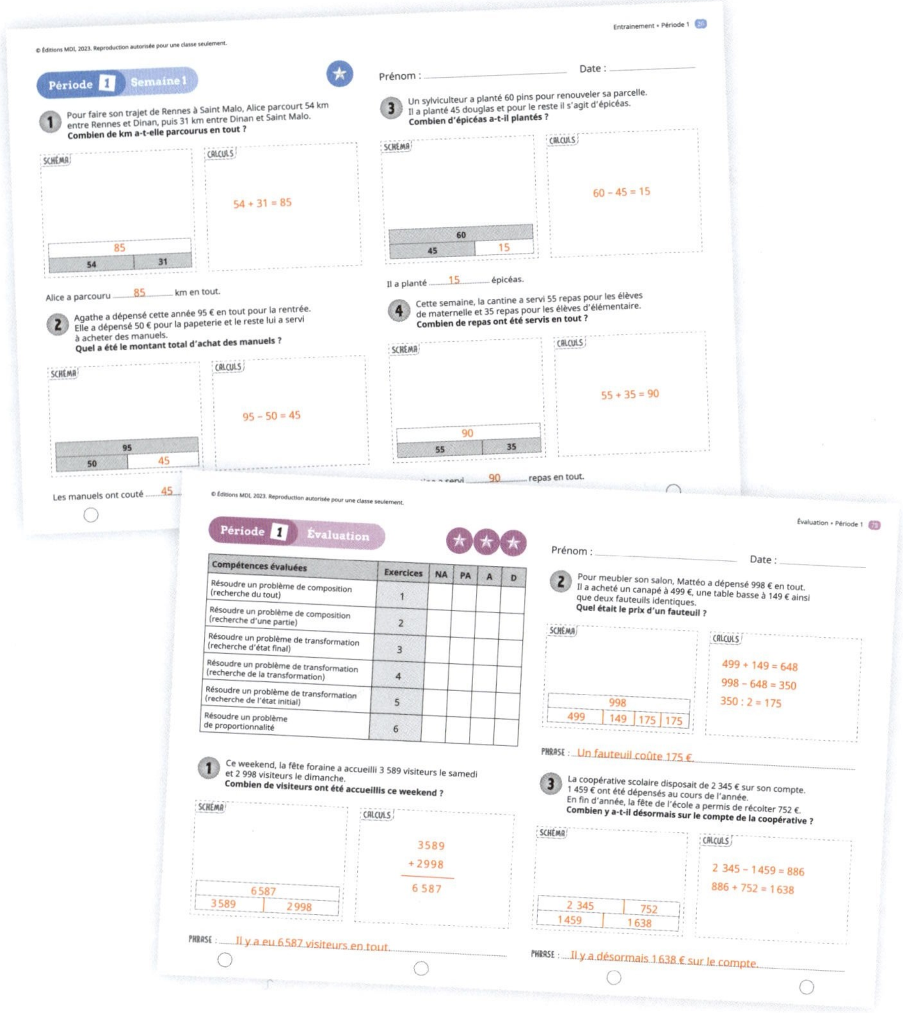

**Édition :** Camille Bouley
**Conception graphique et couverture :** Céline Bernard
**Illustrations :** Alexia Cochin et Julien Flamand*
**Infographies et schémas :** Laurent Blondel
**Recherche iconographique :** Sylvie Leneveu
**Mise en page :** Soft Office
**Fabrication :** Sébastien Argant

*** Julien Flamand pour les illustrations suivantes :** ballons de foot et de basket p39, 41, 43, 45, 47 et 49 ; billet de 5 € p65 ; billet de 10 € p65, 69 et 73 ; billet de 20 € p
73 ; billet de 50 € p73 ; pomme p172, 176 et 180 ; cookies, œufs et lait p63, 67 et 71 ; sac de farine p63, 67, 71, 281, 285 et 289 ; bille p64, 68, 72, 118, 122 et 126

**Crédits photographiques :** panneau p243, 245 et 247 © barlest–stock.adobe.com ; code-barre p195, 197, 199, 201, 203 et 205 © iCexpert–stock.adobe.com ; tickets p5
55, 57, 59 et 61 © TMvectorart–stock.adobe.com ; pièces p298, 301, 303, 313, 325 et 327 © Ph. Claudio Diviza–Archives Sejer ; billet p298 © thodonal88–Shutterstock

Toutes les photographies utilisées pour les photo-problèmes ont été prises par Anthony Nadreau.

92, avenue de France 75013 PARIS - contact@mdi-editions.com
Code éditeur : 604354 - N° de projet : 10309016
Dépôt légal : juillet 2023 - Achevé d'imprimer en juin 2025 par Digit'Offset (54).

604354

ISBN : 9782223010837

Ce livre est imprimé sur du papier issu de forêts gérées durablement.